Rusiñol y su tiempo

AF874078

Contemporánea
Narrativa

JOSEP
PLA

RUSIÑOL Y SU TIEMPO

AUSTRAL

DESTINO

PEFC Certificado

Este libro procede de bosques gestionados de forma sostenible

PEFC

PEFC/14-38-00305 www.pefc.es

eBook DISPONIBLE

La lectura abre horizontes, iguala oportunidades y construye una sociedad mejor. La propiedad intelectual es clave en la creación de contenidos culturales porque sostiene el ecosistema de quienes escriben y de nuestras librerías. Al comprar este libro estarás contribuyendo a mantener dicho ecosistema vivo y en crecimiento. En **Grupo Planeta** agradecemos que nos ayudes a apoyar así la autonomía creativa de autoras y autores para que puedan seguir desempeñando su labor. Dirígete a CEDRO (Centro Español de Derechos Reprográficos) si necesitas fotocopiar o escanear algún fragmento de esta obra. Puedes contactar con CEDRO a través de la web www.conlicencia.com o por teléfono en el 91 702 19 70 / 93 272 04 47.
Queda expresamente prohibida la utilización o reproducción de este libro o de cualquiera de sus partes con el propósito de entrenar o alimentar sistemas o tecnologías de inteligencia artificial.

© Herederos de Josep Pla, 2025
© Editorial Planeta, S. A., 2025
Ediciones Destino, un sello editorial de Editorial Planeta, S. A.
Avda. Diagonal, 662-664, 08034 Barcelona (España)
www.edestino.es
www.planetadelibros.com

Diseño de la colección: Compañía
Diseño de la cubierta: Austral / Área Editorial Grupo Planeta
Fotografía de la cubierta: © 2013 Institut Amatller d'Art Hispànic - im. 05163008 (foto Mas C-2939 / 1907)
Primera edición en Austral: diciembre de 2025

Depósito legal: B. 17.936-2025
ISBN: 978-84-233-6887-7
Composición: Realización Planeta
Impreso en España

Biografía

Josep Pla nació en Palafrugell en 1897 y murió en Llofriu en 1981. Desde muy joven colaboró en periódicos y revistas, y durante muchos años fue corresponsal en el extranjero. Los cuarenta y seis volúmenes de su obra completa son el contundente testimonio de una de las más grandes prosas en lengua catalana de todos los tiempos.

Nota a la edición

Rusiñol y su tiempo apareció en la Editorial Barna, de Barcelona, en 1943. El texto de aquella primera edición es el que reproducimos ahora, con algunas (pocas) correcciones que hemos introducido tras consultar la versión catalana que el mismo Pla realizó en 1955 (reeditada luego en 1961, y en 1970 dentro del volumen 14 de su obra completa). La versión catalana contiene también añadidos y suplementos, que no incorporamos a nuestra edición del texto original. El libro que el lector tiene entre sus manos es el *Rusiñol y su tiempo* de 1943.

Aparte de la necesaria regularización ortográfica, nuestra intervención se ha limitado a dar la forma original de los nombres propios en vez de la forma traducida —esto es, a escribir «Alphonse Daudet» o «Francesc Pujols» donde en 1943 se leía «Alfonso Daudet» o «Francisco Pujols»— y a traducir, en nota al pie, los pasajes que Pla cita en lengua catalana.

También nos ha parecido oportuno incluir, al final del volumen, un breve glosario de los catalanismos que aparecen a lo largo del libro, con la esperanza de que a algún lector le resulte de utilidad.

JORDI CORNUDELLA,
octubre de 2025

RUSIÑOL Y SU TIEMPO

(1943)

Prólogo

La iniciativa real de escribir una biografía de Santiago Rusiñol pertenece plenamente a mi viejo y buen amigo Albert Puig. Durante los años 1939 a 1941, tuvo la amabilidad de hablarme, con tenacidad que le honra, de la necesidad de este libro. Los argumentos que me dio, para hacerlo, los encontrará el lector desarrollados en sus capítulos. Al principio fue acordado emprender la obra en colaboración pero esto no fue, desgraciadamente, posible porque cuando no estuvo enfermo el uno lo estuvo el otro y viceversa. Después de la grave enfermedad por mí pasada el último invierno acordé, con su beneplácito y después de haber recogido un ingente material informativo, lanzarme a ver lo que salía.

Mi tendencia fue siempre creer que yo no era precisamente la persona más indicada para escribir sobre Rusiñol. Cierto: yo no he formado parte de la generación que pasó por un crisol muy duro la obra del artista. Yo no he sido novecentista. Mi generación, que es la posterior a esa, ha tratado de hacer compatible el sentido de la amplia libertad santiaguesca, generalmente excesiva, con el prurito de estrechez gótico y provenzalista de los novecentistas. Solo Dios sabe adónde hubiéramos podido llegar trabajando sobre estas premisas. Probablemente a nada. En todo caso no hemos podido intentar una integración, debido a las circunstancias sociales y políticas. Y habiendo volado al cielo mi generación —porque todos somos ya muy viejos— yo me pregunté siempre si no había de esperarse a que una persona de la generación que está subiendo intentase, desde luego con más fuerza y más perspectiva, lo que yo he hecho. Lo cierto es que la insistencia de Albert Puig fue tan reiterada que me hizo bajar otra vez del limbo en que vivía. Si ha sido en bien o en mal, el lector lo verá enseguida.

Y dicho esto, debo inmediatamente pedir perdón al lector por presentarle a un Santiago Rusiñol muy distinto de la imagen que de Rusiñol circula por estos ámbitos terrestres. La gente cree que Rusiñol fue un señor que se pasó la vida haciendo bromas, diciendo cosas más o menos divertidas, escribiendo sainetes y pintando jardines para venderlos en la Sala Parés de la calle de Petritxol. Sin embargo, después de haber tratado de dar la vuelta a la obra y a la figura de don Santiago durante tres años seguidos, me he encontrado con que la imagen popular que tiene la gente de este artista es, en su vida, lo de menos. Porque a poca atención que uno le dedique aparece otro Rusiñol mucho más complejo, irónico pero poco bromista, sarcástico más que alegre y profundamente triste. Yo he llegado a la conclusión de que Rusiñol fue un hombre solitario, triste, lúgubre y que todo lo que hizo en la tierra —una obra considerabilísima— fue para soslayar el mal de la vida, el *tedium vitae*.

Me he encontrado con un hombre a quien le sucedía esto: ante los espectáculos que la gente comúnmente reputa alegres y divertidos, él se ponía triste; en cambio, cuando sorprendía un espectáculo que la gente reputa triste, el corazón le latía de contento. Rusiñol era un hombre —me decía hace pocos días Josep M. Sert, el pintor, que fue uno de sus grandes amigos— que no estaba contento más que cuando estaba triste. Vulgarmente diríamos que don Santiago en los bautizos lloraba y en los entierros se reía.

Estas constataciones no han de sorprender al lector, sin embargo. El mecanismo psicológico de Rusiñol es conocido. Rusiñol era un romántico. Ahora no uso esta palabra en el sentido que le dan los enamorados. Era un romántico desde el punto de la historia de la cultura. Ser romántico quiere decir tender a dar más importancia al sentimiento que a la inteligencia, a lo instintivo que a lo impasible. El romántico aspira a un mundo hecho a su manera; el clásico navega en el mundo tal cual es. El romántico, ciudadano de un mundo que no existe, tiene en el mundo en que vive un disgusto diario porque las cosas se adaptan difícilmente a sus deseos. El clásico parte del principio que, por el momento, no hay más mundo que este, que el presente. Rusiñol tuvo, pues, muchos disgustos —sin que se enterara la gente—. Por eso estaba triste. Se fue amargando paulatinamente y al final le sucedió lo que a todos los amargados: que lloraba en los bautizos y se reía en los entierros.

Pido, pues, perdón al lector por presentarle un Rusiñol inusual y bastante inédito. Las personas que tengan la paciencia de leerme verán las razones en que me fundo —razones objetivas, históricas— para formular las aseveraciones que acabo de hacer. Yo espero que las encontrarán plausibles.

Otra cosa quiero decir al lector urgentemente. Rusiñol fue, en este país, el jefe del movimiento llamado modernista. Y sin embargo, no encontrará el lector en esta biografía un ensayo a fondo del modernismo. ¿Por qué? Muy sencillo: porque Rusiñol, a pesar de haber sido jefe de este movimiento, o de habérsele colgado el sambenito del modernismo, lo fue tan poco y tan esporádicamente que puede decirse que no tuvo influencia decisiva alguna en este sentido. Ahora no justifico nada: hago simplemente una afirmación histórica irrebatible. El lector encontrará en el libro la intervención de Rusiñol en el modernismo pero no encontrará más porque un subrayado más profundo hubiera sido desorbitar y falsear las cosas, lo que en ningún caso hubiera podido permitirme.

Otra razón he tenido para no pasar más allá en este punto y es que el arquitecto J. F. Ràfols, mi querido y antiguo amigo, tiene anunciada la publicación de un libro sobre las ideas estéticas en Cataluña durante el fin de siglo, lo que significa que estamos a punto, dada la tendencia a lo concienzudo que tiene Ràfols, de poder manejar un buen libro sobre el modernismo. No conozco del libro más que el índice y lo encontré tan bueno y ambicioso que consideré innecesario tomar vela en este entierro. Porque mi impresión es que el libro de Ràfols será unos funerales solemnes del modernismo.

Confieso, sin embargo, que me hubiera gustado escribir sobre el modernismo, fenómeno vasto, complejo, auténtico galimatías europeo. El modernismo es el sucedido de la historia del arte de este continente en el que intervienen más factores nacionales europeos. Entra en su contextura, primero, el prerrafaelismo inglés de Burne-Jones, Dante Gabriel Rossetti y Ruskin; reminiscencias de la boga wagneriana; el esoterismo de algunos belgas, el intimismo, siempre avivado y despierto, de algunos flamencos, sobre todo de Maeterlinck; el sentido decorativo —fríamente decorativo— que aporta Múnich, el decadentismo de París y el escandinavismo. Agítese y mézclese y en Barcelona saldrán los nenúfares liliales, el Palau de la Música Catalana y las señoritas de cemento armado, con largas colas, que decoran algunos balcones distinguidos y horribles.

El modernismo —¡qué duda cabe!— hizo mella en Rusiñol. Pero le hizo un daño relativo. El reflejo más acusado del modernismo sobre Rusiñol está en el intimismo, sobre todo en la concepción intimista de sus pinturas de París y posteriormente de los jardines. Pero, repito, de todos los hombres de su generación, Rusiñol fue el menos contaminado de modernismo y la razón está en que Rusiñol fue un hombre que siempre tuvo muy agudizado el sentido del ridículo.

Y no queda más que decir. Deseo que el lector pase, en las páginas de este libro, mejores ratos que los que yo pasé cuando lo escribía. Y que todo sea a la mayor honra y gloria de este hombre tan bueno, tan sensible y tan débil que se llamó Santiago Rusiñol, que Léon Daudet llamó un día «Príncipe de los Catalanes» con intención tan exquisita.

JOSEP PLA,
Mas Pla, mayo-septiembre 1942

Justificación del tiraje

En realidad, no me hubiera sido posible dar a este libro la forma que tiene si don Xavier de Salas, mi querido amigo, no me hubiera facilitado una copia de un borrador de Utrillo que es ciertamente impublicable e impracticable, pero que contiene, de leerse con atención —cosa que fatiga un poco por el desorden del documento—, una gran cantidad de noticias sobre Santiago Rusiñol, las primeras noticias realmente auténticas que hasta este momento sobre el artista se han escrito. Este documento está depositado en la biblioteca del Museo de Barcelona. No tiene nombre. Pretende ser una historia sentimental de la formación del Cau Ferrat de Sitges que pudiera servir de complemento a la *Guía sumaria* de aquel museo.

Rusiñol ha tenido la desgracia —o la suerte— de que se formase, ya en los albores de su juventud, una leyenda sobre su vida y milagros. Esta leyenda se fue repitiendo durante toda su existencia y se repite todavía. El manuscrito de Utrillo, testigo presencial de los años más intensos de la vida de don Santiago, permite precisar muchos hechos, aclarar otros, descubrir otros inéditos y sustituir, en su vida, la leyenda por la realidad objetiva. En este sentido el lector encontrará, en esta biografía, un Rusiñol absolutamente distinto de la imagen que de esta figura le han dado los libros anteriores y los papeles públicos. Se dará cuenta de que lo que en otros documentos anteriores tiene una gran superficie, aquí no es ni mencionado por ser inexistente. Por otra parte, se encontrará con hechos de una gran importancia, de la más alta trascendencia, completamente inéditos.

El manuscrito de Utrillo no abarca, desgraciadamente, los diversos aspectos de la vida de Rusiñol. En este libro, su reflejo se encuentra en tres o cuatro capítulos. Lo demás, lo he recogido y manipulado por mi cuenta.

He leído, naturalmente, todo o casi todo lo que sobre Rusiñol se ha publicado en España y en el extranjero. Esto constituye un enorme montón de papeles que en parte me ha sido posible obtener gracias al archivo de mi viejo amigo y compañero Miquel Capdevila. Pero estos papeles —excepto algunos documentos al frente de los cuales hay que colocar las páginas que en sus *Souvenirs* dedica Léon Daudet a Rusiñol— me han sido de poquísima utilidad. Se limitan a repetir aspectos de la leyenda santiaguesca, en sus matices más pintorescos. No sirven. He debido constatar, mientras escribía este libro, que sobre Rusiñol no existe, hasta este momento, nada auténtico. ¿He logrado escribir sobre don Santiago un documento perentoriamente plausible? El libro, siendo mío, valdrá bien poca cosa. De lo que sí puedo responder es de la veracidad de la información que contiene y de la buena fe que he puesto en la construcción del mismo.

Deliberadamente me he abstenido de utilizar lo que contiene la obra publicada de Rusiñol de autobiografía.

He creído que, habiendo sido esto publicado, constituía un elemento que el lector podía tener constantemente a mano. Toda o casi toda la prosa de Rusiñol es autobiográfica, porque en el pequeño universo de esta obra el autor se mantiene siempre en el centro. Ya se sabe: los escritores románticos —y Rusiñol es el prototipo del escritor romántico— no hablan más que de sí mismos. En uno o dos puntos de este libro, debí utilizar lo que Rusiñol decía sobre ellos porque no tenía información alguna. Si hubiera trabajado sistemáticamente como hice en los puntos a que hago referencia, este libro no hubiera sido una biografía, el complemento de una vida y de una obra, sino un «Rusiñol descrito por sí mismo», cosa que en ningún momento he pretendido.

No puedo escribir los nombres de todas las personas que durante los tres últimos años me han hablado de Rusiñol. Muchas de ellas me hablaron de don Santiago sin que se dieran cuenta. Ya no se acuerdan. Estoy muy agradecido a don Rafael Puget y a don Josep M. Sert, no solo por la excelente información que me dieron sino porque me ayudaron a comprender o a que intentara comprender la esencia de una vida, en tantos aspectos desconocida e incomprendida.

También agradezco a la familia Rusiñol la excelente acogida que esta iniciativa suscitó en ella. Mi ambición sería que este libro fuera agradable a ese grupo familiar distinguido por tantos conceptos, personalísimo y para mí altamente grato.

Este libro de noticias sobre Santiago Rusiñol, con un ensayo básico interpretativo de su figura —y esto constituye la justificación de su tiraje—, tuvo en mi mente un periodo de gestación y de preparación de dos años y fue luego escrito en cinco meses.

Nace un artista

Los Rusiñol son oriundos de Manlleu. La casa solariega de esta familia es conocida, en aquella población, por *can Faluga*. Santiago fue siempre considerado allí como *l'hereu de can Faluga*. Sorprenderá, quizá, este primer rasgo de la personalidad de Rusiñol: por el lado paterno es un hombre de la adusta y grave plana de Vic. Burguesía de la Cataluña vieja, señorío... En Manlleu, los Rusiñol tienen un «vapor», es decir, una fábrica de tejidos. Despacho en Barcelona. A mediados del siglo pasado el despacho estaba en el 37 de la calle de la Princesa. La familia vivía en la misma casa. El día 25 de febrero de 1861, nació Santiago en ella. Era como nacido en la yema del huevo de la Barcelona ochocentista.

El primer ensanche de Barcelona, la primera reforma de gran volumen de la ciudad, consistió en la apertura de la calle de la Princesa. La solemne inauguración había tenido lugar muy pocos años antes del nacimiento de Santiago: el 19 de noviembre de 1853, a la una de la tarde. «Esta es una de las mejoras más grandes que se habrán realizado en Barcelona en el presente siglo

—escribe entonces don Josep Coroleu, el avisado memorialista de la época—. Esta anchurosa vía, continuación de la gran arteria que forman, perpendicularmente a la Rambla, la calle de Jaime I y la de Fernando, suprime una porción de lóbregas y malsanas callejuelas.» En 1861, la calle de la Princesa era lo que en la Barcelona de nuestros días es la Diagonal.

En aquellos años, el factótum de la casa era don Jaume, el abuelo. Los padres de Santiago murieron jóvenes —tiempo de poner al mundo sus tres hijos: Santiago, Albert y Josep Maria—. El padre murió tísico. Se había casado con una señorita de Barcelona, de la familia Prats, familia graciosa, en la que había unos chicos muy elegantes, dandis esbeltos. Adolf Prats tenía afición a la mística. Su hermano, Gonçal, era morfinómano. Tomaban helados colorados, a la italiana, en los porches d'en Xifré y paseaban por la Rambla en carretela. El gran plastrón de seda negra, con una perla, pantalones de color de tórtola, casaca oscura, sombrero de copa y unos guantes de color de mantequilla fresca. En el Liceo, degustaban las melodías azucaradas del tiempo. Los Rusiñol, de Manlleu, eran más duros, más hoscos, más hechos a su manera. La simpatía, la elegancia, la afabilidad de los Rusiñol provienen de la madre, de la familia Prats. La señora Prats de Rusiñol, vestida con el miriñaque, los grandes ojos negros rasgados, el pelo alisado y brillante, la palidez lunar, tenía una gracia encantadora, ligeramente melancólica, romántica. Santiago se parecía mucho a su madre.

Barcelona tenía entonces, apenas, trescientos mil habitantes. Era una ciudad apaisada dentro del mar. En el puerto, en la rada, flameaban las velas de las fragatas, de los bergantines, de las brick-barcas que iban a América y al norte de Europa. La ciudad tenía todavía murallas. En la Rambla, se veía, aún, algún convento chamuscado. Desde el baluarte de Canaletas, al anochecer, se divisaban las pocas, mortecinas luces de Gracia. Los barceloneses veraneaban en las diminutas torres de Sant Gervasi. En invierno, en Sant Gervasi, no vivía casi nadie. En verano adquiría una pequeña vida lánguida. El veraneo consistía en salir a *l'eixida* después de cenar, sentarse en una mecedora y tomar un rato el fresco, con prudencia, claro. Después del verano los barceloneses «bajaban» a Barcelona y se instalaban en los oscuros, grandes pisos de las viejas calles. La vida era un poco linfática, ligeramente bobalicona, muy familiar. Los juegos de sociedad eran melifluos y aniñados. Esta vida tenía, sin embargo, un encanto de suavidad tibia y muelle. La prosperidad era grande. El textil había ido sorteando todas las dificultades, que el año 43 ponían la carne de gallina a don Jaume Balmes. La política era, como siempre, desgraciada. De un tiempo a esta parte, don Joan Mañé i Flaquer está nervioso, ve fantasmas por todas partes. Ha caído el general O'Donnell, el político español del siglo, y la revolución avanza a «pasos agigantados». Alrededor de Isabel II, la magia monárquica se evapora en una encrucijada de intrigas y de estupideces. Los sermones son arrebatados, las fontadas pantagruélicas, los bailes de máscaras centelleantes. La literatura es fascinadora; la gente lee aguantándose la cabeza con las manos: ¡es la literatura romántica! Altadill duerme en la Plaza Real, el pobre Piferrer está cada día más pálido; el sólido Llorens i Barba explica en la universidad una filosofía luminosa, pedestre y grave. Se gana dinero ahorrándolo. Los quinqués de petróleo dan una claridad amarillenta y vaga. A primeras horas de la noche pasan por las calles las burras de leche, con sus esquilas tristes y abrigadas en sus capas. El paisaje infantil de Rusiñol tuvo en su trasfondo esa Barcelona. En *L'auca del senyor Esteve*, este paisaje está descrito con una ternura irónica: el Jardín del General, el surtidor con las ocas y las murallas de mar.

El abuelo, don Jaume, tenía una inmensa personalidad. Tipo inconfundible del fabricante ochocentista, menestral de cuerpo entero, forjador, con su clase y con la gloriosa tradición política conservadora y proteccionista, de la riqueza de Cataluña. Hombre enérgico, trabajador incansable, individualista irreductible, de pocas palabras, liberal. No hubiera tolerado que le llamaran *don* Jaume sino *señor* Jaume, como es costumbre, aún hoy, entre los fabricantes. Por aquel entonces se contaba (y es cierto) que un fabricante que había sido condecorado con la Cruz de Isabel la Católica había insinuado la necesidad de que desde aquel día se le llamara don Ricard...

—¿Y yo también? —le preguntó el encargado, que siempre le había tuteado.

—No, tú no —le contestó don Ricard—, tú llámame señor Ricard.

El viejo Rusiñol había ido toda la vida a Manlleu en diligencia o tartana. Cuando el tren llegó a Granollers, el viaje fue menos pesado. ¡Enorme generación aquella! Fue la de los hábiles y capaces artesanos que llegaron a Mánchester y a Bradford y que con un esfuerzo titánico lograron tejer admirablemente a máquina.

Cuando los pequeños Rusiñol quedaron huérfanos, se repartieron en la familia. Santiago se quedó con el abuelo en la calle de la Princesa; Albert y Josep Maria se fueron con los Prats. El señor Jaume tomó un gran cariño a Santiago y todos sus desvelos fueron por hacer de la criatura un hombre hecho y derecho. A los siete años mandó que le quitaran las faldas, que los chicos llevaban entonces hasta los nueve. Para los días fríos le compró una capa madrileña. Le regaló, además, un reloj y una leontina de oro y exigió que lo llevara, como una persona mayor. Primero fue Santiago a los glacis de la ciudadela a ver las pedradas, de la mano de una criada o del mozo del almacén. Luego, ya mayor, fue solo, con su indumentaria anticipada, y encontró el espectáculo tan divertido que se alistó el primer día en el grupo de rapaces del barrio. Allí le dijeron que los chicos de la derecha de la Rambla eran los «leones» y los de la izquierda eran «cendrosos» y que los dos grupos eran enemigos irreconciliables.

Mientras tanto, el futuro artista había comenzado a frecuentar la escuela primaria. Esta escuela estaba situada en la calle de la Barra de Ferro y la regentaba el señor Quim, un dómine a la antigua, de escaso pelo y dentadura fea, hombre triste, bondadoso y feroz. Rusiñol nos ha dejado un escrito delicioso de recuerdos de infancia titulado *Quan jo anava a estudi.* Después de atravesar un gran portal, más grande que el mayor de la calle de Montcada, se llegaba a un patio lleno de balas de algodón y de bombonas de ácido sulfúrico. De aquel laberinto arrancaba una escalera que conducía a la escuela, escalera lóbrega, estrecha y oscura a la que afluían los relentes de las cocinas de los pisos. La «clase» era una sala y alcoba que se habían juntado por derribo de la pared que las separó en otros días. Las dos piezas habían conservado su decoración propia. La única luz que la escuela recibía era una claraboya sobre la que caían las miserias de los vecinos de arriba. Un día, ante la sorpresa de los chicos y la curiosidad del señor Quim, cayó un bisoñé rapado sobre la turbia cristalería. El señor Quim recibía a sus alumnos sentado sobre la tarima, leyendo el *Brusi*, mascullando palabras ininteligibles. Los chicos eran aviesos. «Muchos días —escribe Rusiñol— al poco rato de empezar la clase estábamos todos de rodillas.» El dómine infeliz parecía ser hombre de palmeta y de pellizco pero sin duda por timidez no se atrevía a utilizar estos importantes elementos de la pedagogía. A media mañana, subía la mujer del señor Quim a preguntarle si podía echar los garbanzos en el cocido y qué clase de pasta prefería para el caldo. El señor Quim interrumpía su explicación sobre los faraones o sobre el gigante Goliat y daba unas órdenes, con sigilo. Los chicos aprovechaban la pausa para verter la tinta, tirarse bolas de papel mascado o arrojarse los libros a la cabeza.

—¡Silencio! —gritaba rabioso el señor Quim, dando un gran puñetazo a su pupitre. Pero instantáneamente, con gran calma, sin solución de continuidad, le decía a su mujer—: *Tira quatre grans d'arròs a l'olla i uns fideus ben fins...*

Así se llegaba a las doce, hora del almuerzo, y se volvía por la tarde, hasta las seis. A las seis, ¡qué explosión de alegría! «Recuerdo —escribe Rusiñol— que llegábamos corriendo hasta Santa Maria, pasábamos rozando las altas paredes oscuras del templo y que allí juntábamos nuestro griterío con el chirriar de las golondrinas y con el repiqueteo de las campanas; luego, como una bandada de gorriones atravesábamos el Born y corriendo, corriendo llegábamos a los glacis, llenos entonces de escombros, de musgo y de piedras.» Y comenzaban las pedreas... Al parecer, las tres cosas que sucesivamente, en el curso de la vida, le gustaron más a Rusiñol fueron estas: tirar piedras, beber absintio y fumar la pipa.

Tanto le gustaron las pedreas, hizo tantas «campanas» para divertirse en ellas, que la familia tomó cartas en el asunto y el señor Jaume lo colocó en la mesa del señor Quim de medio pensionista. Allí comió sopas con letras y cocidos inconsistentes. El señor Quim tenía una hija pálida y enfermiza y una mujer irascible que le azuzaba a trabajar más y a ampliar la escuela. Tan agrias fueron las instancias de aquella harpía que un buen día el dómine, a través de un prospecto, se ofreció a la menestralía del barrio como profesor de dibujo, de piano, de solfeo y de no sé cuántas más disciplinas. Rusiñol tomó lecciones de piano —lecciones a base del puro oído, es decir sin solfeo—. Llegó a tocar un vals después de muchos coscorrones y de gran abundancia de pellizcos. El recuerdo de este vals le enternecía. «Cada vez que lo toco —escribe— veo pasar aquellos años infantiles y cada nota es el eco de otra nota más lejana, que me dice cosas que me humedecen la vista. Y lo toco a menudo este vals cursi; tengo miedo de que se me pierda por dentro y, ¡oh, devoción del recuerdo!, si el piano es malo y pobre, lo toco más a gusto porque me recuerda más exactamente el piano del señor Quim...»

Murió la pobre muchacha, paliducha y enfermiza, y se llevaron también el piano, por falta de alumnos, como se habían llevado el ataúd de la chica. Llegaron los exámenes. El señor Quim se puso una levita. Vinieron los padres de los alumnos vestidos como para ir a misa. Rusiñol salió a la pizarra y realizó unas operaciones aritméticas exactas y magníficas. A los sobresalientes, se les daba una ensaimada; a los notables un *secall*, a los buenos o regulares, un panecillo. Rusiñol conquistó la ensaimada con sobresaliente.

—Niño —le dijo sentenciosamente el señor Quim—, tú serás comerciante. Acuérdate de lo que te digo.

El señor Jaume, perdido entre el público, contemplaba la escena satisfecho y enternecido. También él creyó, en ese momento, que Santiago sería un gran comerciante, que se ocuparía, con el mismo ardor que él había desarrollado, de la fábrica, del despacho y de la continuación de la casa. Esta era la ilusión de su vida.

Pronto entró Santiago en el despacho del abuelo. Un poco más tarde llegó también su hermano Albert. Los dos chiquillos, bulliciosos y alegres, rompieron la somnolencia de la oficina. Ni el tío Gaspar, hombre débil y cariñoso, ni el señor Blanch, que estaba encargado de la teneduría, supieron oponerse a sus trazas juveniles. Solo cuando de improviso y sin llamar aparecía el abuelo, el despacho volvía a la tranquilidad de antes. Entonces se oía el rasgueo de las plumas y los leves, insignificantes ruidos de los papeles. De tarde en tarde, se oía la voz perentoria de don Jaume, contundente y enérgica. En estos momentos de forzada placidez, Albert se dormía sobre las facturas. Santiago demostraba más aguante. El señor Blanch le explicó el mecanismo de la caja, el rejuego de las entradas y salidas. Las esperanzas del abuelo sobre el nieto iban en aumento.

En el despacho había un ser extraordinario: el jilguero amaestrado del señor Jaume. Él le daba de comer y le trataba con un gran cariño y, sin duda para hacerse entender mejor, le hablaba en aquel castellano que impuso don Víctor Balaguer y que todavía no se ha extinguido. El señor Jaume abría la jaula y decía: «*pacaritu, ven... ven...*». El jilguero salía y saltaba volando sobre la mesa del abuelo. Entonces, don Jaume alargaba un dedo y el pajarillo se ponía encima; le decía unas frases cariñosas y el jilguero movía la cabeza; con una regla hacíale hacer habilidades y saltos divertidos. Los corredores de algodón que sabían la debilidad del viejo por el *pacaritu* le hacían elogios de su inteligencia y siempre caían unas balas de algodón más... Un día que Santiago y Albert jugaban con los libros —quiero decir que se tiraban la teneduría a la cabeza—, fue el «Diario» a dar en la jaula con tan mala suerte que esta se cayó del clavo y el pájaro quedó muerto. Consternados y aterrorizados ante las posibles reacciones del abuelo, corrieron a la Rambla a comprar otro y lo enjaularon como si nada hubiera sucedido. Al día siguiente, llegó un corredor de algodón y sus primeras palabras fueron de elogio entusiasta del jilguero. Don Jaume, risueño y satisfecho, se acercó a la jaula y mientras decía: «*pacaritu, ven, ven*», la abrió de par en par, mientras la palidez angustiosa del personal del despacho iba en aumento. Cuando el jilguero vio la puerta abierta salió volando violentamente y fue a chocar en los cristales de la puerta. Luego, ante la consternación general, el jilguero, como presa de delirio, empezó a subir, a bajar, a caer, a remontarse, a chocar con las paredes, las mesas y las sillas...

—*Pacaritu, a casa, a casa!...* —decía don Jaume creyendo que el jilguero era el mismo.

Finalmente se le pudo coger vivo y fue reintegrado jadeante y maltrecho a la jaula.

—¿Qué tendrá este pájaro...? —preguntó, después

de una pausa angustiosa, don Jaume. Su voz era de extrañeza y de disgusto. Fruncía las cejas.

A la pregunta sucedió un silencio sepulcral que duró unos segundos. Luego, el personal pronunció palabras inconexas. Albert se atrevió a insinuar que el jilguero no comía desde unos días a esta parte. Santiago añadió que tampoco bebía. El tío Gaspar examinó la posibilidad de que tuviera la *passa*... La escena terminó enfrascándose todos en el trabajo febrilmente. El corredor se fue, haciendo votos porque el jilguero se mejorara rápidamente. Al poco rato, dando un portazo, salió don Jaume huraño y taciturno. Si alguna vez ha habido dos nietos de fabricante a punto de ser borrados de un testamento fue exactamente aquel día...

Puede decirse que si Santiago fue en los últimos años de la vida del abuelo, don Jaume, una ilusión y una esperanza constantes —por ser Santiago el más agudo, despierto y vivaracho de los hermanos—, en cambio, fue don Jaume una de las obsesiones más persistentes de la vida de Santiago. Es público y notorio que, utilizando algunos de los rasgos del abuelo, creó Santiago la gigantesca figura del señor Esteve, esta figura cumbre de nuestra sociedad, de nuestra manera de ser y de nuestro empuje vital. En el transcurso de los años, sin embargo, la grande y noble figura del señor Esteve fue trocada, por obra y gracia de los intelectuales anarquistas, en un ser irrisorio y repugnante. En una interviú periodística, Santiago, ya viejo, se consideró obligado a protestar y con este motivo trazó un retrato vivo y animado de don Jaume.

—Me lo han estropeado —decía don Santiago—. El señor Esteve que están pintando no tiene nada que ver con el mío. Le ponen unas gafas negras que no llevaba; una levita que no vestía; le cuelgan unos escapularios que no exhibía, un sombrero de copa que no le gustaba; lo arman de una escopeta del Somatén que no era la suya, porque él, el señor Esteve mío, en lugar de una escopeta lo que tuvo fue un fusil liberal. Lo están pintando como una caricatura de lector del *Brusi*, avaro y somatenista. Esto es contrahacerle la indumentaria, el cuerpo y el alma. El tipo del señor Esteve de *L'auca* lo escribí pensando en mi abuelo, que era hombre práctico, de mucho Debe y de mucho Haber, de mucha letra de cambio y de mucha factura, buen pagador y buen cobrador, pero ¡liberal! La fábrica, nuestra fábrica, estaba en Manlleu; un día, los carlistas la incendiaron; cuando el abuelo vio la fábrica, La Puntual, quemada, cogió un fusil y se tiró al monte, a la montaña liberal, y como que los carlistas le debían una letra de cambio se la fue cobrando hasta llegar a capitán. Después rehízo la fábrica y La Puntual continuó. Mi abuelo quería la fábrica más que nada en el mundo y dado que era indispensable para que La Puntual marchara bien que hubiera orden, él quería orden; pero eso sí, orden con libertad, porque aunque fuese conservador, antes que todo era liberal.

Don Jaume era un liberal conservador, situado en política un poco más a la izquierda, diríamos, que don Joan Mañé i Flaquer pero defendiendo en el fondo sus inmortales principios, que son estos: ni absolutismo ni revolución; ni carlismo ni republicanismo: la monarquía liberal. En realidad, el matiz político exacto de don Jaume lo encarnaba don Víctor Balaguer: un liberalismo conservador y radical.

Don Víctor, que había sido ministro de Ultramar con el general Serrano, era gran amigo de los Rusiñol e iba a Manlleu a pasar temporadas. Don Víctor era hombre de gran empaque verbal, de una irrisoriedad grotesca, delirante y buenísimo. Él fue quien introdujo el sistema de hablar el castellano traduciendo literalmente las frases hechas del catalán y el catalán traduciendo literalmente del castellano. Cuando Santiago veía a don Víctor acercarse, decía:

—Ahora dirá honor y gloria...

Y en efecto: en las tres primeras frases que el exministro pronunciaba salían indefectiblemente las dos palabras anunciadas. Era matemático.

De adolescente hízole Rusiñol a don Víctor toda clase de malas pasadas. Un día, en Manlleu, le invitó a dar un paseo en tílburi y al llegar a un punto en que la carretera pasaba al borde de una depresión muy profunda y hacía unas curvas muy peligrosas, lanzó el caballo a todo escape. Balaguer, más muerto que vivo, pálido, sudoroso, crispado, se agarraba con un brazo a Santiago mientras con el otro trataba de aguantarse el sombrero de copa que volaba.

—Santiago, Santiago... —le decía Balaguer con una vocecita de moribundo, atiplada, temblando—, estamos al borde de la tumba, estás provocando a las parcas...

—Yo no tengo la culpa, don Víctor —contestaba tranquilo Santiago—. Es el caballo...

Cuando llegaron al pueblo, tuvieron que meterle en cama y darle cordiales. Pero no le quedó ningún rencor. Rusiñol tuvo una simpatía irresistible desde su más tierna infancia.

La figura del señor Esteve, del creador de la dinastía de los Esteves, dinastía que comienza en un *vetesifils* de ribera y acaba en un artista, la vio Rusiñol a través de los trazos más acusados del abuelo sobre el fondo de sus recuerdos de infancia. Don Jaume era —repitámoslo— un liberal conservador radical. Radical como liberal y radical como conservador. Quería paz y tranquilidad. Por eso, empuñando un fusil, se tiró al monte liberal. Y sin duda le debió quedar un buen recuerdo de este método, porque cuando en Barcelona estallaba una bullanga —y en la época de la Revolución de Septiembre y de la primera República, la bullanga estuvo al orden del día— sacaba a sus nietos al terrado para que oyeran silbar las balas. Don Jaume creía que estos silbidos tan curiosos forman la juventud y son eficaces para templar el carácter. ¡Ah!, ¡pero cuidado! Nada de tiros sin ton ni son. El fusil ha de servir para imponer la paz y la tranquilidad. A través de estas ideas, don Jaume respondía a un ideal de la vida moderna absolutamente respetable y acusaba una característica racial de este principado, perennemente viva y que no se ha desmentido jamás.

Tenía don Jaume, además, otra característica. Bajo la corteza de grano un poco duro de su carácter, anidaba un pequeño tesoro que podríamos llamar sentimental. Había tenido algunos deslices —¡era viudo desde hacía tantos años!—, deslices que habían sido de una cierta duración, es decir, bastante formales. Pero dado que todo pasa, también habían pasado, sucesivamente, estas románticas familiaridades. En aquella época era costumbre liquidar estos asuntos estableciendo una chocolatería a favor de la interesada. Era un final digno y respetable. Poner una chocolatería de barriada valía veinte duros. A sesenta y cinco años, se encontró el valiente y arrojado menestral con tres o cuatro chocolaterías, de decente prestancia.

Su mayor satisfacción consistía en guardar el secreto, en mantener la cosa bajo la capa. Pero en Barcelona, donde era —y es— imposible ocultar nada, la cosa, de puro sabida, había sido ya olvidada. Que don Jaume había sido del *morro fort*, como decimos en vernáculo, no solamente lo sabía todo el barrio sino el Fomento del Trabajo Nacional en pleno.

Una de las cosas más graciosas que solía contar don Santiago, de su abuelo don Jaume, era la costumbre que el viejo señor tenía, cuando se rezaba en familia el rosario, de alternar el rezo con la lectura y la adición *in mente* de las cifras del libro de caja de La Puntual. Don Jaume, cuando empezaba el rosario familiar, comparecía en el comedor llevando el libro de caja. El rezo se iniciaba y de pronto, en el rumoreo del viejo que tenía abierto el libro sobre la mesa, se oía.

—Santa María, madre de Dios, doce y siete diecinueve, digamos veinte, y cuatro veinticuatro, ahora y en la hora de nuestra muerte, amén.

A medida que iban transcurriendo los años de la adolescencia, la figura física de Santiago, su manera de ser, se fue subrayando claramente. Aparecieron los rasgos sobre todo de la madre, de la familia Prats: la cabeza magnífica, de trazo perfecto, acusadamente masculina pero velada por un punto de acedia, de melancolía apenas acusada, ingrávida y a veces pesada como un estigma. El cuerpo grande y erguido, de porte y despreocupación magníficos que le colocaban, por pura naturalidad, en el centro de todo lo que a su alrededor acontecía. Tenía la voz, sin dejar de ser pastosa, ligeramente nasal, apenas atiplada —voz suave, muy dulce, de vocales barcelonesas bellísimas, de una dulzura casi enfermiza—. Y un cierto levísimo tartamudeo, imperceptible casi, que daba a su hablar y a sus gestos una impresión de timidez, lo que constituía uno de los mayores encantos de su conversación, sobre todo al explicar anécdotas picantes y divertidas. Entonces, el ligerísimo temblor incierto daba a lo que decía un vaho de indeterminación flotante, de matización infinita, de claroscuro incierto, lo que tenía una prodigiosa gracia y era, para el interlocutor, irresistible.

Barcelona, anteayer y ayer

Desde 1861, año en que nace Santiago Rusiñol, hasta 1875, en que Cánovas impone la Restauración y la paz al país, Barcelona vivió, con una nerviosidad infatigable, los avatares del progresismo. Durante estos quince años se producen efemérides de gran volumen: se incuba la Revolución de Septiembre, triunfa esta revolución, doña Isabel se desplaza a París, Prim ensaya la dinastía de Saboya, se produce la segunda guerra civil, la primera República, el caos cantonal... La proyección de estos grandes acontecimientos sobre la ciudad representó una intranquilidad constante, una bullanga semanal, una revolución con barricadas cada tres meses y la creación de un ciudadano protestatario, descontento, sarcástico. A medida que Barcelona va enriqueciéndose y aburguesándose acentúa su liberalismo radical y fabrica este producto delicado: la estampa del buen burgués, padre de familia, próspero y rico que defiende la libertad con las armas en la mano vestido de miliciano. Fue la Barceloneta el barrio donde se encarnó, con más estricta ortodoxia, este espíritu. La Barceloneta estaba fuera de la muralla; desde sus calles, abiertas a todos los vientos del mar, prósperas de negocios marítimos, animadas por un mundo cosmopolita y abigarrado, impuso su ley a Barcelona durante muchos años. Es muy posible que el *xaronisme* sea en Barcelona un producto muy antiguo, pero sus formas más truculentas las dio la Barceloneta alrededor del año 60. Este humor de la menestralía, groserote, basto, sarcástico y a menudo lleno de buen sentido, teñido a veces de astucia y otras de chulería, fúnebre o gracioso intermitentemente, se remozó en los cuerpos de guardia liberales, fue cultivado por Almirall y Pitarra, se afinó en Emili Vilanova, Llanas y Aulés, y se irisó en Rusiñol matizándose en el famoso agridulce, dulcificado por París y entibiado por una Barcelona más sosegada y tranquila.

Los años de infancia y de adolescencia son decisivos en la formación de las personas de sensibilidad. En sus correrías entre el Born y la Barceloneta, Rusiñol tuvo que hacer muchas veces marcha atrás porque se encontró con una barricada, con una bullanga, con un tiroteo de terrados o de encrucijadas. La cosa se producía cada dos por tres y por razones indiscernibles. El alma de la ciudad era la protesta, el no, no, no, el jamás, jamás, jamás, el no me da la gana, no me da la gana, no me da la gana... La prosperidad es grande. Hay mucho trabajo. Se gana dinero. Pero el instinto de protesta es vivísimo y se aprovechan todas las ocasiones para protestar. Si la protesta es insuficiente se levanta la barricada y en último caso se dispara un tiro. Al final, la protesta se vulgariza tanto que la política se convierte en una sucesión de fuegos de virutas. (Y en este punto radica una de las causas de la deplorable educación política de nosotros los catalanes.) Sin solución de continuidad se pasa del descontento vocinglero al escepticismo crónico. El aplomo que tuvo Rusiñol ante todas las formas de la política de su tiempo, la sonrisa que puso en su mirada y en sus labios al contemplar la plasticidad viscosa de su pueblo, solamente podrían explicarse por lo que vio en su adolescencia. A los diecisiete años, Santiago Rusiñol estaba ya de vuelta de la política.

En el aspecto político, Barcelona es una ciudad un poco desabrochada. El burgués vestido de miliciano, símbolo viviente del liberalismo cívico, se pasea por las calles en mangas de camisa, con espingardas y pistolones inverosímiles. Hace la guardia en las murallas y en los terrados. Cuando se hace el relevo, se baja al cuerpo de guardia a comentar las noticias. El agua fresca rezuma, en verano, en los cántaros. Se bebe el anís, se hace la horchata de *murri.* Se canta a coro el esperpento sentimental o político. ¡Lo que se llegó a cantar en Barcelona, en la época del progresismo! A Rusiñol le gustó cantar toda la vida y su debilidad fueron las imitaciones grotescas de los esperpentos musicales de su adolescencia. En invierno, el miliciano se recogía al lado de la chimenea. Se armaban partidas de brisca, de tute o de manilla. De tarde en tarde sonaba un tiro. En la calle silenciosa, se daba el ¿quién vive? En estos locales quedaba flotando, en las madrugadas, una mezcla de humo de tabaco, de leña verde, de aceite de candil y de traje de pana que ponía la carne de gallina.

Pero si la política es desgarrada y se hace en mangas de camisa, al ciudadano le gusta también vestirse de negro, con la levita, el sombrero de copa, el plastrón y los zapatos con botones de nácar. El barcelonés se viste para asistir a los entierros, a las bodas, a los bautizos. Los entierros son su debilidad. Asiste a ellos fumando un caruncho o una faria de Murias que despide un humo divino. Los domingos hay que ir a misa con la señora y a comprar el *tortell* imprescindible. Las tres grandes festividades del año se celebran de manera esplendorosa: las Navidades, los monumentos de Semana Santa y la procesión de Corpus, que en Barcelona es algo magnífico. Rusiñol adoraba la procesión de Corpus, espectáculo estupendo de color, torrente de vida en la madurez del año y en la luz de oro del solsticio.

Y dentro de este movimiento alternado que va de la levita a las mangas de camisa, hay que colocar un mundo de facecia. Todo el siglo XIX fue en Barcelona un siglo de facecia, pero los años de que estamos hablando lo fueron con delirio. El pueblo cogía por los cabellos todas las ocasiones que se le presentaban para divertirse. Las fontadas en Montjuïc, las *costellades* en la Montaña Pelada, las meriendas y resopones en las Pudas de la Barceloneta, los bailes de barriada —que todavía perduran en el casco antiguo—, las innumerables pequeñas masas corales que se armaban para cantar himnos a la libertad, habaneras y dulzonas canciones sentimentales (de cuyas masas nacieron por adición los coros de Clavé), los teatros de *putxinel·lis*, los de aficionados, de los que se destacó el de la calle de Mercaders (Rusiñol vivía a cuatro pasos), el Carnaval, que era inmenso, ondulante como una sirena, dilatado y tenía siempre —en la tuberculosis o el matrimonio— consecuencias graves... En verano, en el verano húmedo y sensual de Barcelona, se organizaban las *sortiges* en los terrados, con las sandías y melones puestos en los cubos a refrescar y el griterío alocado de la juventud bajo el cielo lechoso, ligeramente amoratado, lánguido, pesado.

En este país, donde el pueblo es alegre, el jolgorio, la *barrila*, la gatada, florecen en las épocas de política popular. En otros, no hay alegría más que cuando la organiza oficialmente el Estado. El progresismo va unido al amor de las formas más humildes de la naturaleza —el agua de una fuentecilla o la sombra de un pino escuálido—, a los aspectos más suculentos de la comida, a la música mala, que suele ser la más agradable. Más tarde Lerroux, que fue un hombre más avisado como revolucionario que como gobernante, vio la conexión entre progresismo y estas formas elementales de la sensualidad. Trató de resucitar el tiempo pasado y al conjuro de su voz quiso llevar la gente a los alrededores de la ciudad. Rusiñol escribió entonces una sátira feroz y melancólica: *La merienda fraternal*. No tuvo más que destapar algunos recuerdos de su adolescencia para ver el contraste.

El pueblo era así y, fatalmente, los artistas literatos de la época habían de recoger sus reflejos. En el pequeño grupo intelectual de Barcelona que vive en la calle, la facecia injertada en el progresismo, en el liberalismo radical, es la característica dominante. Todo el arte y la literatura del ochocientos rezuma facilidad, frivolidad de grano duro, gatada. El *xaronisme* fue el aglutinante de todas estas formas. Y el común denominador fue una actitud de rebeldía y sublevación permanente, el «no me da la gana» sistemático y representativo.

Pero al fin, llega la paz y la tranquilidad. Savalls y Martínez Campos dialogan en el Hostal de la Corda y cesa en Cataluña la segunda guerra civil. Cánovas, con el dinero del Fomento del Trabajo Nacional, restaura en 1875. La Constitución es del 76. Rusiñol tiene quince años. Barcelona pasa del fragor del progresismo a la sordina de la libertad bien entendida. Todo se suaviza. Todo se matiza. Todo se emboba, todo se convierte en gacetilla. El doctor Olavarrieta publica sus «Consejos higiénicos», en verso, y en ellos está recogido, como a mi entender en ningún otro documento, el espíritu de los primeros años de la Restauración. El doctor Olavarrieta les da a los españoles los siguientes consejos:

Vida buena y arreglada,
usar de pocos remedios
y poner todos los medios
de no apurarse por nada.
La comida, moderada,
ejercicio y distracción,
no tener nunca aprensión,
salir al campo algún rato,
poco encierro, mucho trato
y continua ocupación.

Se entra en una especie de apoteosis notarial. La vida es ñoña, fácil, chata y bastante administrativa. A la gente les da por tener buena educación, que ahora se llama urbanidad, sin duda debido a que los progresos del urbanismo (en Barcelona comienza a construirse el Ensanche) son incesantes. Un libro se hace célebre. Se titula: *La fe, el vapor y la electricidad.* A las niñas se les enseña la cursilería y a los chicos la modosidad. La urbanidad es presentada en verso. Uno de sus preceptos produce una gran sensación. Es este:

Te lavarás bien los pies
cada dos meses o tres.

El miriñaque ha desaparecido. Se ha volatilizado. Nace el polisón. Las señoras tienen, sobre la grupa, una superestructura curvilínea y pomposa como un párrafo de don Cándido Nocedal. Son las matronas que pintó a veces, con un gusto de cromo, el grande y pobre Martí Alsina. Ante el polisón, don Francisco Silvela, que fue menos ingenuo en asuntos sentimentales que en política, hace una frase inmortal: «El polisón —dice— tiene un fondo de verdad». ¡Y tal, don Francisco, y tal!

Esta Barcelona de la Restauración que fue la de la juventud de Rusiñol fue una pura delicia, un auténtico encanto. Y no digo esto ahora por aquello de que cualquier tiempo pasado fue mejor, no. Lo digo porque todos los testigos de la época están conformes en afirmarlo. Barcelona es hoy una baraúnda entre cosmopolita y murciano-aragonesa. Barcelona entonces era una ciudad de barceloneses. Todo el mundo se conocía. La gente se franqueaba, se amaba, se hacía compañía. El cese de las luchas fratricidas, la instauración de la paz, apretó todavía más el haz de la ciudadanía. La vida era barata, cómoda, de una gracia infinita.

Había en Barcelona, al menos, tres grandes restaurantes. Justin, que había venido de Francia después de la guerra del 70, se instaló en el fondo de la Plaza Real. Hacía un cubierto de cuatro y otro de cinco pesetas: entremeses, tres grandes platos, suculentos, cocinados, literalmente exquisitos, repostería y frutas. La bodega era, con la de Martignoli, en la calle de Escudellers, la mejor que ha existido en el país. Justin tenía una debilidad por los Médoc y todavía hay amigos que se acuerdan de estas viejas delicias.

El señor Ribas, padre de Rossend, ha sido el catalán que ha entendido más la cocina quizá de todos los tiempos. Como cocinero, Ribas creó el Suizo. En el Suizo se celebraron todos los golpes y contragolpes de la época que se llamó la *febre d'or*, que fue una locura bolsística y que probablemente no fue más que el empacho de la prosperidad. Luego Ribas creó el Continental, que ha sido el mejor restaurante que ha tenido Barcelona en lo que va de siglo. Haber contemplado al señor Ribas escogiendo, por la mañana, el pescado que le traían, haberle oído decir «este me gusta, este no me gusta», con una gesticulación y una voz que no admitía réplica, era como asistir a la administración auténtica de la justicia. Ribas creó muchos platos de una calidad indescriptible: el más alto de todos fue quizá los «huevos al Continental», que hoy ya no se podría hacer y caso de intentarse valdría un dineral. Ribas era un poeta, un gran poeta de la cocina, y no creo que en su tiempo fuera igualado, en calidad de sensaciones y en bondad de sentimientos, por los poetas que escribieron. En el Continental, como en el viejo Suizo, la repostería fue cuidadísima y el *biscuit glacé* dirigido por Ribas ha dejado un recuerdo exquisito que a medida que van pasando los años se va impregnando de melancolía.

Otro gran restaurante fue Martín. Todos estos establecimientos tenían salones particulares donde era posible comer sin tener necesidad de contar con el vecino. Esto se ha perdido para siempre, como probablemente se ha perdido también la buena comida. Ahora la soledad de la gente es tan grande que se va al restaurante para tener la posibilidad de hablar del tiempo con un vecino de mesa improvisado y desconocido.

En la época de que estamos hablando, conservaba España todavía la posesión de Cuba y Filipinas. El café era exquisito. La mezcla del café perfumado de Puerto

Rico y del café fuerte de Moca formaba una droga de alta calidad. Luego, en esto como en casi todo, se ha perdido la cabeza y se ha llegado a presentar como algo superior lo que no es más que una enfermedad del café: el caracolillo. Cuando la cosecha es mala y el grano pequeño y pobre se le llama «caracolillo».

El café valía veinticinco céntimos. Los cafés eran grandes, cómodos, con los espaciosos bancos de terciopelo rojo, donde era posible sentarse decentemente. Por las tardes no había espectáculos, lo que daba a los cafés una vida ruidosa. El café de Novedades, del señor Elias, era un cafarnaúm con ruidos secos: las fichas de dominó sobre las mesas de mármol hacían un ruido seco: el choque de las bolas de billar era seco; el ruido de las cucharillas era seco. El humo de los caruchos, las murias, de la picadura de tabaco habano era azulado, de una lividez fina. Se servía el café en la taza. Se servía el café en la copa. Se daban seis azúcares. Sobre la mesa estaba siempre una magnífica botella de ron o caña. Estas botellas eran una pieza de vidrio en forma de anillos superpuestos. Uno podía servirse un anillo de ron —o dos— con la más absoluta naturalidad. El ron y la caña auténticos eran exquisitos. Desde la pérdida de las colonias, el sistema de nuestras sensaciones ha quedado bastante desarbolado: el tabaco, el café, los cordiales han sufrido una baja, en el tono, tremenda. Es natural, pues, que la gente hiciera vida de café. Primero se tomaba el café de la taza y luego el café de la copa. A este se le ponía ron y agua. A medida que la tarde iba cayendo, el café de la copa se iba clareando y desvaneciendo.

Vilaseca tenía el café Colón, por donde está ahora, triste y negro, el Lyon d'Or. Luego, con motivo de la Exposición del 88, Vilaseca fundó la llamada Pajarera en el centro de la Plaza de Cataluña. También por aquel entonces se fundó la Alhambra, que estuvo donde hoy está el Banco Comercial de Barcelona. La Alhambra era un café inmenso, que iba del paseo de Gracia a la rambla de Catalunya. Todo sucedía, en aquel entonces, en los cafés y lo que no sucedía en los cafés no existía. El café aguza la inteligencia y aviva la sociabilidad. La decadencia del café implica la decadencia de una civilización entera.

En la época que estamos hablando, la familia que disponía de ochenta duros al mes lo pasaba maravillosamente. Los mejores pisos del Ensanche naciente valían diez duros. Las comidas eran suculentas y completas. Las mujeres consideraban que su primera obligación era ocuparse de la cocina. El servicio era todavía catalán y no se había implantado el sistema de tener cocineras de países que tienen una cocina prehistórica, troglodítica. Ir a comer a una casa no ofrecía los peligros que ofreció después, peligros reales, evidentes.

Barcelona ha sido una de las ciudades de Europa donde la carne ha sido siempre de más baja calidad. Sin embargo, existía la carnicería Modelo de la Rambla, que era de unos franceses, que no servían más que buey. Este establecimiento ha presentado la mejor carne que se ha producido en Barcelona, quizá desde que la ciudad existe. La gente, sin embargo, deliberaba antes de comprar en la carnicería Modelo, porque la carne valía diez céntimos más la *terça* que en las otras carnicerías. Dios da habas a quien no tiene muelas.

Comparativamente hablando, el número de personas que hacía el aperitivo era escaso. El año 1885, unos treinta barceloneses, a cuyo frente estaba Santiago Rusiñol, tomaban el aperitivo. El *bitter*, el *vermouth*, hacían daño. El absintio también, pero ¡qué incomparable delicia era el absintio! Puget suele decir que el absintio helado y bien hecho es la bebida de Dios mismo. Es exactísimo. ¡Estupendo, maravilloso, divino brebaje que ha producido la poesía más aguda y exquisita de todos los tiempos! ¡Incomparable absintio! Luego el *cocktail* ha sido directamente contrario a los intereses de la humanidad y ha contribuido a la cretinización general progresiva.

Si había poca gente que tomaba el aperitivo, existía en cambio una gran cantidad de personas que tomaban el resopón. Siempre he creído que el resopón es la comida más oportuna y mejor situada del día y que su desaparición ha contribuido a aumentar la tristeza y la estupidez humana en grado muy directo. El resopón creaba un tipo de hombre apacible, honesto y divertido. Por doce reales en el Continental daban, como resopón: media docena de ostras de Marennes; un magnífico filete con patatas; un cuarto de queso de Brie auténtico; uva moscatel a placer y café. Y, naturalmente, pan y vino. Esta relación ilustra una época, le pone un nimbo de gloria imperecedero. Una sociedad que se ha dejado arrebatar el resopón es una sociedad que presenta síntomas de agotamiento avanzado.

A la gente le gustaba ir en coche. Era la debilidad de la época. Alquilar una victoria, de cuatro plazas, valía dos pesetas la hora. El coche descubierto y aireado obligaba a llevar la cabeza alta y el pecho abombado. El coche coadyuvaba a desarrollar los instintos de la ingenua y útil vanidad humana. El automóvil es el vehículo de la astucia, el instrumento del sabandijeo humano, la visión del mundo externo por el rabillo del ojo, sacristanesco, de encrucijada. El coche descubierto —o cerrado— implica la verticalidad de la columna vertebral y la mirada directa y franca. Se iba mucho en coche. Se hacía la rúa o paseo de coches, que llegó, primero, abierto ya el paseo de Gracia, hasta la calle de Aragón; luego hasta la calle de Valencia y así sucesivamente hasta escalar las alturas de la falda de Gracia. En Barcelona llegó a haber, por esta época, un gran amor por este animal maravilloso que se llama «caballo». El caballo de calidad obligó a la burguesía a tener mayordomos y criados estilados. Casi todo este personal fue sacado de las mejores casas de Madrid. El tono de la burguesía subió visiblemente en el acto. Los papeles de ennoblecimiento de muchas casas de este país otorgados contemporáneamente —o casi— no podría explicarse, claro está, por razones independientes del dinero, pero además, en el cambio de sangre, intervinieron de una manera muy visible el servicio y los caballos. Cuando los viejos cocheros y lacayos murieron y apareció el chófer, el descenso del tono fue irreparable.

Los espectáculos fueron un sueño. Barcelona vio a la Réjane, a Eleonora Duse, a la insoportable y genial Sarah Bernhardt, a las grandes compañías italianas. La compañía de Mario, de Madrid, se componía de treinta personas bien vestidas. Entrada y butaca: tres pesetas. El Teatro del Liceo, que por aquellos momentos alcanzó su más alta nombradía universal, era deslumbrador. Aquel cuadro de *Los hugonotes* con Gayarre, Masini y Morel no será superado jamás. Cuando la inmortal Adelina Patti vino por primera vez a Barcelona, hubo que poner la butaca del Liceo a veinte pesetas. Se armó una pequeña revolución. La gente estaba acostumbrada a las voces más celestes, a la música más angélica pagando cantidades irrisorias de dinero. En aquel entonces el teatro era tan interesante por dentro como por fuera. Estaba rodeado de un halo de aventura, de rejuego sensual y pecaminoso que apasionaba a la gente. Hoy no comprendemos que el viejo Castellvell cubriera literalmente de oro y de brillantes a la Tetrazzini. Y es que el teatro como esencia sensual y calidad de la vida ha fallecido.

La compañía de operetas italianas del empresario Tomba presentaba unas chicas sabrosas y muy sabias en la ciencia del amor. Quince días después de haber llegado, la compañía, indefectiblemente, se disolvía. Los dandis y elegantes del tiempo habían entrado a saco en el conjunto y Tomba había quedado desarbolado y triste. El empresario iba al Gobierno Civil a buscar las *fanciullas*, mesándose los cabellos. El champaña francés era abundante y delicioso en los salones reservados del tiempo. El Roederer y el Moët eran los vinos preferidos por las familias. El barcelonés, siguiendo una preferencia a mi entender equivocada, prefería el champaña dulce, buscaba en este vino el complemento de la repostería. Esta preferencia se ha mantenido hasta nuestros días. Cuando Anglada, el célebre *gourmet*, superó esta concepción del champaña como vino de bautizo e introdujo el seco y el *brut* de Pommery como elemento de la vida amorosa y sentimental, comenzó una nueva época. Las chicas de Tomba coincidieron con sus principios. La Florentina era una muchacha ágil, esbelta y dura como un bronce de Donatello. Tuvo gran amistad con Albert Rusiñol. Pasaron unos años y el Pommery fue dorando y redondeando a la Florentina. El Donatello se convirtió en un Carpaccio de suave fluencia. Cuando don Albert se casó con doña Frasquita, la Florentina tomó pasaje para Génova. El escultor Clarasó fue a despedirla al muelle y le transmitió un regalo sustancioso del que se habló en Barcelona como síntoma de las locuras que un hombre pueda hacer por una mujer. La Florentina se marchó aburguesada, bastante veneciana y muy contenta.

Cogió una casa pequeñita en los alrededores de Florencia y puso un gallinero, con gallinitas y pollitos y algún que otro conejito.

En general, el barcelonés rico ha sentido siempre una cierta preferencia por las entretenidas extranjeras. La llegada de las primeras francesas es de esta época. Coincide con el esplendor máximo del bacalao *a la llauna*, en las Pudas de la Barceloneta.

—¿Quién es esa chica? —preguntó un día en el Suizo un señor a otro señor.

El otro señor bajó la voz y le contestó con gran misterio al oído:

—*És la francesa d'En Vador.*

El señor Vador era muy conocido en los cafés, era un médico con una voz espesa y aguardentosa —la voz que culminó años más tarde en el primitivo Edén Concert— que había estudiado en París las formas modernas de la terapéutica venusina. La cosa de sigilo y de misterio que rodeaba a *la francesa d'En Vador* indica que fue una de las primeras. Esta señorita, como todas las de su clase, tanto indígenas como extranjeras, acabó desarrollando tesoros de ternura por las aves de corral y animales domésticos.

Estas formas tan fáciles de la vida, esta prosperidad, este bienestar —este bienestar y esta prosperidad que el proteccionismo llevó a sus formas más altas—, crearon la tristeza de la hartura, el *tedium vitae*.

Tengo la impresión de que Rusiñol conservó de los años de su infancia y de su adolescencia, tan agitados y carnavalescos, un recuerdo vivo y tierno. Los años de la Restauración, en cambio, tan agradables, tan plácidos, envueltos en una ñoñería tibia, excitaron las formas más sarcásticas e irónicas de su pensamiento.

Rusiñol fue siempre desplazándose de la comprensión conformista de su tiempo y contempló el mundo exterior con un velo de melancolía. Desde un principio, su estado natural fue la tristeza.

Una vida que empieza

Debía tener dieciséis o diecisiete años, cuando un día Rusiñol se encontró en una calle del barrio de Santa Maria con el viejo dómine que fue su maestro, el señor Quim.

—¿Qué? —le preguntó—. ¿Cómo va el comercio? Las cosas te irán bien, ganarás dinero...

—Verá, verá... —contestó Santiago un poco confuso—. Por ahora pinto telas.

—¿Y qué clase de negocio es este de pintar telas?

—Es un mal negocio, señor Quim. Es una especie de oficio que da muy poco y en el que se ganan menos ensaimadas que panecillos.

En realidad, Santiago había comenzado siendo muy joven, casi un niño, a dibujar y a pintar a escondidas. ¿Cómo se había producido este hecho? Hay dos clases de autores de biografías: los que presentan los importantes hechos que narran y las causas que explican lo que sucede en la vida de los hombres célebres como debidas al puro azar y a la casualidad, y otros que presentan a los personajes que intentan retratar como si fueran de una clase de hombres aparte, como si hubieran nacido predestinados a que cuanto hiciesen fuese grande, admirable, notorio, imprevisto y sorprendente. Yo creo que Rusiñol empezó a pintar y a dibujar simplemente porque le gustaba, porque esto era una disposición, una inclinación natural de su espíritu. En general, los hombres son lo que son por las mismas razones que explican por qué los elefantes tienen trompa, los leones rugen y las jirafas poseen un cuello enhiesto, largo y distinguido.

Hace ya bastante tiempo que los años de aprendizaje de los artistas son malos, llenos de dolores y de confusión infinitas. No hay escuelas, ni maestros, ni cánones, ni reglas. Hay que tener una gran fuerza interna para sobreponerse a estos vacíos. Hay que tener, por otra parte, la suerte de haber nacido con los ojos limpios de convencionalismos anteriores, capaces de ver la vida de las cosas del mundo externo. La única luz es la que llevamos dentro. Si esta luz no se tiene, vale más dedicarse a otros menesteres. Que Rusiñol la tuvo me parece evidente. Si más tarde la perdió, es otro problema. Sus primeros intentos indican la presencia de un temperamento desprovisto de trampas y de embelecos. Sus ojos miran la realidad sin velos ni ideas preconcebidas. Directamente. Por eso ha de decirse que, a pesar de todos los pesares, los principios de Rusiñol fueron buenos.

Corrían los años 77 o 78 del siglo pasado. Era el día de San Jaime, onomástico del abuelo. En tal día como aquel, Santiago se revistió de valor y un poco irónico, un poco apocado, regaló un cuadro al viejo. Era un cuadro de aficionado: representaba el puerto de Barcelona visto desde el muelle nuevo, es decir, visto desde la

Puerta de la Paz —exactamente visto desde el lugar donde más tarde se emplazó la escribanía gigantesca que llamamos monumento a Colón—. En el ángulo de la derecha, abajo, tocando casi la quilla de unos remolcadores, sobre los que se perfilaban una selva de palos de barcos de vela, había unas letras escritas con tinta: «A mi querido abuelo». Y un poco más abajo: «S. Rusiñol».

El abuelo quedó sorprendido y reaccionó, al principio, de mala manera: en lugar de los veinte duros que solía darle por su santo, no le dio más que uno. El hielo, sin embargo, había quedado roto y cuando el señor Jaume sintió veleidades de tomar decisiones contundentes, se sintió débil. Se limitó a decir toda la vida cabeceando tristemente: «¡Qué lástima!». Santiago aprovechó la ocasión con habilidad. Continuó yendo al despacho. Continuó pintando a escondidas y no hizo ningún alarde pero se inclinó cada día más abiertamente hacia el arte y la fantasía.

En verano, acompañaba al abuelo en sus viajes y a sus curas termales. Entre los años 70 y 80 del siglo pasado, estuvo en Puigcerdà, en Arbúcies, y realizó su primer viaje a tierra francesa: a Amélie-les-Bains. Luego, otro año acompañó al señor Esteve al Vichy francés, a tomar las aguas. De Vichy hubiera querido llegar hasta París pero tuvo todavía que esperar unos cuantos años. Algunos de estos viajes los realizó en diligencia. Rusiñol conoció las grandes diligencias del siglo pasado y viajó en la que hacía el trayecto de Gerona a Perpiñán, que era enorme, majestuosa y andaba tirada por cinco caballos. Estas salidas estivales fueron aprovechadas por Rusiñol para pintar. Son de esta época sus primeros contactos con el paisaje.

Desde un principio Rusiñol «trabajó febrilmente. Los suyos, gente activa, habían pasado por la vida mirando hacia abajo. Santiago sintió necesidad de levantar la vista y por esto, sin preocuparse para nada ni del análisis, ni de la lógica, ni de los fundamentos científicos de lo que llevaba a cabo, cuando sentía ganas de pintar, pintaba. Tomaba los colores, los pinceles, un bastidor y llenaba una tela. Cuando llegaba abajo, firmaba». Nada más. Y Utrillo, que es el autor de las palabras entrecomilladas, añade: «Rusiñol hizo siempre caso omiso de las fórmulas, de los dogmas y de la disciplina. Obedeciendo solo a su arbitrio, se limitaba a su ambiente y no tenía necesidad de cosas abundantes y complicadas. Aunque no puede decirse que fuese, en algún momento, un satisfecho a pesar de sus incesantes cambios de paisaje y de estancia, el mundo era para él lo que inmediatamente le circundaba. Tenía necesidad de muy pocas cosas pero estas cosas Rusiñol las conocía, las sabía, las acariciaba, las contemplaba desde todos los puntos de vista y en cada objeto descubría, a su manera, un mundo, una vida más, un pequeño universo, del que él, Rusiñol, era el centro. Si le interesaba, cada cosa, cada paisaje no era un objeto más sino una parte indispensable de su propia vida». Estas palabras de Utrillo son profundas y en el curso de este libro habremos de hacer a ellas referencias varias. Significan que Rusiñol, ya desde un principio, vivió menos del pasado y del futuro, de los recuerdos y de las esperanzas, que del presente, de los sucesivos presentes que forman la vida humana. Cada uno de estos sucesivos presentes, de estos sucesivos paisajes, del fluir ininterrumpido de su obra sucesiva, fue para él un universo completo, acabado. Fue un presentista, un concretista

—en oposición a los espíritus vagos e irreales—. Y como concretista, fue un espíritu limitado. La tendencia a lo concreto si es eficacísima para la acción —Rusiñol trabajó enormemente— corta un poco las alas. Fue una luz constante, seguida, asegurada, pero el destello, el gran destello falta.

Un impulso instintivo llevó a Rusiñol, siendo todavía cajero del despacho, a la Academia del señor Moragas. Es en este taller-academia donde la vocación de Santiago se manifiesta de manera esplendorosa, casi desbordante. Moragas había sido amigo de Fortuny. Era un coleccionista refinado. En su casa se reunían los mejores coleccionistas del tiempo: Miquel i Badia, Pellicer, Cabot... Era además un dibujante de técnica pasmosa, un acuarelista exquisito, restaurador de retablos, conocedor profundo de los misterios de la pintura antigua. Con el señor Moragas, Rusiñol aprendió lo que quiso. Y lo aprendió bien, porque Moragas era todavía de una época en que existía, en estas actividades, una disciplina seria, rígida. Rusiñol acabó siendo un dibujante maravilloso. «Hay que estimar a Rusiñol —ha escrito Joan Sacs—, tanto por su pintura como por sus dibujos, deliciosos de exactitud y de fantasía. Rusiñol fue siempre un gran dibujante y eso nadie se lo ha reconocido.» Es exacto. Nadie se lo ha reconocido. Por eso es hora ya de proclamar, puesto que la visión de perspectiva permite ir poniendo las cosas en su sitio, que Rusiñol fue, en este país, el primer dibujante de su tiempo y que aún en la pintura de sus últimos años, la que se resiente más de monotonía manierista, hay, en su base, una estructura de dibujo inconmovible.

También asistió Rusiñol a algunas clases de la escuela de la Lonja —siempre a escondidas—. Fue una aventura sin continuidad y en resumidas cuentas negativa. No le gustaron ni la casa, ni los profesores, ni la enseñanza, ni los alumnos. La escuela oficial de arte de Barcelona vivía anquilosada en los recuerdos del miniaturismo fortunyista y no sentía las palpitaciones del tiempo. Rusiñol se cansó pronto. Se volvió a la calle con un amargo sabor de boca. Más tarde escribirá: «Las Academias de Bellas Artes sirven para enseñar. En ningún caso son aptas para aprender».

El estado de la pintura en el momento en que Rusiñol comenzó a pintar era, en Barcelona, absolutamente lamentable. La pintura independiente gozaba de escasísima consideración. El pobre Simó Gómez vendía los cuadros a diez duros. El señor Puget me dice haber visto una vez en Roses treinta o cuarenta cuadros de Martí i Alsina que tenía un carpintero de Barcelona que se construyó una casa en aquel puerto de mar. El carpintero había cobrado con cuadros los trabajos de carpintería que había realizado para el pintor cuando este se construyó un irrisorio *pied-à-terre* en Barcelona. Aquellos cuadros valieron luego un dineral. Martí i Alsina trabajó enormemente. Es un pintor desigual. Algunas de sus obras le acreditan de pintor grande, insuperado en su tiempo.

Vayreda no tuvo en vida, como pintor, consideración alguna. Esto sorprenderá hoy a mucha gente. Y sin embargo, la afirmación es irrebatible. Vayreda aportó a la pintura de su tiempo una visión de la realidad tan inmediata, pura y directa que se hizo incompatible no solamente del gusto popular, infectado de irreales convencionalismos, sino de los pontífices de la crítica y de los compradores. Para fortuna de nuestro arte, Vayreda tuvo personalmente una posición económica bastante desahogada para tener que pintar siguiendo el gusto y las ideas de los demás. Siguió el camino propio, camino bastante equilibrado, puesto que en ningún momento el sentimentalismo de que estaba poseído ahogó en el pintor sus grandes dotes de realista.

En realidad lo que se cotizaba era el arte que halagaba las posiciones oficialmente establecidas. Al comprar un cuadro, los burgueses se consideraban cardenales del Renacimiento y los políticos, césares. Por otra parte, se necesitaban mamotretos de grandes dimensiones porque las paredes de entonces eran más grandes que las de las viviendas actuales. Por esto, el cuadro de historia tenía una cotización altísima. Se pintaba la «Batalla del Guadalete», la «Decapitación de Lanuza», «La noche de San Bartolomé». Se suponía que el pintor de estos atrabiliarios sucesos había de poseer una cultura histórica que añadía prestigio a los pinceles. Con ello se escamoteaba el interés vivo, presente, real y enormemente más difícil de la realidad inmediata. Porque lo de la cultura histórica del pintor de cuadros de historia era, naturalmente, una filfa. El cuadro de historia es incomprobable, generalmente ficticio e inverosímil. Ya dijo don Alfred Opisso, al comparar las primeras pinturas de Rusiñol con el arte oficial del tiempo, «que es mucho más fácil pintar cosas pasadas que presentes,

> puesto que nadie ha de ir
> a preguntárselo a ella».

Otro de los temas cultivados por el arte oficial del momento eran ciertos paisajes italianos de gran prestigio literario, interpretados a base de un sensorialismo escenográfico capaz de emocionar a una criada de servicio —y que me perdonen las criadas de servicio—. Se hacía la tarjeta postal iluminada de Venecia y la puesta de sol en las lagunas pontinas con las astas verticales de los bueyes vibrantes de la luz de las candilejas. Era la estupidez pura al servicio de sistemas medulares de cartón-piedra. En la pintura de tema veneciano, el pobre Canaletto quedaba de cuerpo presente por la simple aparición de los verdes gigantescos de una retoricidad desenfrenada y grotesca. En los temas de las campiña romana, el jugo de naranja era dado a chorros, a caño libre y sin tener en cuenta el daño que pueden producir a una familia ordenada estos líquidos seráficos y tan poco papalinos.

Con esto basta, me parece, para deducir la sorpresa inmensa de la gente ante un grupo de pintores, a cuyo frente estaba Santiago Rusiñol y cuya única preocupación era ver las cosas tal como son, es decir, en su emocionada y auténtica belleza. La primera gran novedad es esta: Rusiñol no tiene taller. Pinta al aire libre. Algunos elementos considerados incompatibles por la pintura oficial del tiempo —la luz, el aire— entran en su pintura desde los primeros momentos. *Ab initio*, el artista prescinde de la cocina de los estudios destinada a crear una realidad que no existe. Sin saber lo que es el impresionismo, Rusiñol es —como Mir años más tarde— un impresionista *avant la lettre*. Por un fenómeno de simple adivinación marcha a la vanguardia de su tiempo. El mundo externo es visto en toda su sorprendente y rica complejidad. Me parece que Rusiñol hubiera comenzado a pintar de una manera muy distinta sin la existencia previa de Vayreda. Es a través de Vayreda —que en este momento es su ídolo— que Rusiñol se suma a la revolución del gusto y de la pintura iniciada por la escuela llamada de Barbizon y coronada por los impresionistas.

Sus temas primeros son de una modestia enternecedora. Hay que hacer compatible el trabajo en el despacho con las penosas salidas al aire libre. Las faldas de Montjuïc, las calles de Sant Gervasi, los rincones de Vallcarca están, dados los medios de locomoción de la época, a distancias considerables de la calle de la Princesa. Cargado con sus bártulos, aprovecha las horas libres que le deja La Puntual para vagar por Montjuïc, donde pinta las canteras polvorientas, los merenderos desvencijados, los rincones solitarios. Los domingos le dejan más tiempo y busca en los pequeños patios románticos de Vallcarca, en las *eixides* húmedas ligeramente borrosas de melancolía pequeñoburguesa de Sant Gervasi, sus temas primeros. En estos momentos Rusiñol es un realista estricto y, sin embargo, en estas primeras descripciones palpita ya como un decaimiento de tristeza. No puede resistir la tentación de poner, sobre su equilibrada y sólida visión del mundo externo, una leve sombra de melancolía. La irrisoriedad misma de los temas escogidos, su vulgaridad esencial se añaden a su desolación interior. En su adolescencia misma, siente ya Rusiñol el *tedium vitae*.

Estos primeros ensayos son mal recibidos. Las primeras salidas del nombre de Santiago en la prensa van acompañadas de una rociada de denuestos. Alrededor del año 80 no se le nombraba más que para decirle horrores, para negarle el pan y el vino, para abominar de su arte, para tildarle de extravagante, de loco, de revolucionario y de insincero. El pontífice de la crítica es en aquel momento el viejo Miquel i Badia. En este menester Miquel i Badia representa lo que Mañé i Flaquer en política: es la infalibilidad al alcance de todos. Miquel i Badia es amigo de Rusiñol y el crítico toma pie en este hecho para aconsejarle que se retire de este oficio y para decirle que no se burle más del público. Daniel Ortiz, en *La Publicidad*, pone en prosa alegre los solemnes dictámenes del pontífice y hace chistes y toma a chacota las primeras pinturas de los desdichados principiantes no conformistas. Sin embargo, sería en cierto modo hacer un ultraje a la memoria de Rusiñol presentarlo como un incomprendido en alguna época de su vida y como un luchador sudoroso contra una sociedad hostil. No. En los momentos en que su arte representó una más sorprendente novedad, tuvo Rusiñol a su alrededor a los espíritus más selectos del país. No hay más que citar los nombres de Yxart, de Sardà, de Maragall, de Casellas y de tantos otros para que el hecho quede subrayado. No hubo necesidad, por otra parte, de hacer ningún esfuerzo para que la pintura sin espíritu y sin sensibilidad se derrumbase. Esta pintura se cayó de puro vieja, murió de consunción interna —o, mejor, se transformó en algo distinto pero tan insignificante como lo anterior—. En los años inmediatamente posteriores a la Exposición del 88 y coincidiendo con las primeras estancias largas de Rusiñol en París, los nombres que acabamos de citar habían construido ya al artista un pedestal incomparable. Afortunado en todo o en casi todo, Rusiñol libró su pequeña batalla pictórica sin esfuerzo apreciable. Le bastó esperar, haciendo broma, que se cayera lo que tenía delante.

En estos años de juventud incipiente se coloca la presencia de Rusiñol en Poblet y Tarragona. Rusiñol conoció y pintó en Poblet en los momentos más tristes de saqueo venal por que pasó esta inmensa obra de arte. Rusiñol conocía a don Eduard Toda, que en su juventud fue secretario de don Víctor Balaguer —todo se enlaza— y estuvo a su lado en los primeros esfuerzos de salvación del monasterio. Constituye a mi entender un gran honor del Cau Ferrat no contener nada de Poblet, precisamente por la facilidad que hubiera tenido su fundador de poseer lo que hubiera deseado de la maravillosa ruina. La estancia en Poblet, sin embargo, no dejó rastro pictórico alguno (no llegó a terminar ninguna tela). En cambio, el efecto moral fue extraordinario. «De Poblet —dice Utrillo— sacó Rusiñol grandes elementos que influyeron en ideas más o menos formuladas.» Perenne escuela de buen gusto y señorío, debió afinar su natural hombría. La contemplación de Poblet entregado a la barbarie de anticuarios y «técnicos» aliados de la más inmunda populachería debió dar a Rusiñol una idea bastante exacta del mundo tal como es. Si Maurras se convirtió en un paladín del conservadurismo social al contemplar el vandálico incendio del Louvre en la época de la Commune de París, bien pudo Rusiñol en Poblet sufrir los efectos bienhechores de una lección histórica tremenda.

En Tarragona, pintó en los lugares más impensados en una gama de temas comprendidos entre la catedral y el cementerio. En el cementerio trabó gran amistad con el sepulturero, que le guardó siempre fielmente las telas. Con este hombre, acostumbrado a ver de cerca el espectáculo de la muerte, tuvo Santiago algunos diálogos entre hamletianos y grotescos que aparecieron más tarde en su obra literaria. Siguiendo la tradición de los grandes humoristas europeos, el ingrediente funerario le dio el inevitable rendimiento. Un día pintaba los claustros de la catedral y, teniendo ya la tela muy cubierta de color, se le acercó un clérigo —que resultó ser un canónigo meridional— fumando un cigarrillo. Colocado detrás del pintor, contempló durante un rato, en silencio, el trabajo del artista.

—¡Bonito! —dijo al final el canónigo.

Rusiñol volvió la cabeza y se quedó mirando al prebendado, que apuraba la colilla. De pronto el cura puso una mueca de displicencia en la comisura de sus labios.

—¡Lástima —dijo— que el claustro sea tan místico!

Es andando por el mundo donde se gana el envidiable tesoro del escepticismo. El mundo es complejo y hasta la iglesia militante tiene matices.

¡Cuán distinta era la Tarragona de aquella época a la Tarragona actual! Los presidiarios, vestidos con ropas rayadas, construían el muelle. Algunos arrastraban, pesadamente, un grillete. Soldados con bayoneta calada daban, intermitentemente, un estentóreo alerta que sacudía la modorra del pueblo. Los magistrados llevaban levita y sombrero de copa. El arzobispo salía en un coche tirado por mulas con cascabeles. En el sitio que ocupa hoy el mirador sobre el mar, había un edificio arruinado con una fiera dentro. Siempre había un grupo de payeses ante la fiera. Los cipreses tenían una silueta exquisita; las piedras, un dorado aceitoso y rico, el silencio parecía haberse detenido y el viento de mar les daba la vuelta. Desde la parte alta se veía la gran llanura surcada por las cintas blancas de los caminos pedregosos, polvorientos. El paso de una tartana levantaba una pequeña nubecilla. Las tabernas, ciertas calles, tenían un denso olor a *romesco*. Otras olían a vinaza gigantesca, otras a algarroba caliente. Yxart, fino, enfermizo, mortecino, cabizbajo ante sus amores imposibles, se moría de pena ante esta Tarragona de carnosidad tan sanguínea. Yxart a Rusiñol, en París: «Santiago, te admiro, te envidio con toda la rabia de que soy capaz...». Yxart sentía el asco de la realidad y de la vida. Su melancolía le hacía todo repulsivo. Soñaba venas azules, interiores herméticos, hadas sin aliento. Rusiñol adoraba a Yxart. Fue uno de sus maestros.

En la maravillosa catedral de Tarragona, Rusiñol pintó el entierro de Cristo, que es el grupo escultórico catalán que ofrece más puntos de contacto, en disposición y plasticidad, con los grupos de los imagineros castellanos. Sin embargo, en la obra catalana, el tormento y la desesperación de las actitudes son descritas con mucha más sobriedad; la idea catalana interpreta el trascendental sepelio más de acuerdo con los textos que a través de una fe apasionada y frenética. Menos teatralidad y menos llanto. En sus años mozos tuvo Rusiñol una cierta tendencia a pintar novicios, claustros y ábsides tristes. Casi todas estas pinturas rezuman un sentimentalismo horrísono pero si las recordamos es para subrayar la tendencia que tuvo el artista a evadirse de las durezas de este mundo y a soñar en la paz y sosiego de los tormentos. Esta es una idea popular arcaica dotada de una fuerza de pervivencia muy activa.

Y aunque sea adelantando ligeramente la cronología, diremos que Rusiñol tuvo por esta época, con Casas, un taller en la calle Ancha. No sabemos nada de este local, excepto que Rusiñol lo utilizó poquísimo. El Musco Balaguer de Vilanova posee un cuadro de esta época que el artista regaló a don Víctor y que tiene la particularidad de contener elementos pintados por Santiago y otros por Casas. Los primeros términos son inhábiles y premiosos, típicamente rusiñolescos. La figura, que es de Casas, es magnífica.

La bohemia

Eran de la misma clase social, tenían las mismas aficiones, las mismas ideas, idénticas diversiones, se encontraban indefectiblemente en los mismos sitios: es natural que se conocieran y trataran desde muy jóvenes y que intimaran rápidamente. Ramon Casas llamaba a Rusiñol Mus; Rusiñol, a Casas, Cisco. El otro personaje del trío, Miquel Utrillo, el enciclopédico Utrillo, fue siempre, para ellos, el señor Domingo. Rusiñol conoció a Utrillo en las pedradas de los glacis.

Ramon Casas i Carbó nació en Barcelona el 5 de enero de 1866, en una casa señorial de la calle Nueva de San Francisco. Era pues, Casas, cinco años más joven que Rusiñol. A pesar de ello puede decirse que empezó a moverse y a vivir bastantes años antes que don Santiago. Casas fue a París mucho antes que Rusiñol. El primer viaje de Casas a París lo realizó a los dieciséis años, en el otoño de 1882. La presencia en París de un tío del pintor, el Dr. Carbó, médico, permitió el viaje del pintor adolescente. Vivió entonces Casas en un hotel del Barrio Latino y entró en la academia de Carolus-Duran, que estaba en el bulevar de Port Royal. Casas conoció Madrid y el Prado antes que Rusiñol. Fue allí con el pintor francés Lobre, viviendo en una casa de huéspedes de estudiantes de los alrededores de la Puerta del Sol bastante tiempo (1884). Casas fue primero a Granada que Rusiñol. Este viaje y estancia en Granada lo realizó con Barrau, pintor colorista y grandilocuente. Rusiñol contemplaba todas estas estupendas vicisitudes de su amigo desde el despacho de La Puntual, pero cuando se libera, da la impresión de que trata de seguirle las huellas. Va a París, luego a Madrid, luego a Granada... En estos primeros años Rusiñol siente no ya admiración sino «envidia» —tomando esta palabra en un sentido de positivo estímulo— por la deslumbradora labor pictórica realizada por Casas en los años de su juventud.

Del primer viaje de Casas a París data toda la transformación de nuestro arte operada en los últimos sesenta años.[1]

Una de las primeras salidas que hicieron juntos Rusiñol y Casas fue para ir a Montserrat con el grueso de un *aplec* integrista. Estaban todavía frescos los excesos de la Revolución de Septiembre y de la primera República, y a la sombra de las libertades organizadas por Cánovas, en el sistema de la Restauración, la ortodoxia se manifestaba ruidosamente. En Montserrat, vestidos de integristas, Rusiñol y Casas cantaron el «Ruja» hasta desgañitarse y pasaron momentos sabrosos escuchando los discursos pomposos, apocalípticos, tremendos. Tan-

1. Sobre Casas pintor, véase la monografía de J. M. Jordà, editada por el Círculo Artístico con ilustraciones escogidas por Domènec Carles. Barcelona, 1931.

to cantaron que temieron perder la voz; tanto se divirtieron que temieron que pudiera confundírseles con los integristas auténticos. Así acordaron marcharse, antes de terminar, en una tartana que salía luego.

La tartana estaba habitada por un señor de buen aspecto, su distinguida esposa, una señora tímida y gorda y un joven de estos que primero parecen una cosa y después resultan otra. El caballero resultó curioso y preguntón y apenas hubo arrancado el vehículo inició una indagatoria bastante pesada para saber quiénes eran los dos jóvenes que viajaban en su compañía.

—Yo —dijo Rusiñol, secamente— soy de Manlleu y este, de Navarcles.

—Y qué hacen ustedes, ¿a qué se dedican?

—Trabajamos... Este en el vapor de las viudas de Sant Benet de Bages, yo en el de los Rusiñol, de Manlleu.

—¡Qué plagas están hechos los Rusiñol, madre de Dios! —comentó el señor llevándose las manos a la cabeza—. Uno de los hermanos es un calavera perdido y se ha metido en la política liberal. El mayor, que tendría que dar el ejemplo, es un gandul... Imagínese usted: ¡se dedica a pintar cuadros! ¡Qué pena para una familia!

La esposa del moralista, al oír aquellas cosas tan gordas, puso una cara como si acabara de recibir una ofensa. El distinguido joven, con los ojos, en blanco, miró un rato el techo de la tartana y luego se acarició una cinta que llevaba en el ojal de la solapa. Casas se iba acurrucando en el fondo del vehículo y esperaba la reacción de Rusiñol, la reacción indefectible. El moralista continuó comentando alegremente:

—¡El vapor de Sant Benet! —dijo—. ¡Pobres señoras! En el negocio no hay más que un chico, que es otro gandul, una bala perdida, que pierde todavía más tiempo, pintando, que el *hereu* Rusiñol... Cuando en una casa suceden estas cosas...

En este punto, Rusiñol se irguió y le dijo rápido al tartanero, mientras echaba mano de la cartera:

—Cien duros si vuelcas...

El tartanero le miró muy serio. Se hizo en la tartana un silencio angustioso. Estaban en la paella del Horno de la Cal y al lado de la carretera había un gran precipicio. Hubiera sido facilísimo... El joven se fue volviendo pálido. La señora y el caballero quedaron un buen rato sin poder cerrar la boca, más muertos que vivos. El susto fue tremendo. La indagación comenzada terminó para siempre.

A Rusiñol le divertía todo, menos las estupideces. Cuando el arquitecto Rogent dio cima a las obras de restauración del monasterio de Ripoll y el obispo Morgades organizó las famosas fiestas que tanta trascendencia tuvieron, Rusiñol asistió a ellas a título casi de vecino, porque entre Manlleu y Ripoll hay poca distancia. En Ripoll había mucha afluencia de gente, gran animación y una considerable densidad eclesiástica. Había también un gran circo ambulante. Al atardecer Santiago se instalaba en el tablado de la barraca de los fenómenos y hacía discursos pintorescos esmaltados del clásico: Vayan pasando, señores, vayan pasando...

En esto vio Rusiñol que discurrían, cerca de la barraca, tres dignidades eclesiásticas: el obispo de Vic, Morgades; el abad mitrado de Montserrat y el cardenal-arzobispo de Tarragona.

—Vayan pasando, señores, vayan pasando —dijo Rusiñol—. Criaturas, militares y obispos, mitad de precio...

El Dr. Morgades le miró con ojos enternecidos y no pudo estarse de decir:

—Santiago, qué plaga estás hecho... ¡Qué gato más simpático!

En el curso de su vida Rusiñol anduvo mucho por el mundo. Algunos de sus desplazamientos se hicieron luego tan populares, contienen una tal riqueza de anécdotas —verdaderas o falsas, más falsas que verdaderas— que han llegado a tener una categoría y una vaguedad legendarias.

El medio de locomoción más corriente en la juventud de Rusiñol fue la tartana. Todas las personas de este país que rozan los setenta años han viajado muchísimo en tartana. Era un medio de locomoción muy adecuado a las malas carreteras de la época. En ellas, los automóviles se hubieran roto. En cambio, la tartana tenía, para los baches y profundidades, una elasticidad y un esponjamiento casi biológico, se caía y se levantaba con mucha gracia. Cambó me solía decir que él ha sido uno de los hombres de su tiempo que viajaron más en tartana.

En el Cau Ferrat de Sitges, hay, sobre una ventana, un cuadro de Ramon Casas que representa un carro tirado por una larguísima y nunca vista recua de mulas. Esta pintura está hecha sobre la tapa de una caja de higos de Fraga. Es el regalo que como recuerdo del famoso viaje en carro hizo Casas a Rusiñol.

El viaje en carro de Rusiñol es algo tan popular y tan fabuloso que para algunos no parece sino que es el hecho culminante de la vida del artista. Notoriamente exagerado. Por un fenómeno de paramnesia uno se encuentra todavía con personas —y esto le sucedió en vida a Rusiñol algunas veces— que afirman haber estado en el viaje. Rusiñol solía decir que si todas las personas que le habían dicho haber viajado en el carro hubieran realmente estado, se hubiera necesitado un tranvía con remolque para transportarlos. Rusiñol respetó siempre la falta de memoria en que tantas veces incurrieron sus amigos y admiradores. No creyó nunca necesario rectificar nada ni a nadie. No le importaba. Esto acumuló sobre su vida una inflación legendaria. En sus últimos años, estaba Rusiñol tan acostumbrado a su leyenda que no hacía más que repetir lo que los demás le atribuían.

La verdad es que en el celebérrimo carro no viajaron más que tres personas: Rusiñol, Casas y un obrero de la fábrica de Manlleu, llamado Serra. Serra era un excelente compañero de viaje, buen amigo y cazador consumado. Don Albert, que por la muerte del viejo señor Jaume había tomado la dirección de los negocios familiares, se encargó de facilitar a los expedicionarios un vehículo sólido y para ello fue escogido un carro con toldo de los que iban a Barcelona a buscar balas de algodón. El caballo se llamaba Max y era de instintos conservadores y plácidos. El carro no tenía, naturalmente, las comodidades que hoy tiene un *sleeping* pero ¿dónde no hubieran dormido, en aquella época, Rusiñol y Casas? Por otra parte tenían dinero y cuando llegaban a un pueblo, si no les apetecía dormir en el pajar, con los arrieros, se iban a la fonda y asunto concluido.

El itinerario del viaje fue el siguiente: de Manlleu fueron a Navarcles, donde Casas tenía unas diligencias que hacer, y de Navarcles fueron a Manresa. De Manresa continuaron hasta Martorell y de esta población, por el Penedès, fueron a Reus. De Reus volvieron grupas y por El Vendrell y Vilafranca entraron en el Vallès y luego en la plana de Vic, hasta la misma capital. De Vic, fueron a Manlleu; última etapa del viaje. Los que afirman que Rusiñol viajó en carro por toda Cataluña y que luego utilizó este medio de locomoción para ir de Sitges a Sevilla y luego a París hablan sin saber nada.

El viaje transcurrió tranquilo y sosegado. Serra dirigió la expedición con la habilidad que se le presuponía. Las etapas fueron realizadas con luz de día y al atardecer se quedaban en los pueblos donde se terciaba. Noctámbulos empedernidos, capaces de divertirse con cualquier cosa, con la niñería más insignificante, Rusiñol y Casas se recogían tarde. Al día siguiente, Serra tenía trabajos infinitos para despertarles y subirles otra vez al carro, donde se quedaban dormidos como troncos, sobre los sacos de paja. La lentitud y somnolencia del vehículo, la frescura del toldo, les ofrecían un sueño dulce y plácido. A veces, cuando la carretera iniciaba unas curvas, Serra les despertaba y les cedía las riendas del caballo. Él echaba pie a tierra y caminando a campo traviesa se dedicaba a cazar un rato. Cuando las curvas se acababan, comparecía con un conejo o un par de perdices y tomaba otra vez el mando.

Cuando los expedicionarios llegaron a Vic, ya les precedía la fama del viaje. Los amigos de aquella ciudad les obsequiaron con un chorizo de proporciones gigantescas. Ante el chorizo, Casas expresó el deseo de probarlo y Rusiñol se adhirió en el acto. Serra insinuó la conveniencia de llevar el chorizo a Manlleu para ser presentado a don Albert. Al fin y al cabo, para Serra, obrero fiel, don Albert era, en el «Vapor», el que representaba al amo. Pero le hicieron una mala partida. A sus espaldas y sin que se diera cuenta, el chorizo desapareció rápidamente en las fauces voraces de Rusiñol, Casas y los ausetanos.

En Manlleu fueron recibidos por la familia, los amigos y el pueblo en masa. Los viajeros contaron innumerables anécdotas —lo de los duros a cuatro pesetas, etcétera, etcétera—, las cuales, convenientemente aderezadas y transportadas, crearon la fabulosa leyenda del viaje en carro. Serra dijo emocionado a don Albert que le traían un gran regalo. «Me parece que les gustará...», le dijo al oído, con una voz cariñosa e insinuante. Buscaron el chorizo por todas partes y no lo encontraron.

Rusiñol y Casas pasaron, durante el viaje, unas horas deliciosas. Y de todo, lo que les gustó más fue el disfraz del viaje: las alpargatas y la gran faja negra de los arrieros, los pantalones de pana y el chaleco forrado de azul, la gorra y el látigo. Siempre les gustó disfrazarse.

Además, el viaje fue, para Rusiñol, en cierto modo, un acto de protesta perfectamente estilado en sus ideas esenciales. Frente a una sociedad cada vez más entregada a las falsas ilusiones de la rapidez y el ansia de la velocidad, levantó la bandera de los buenos tiempos viejos, lentos y pausados, e hizo el viaje en carro. Más tarde escribirá: «Cuando un tonto sube a un automóvil, cree que avanza».

Este viaje en carro fue un acto de singularización, una gran campanada que colocó a Santiago al frente de todo el grupo de su generación. En edad verdaderamente precoz, Rusiñol y sus amigos dan por sentado que son artistas. Artistas románticos, partidarios del arte por el arte. Creen que una actividad artística cualquiera tiene trascendencia por sí misma. En el esquemático sistema de ideas de Rusiñol, el pensamiento *(seny)* se opone al ensueño, al espíritu. El *seny* es la materia. El espíritu es el alma, la gracia, la sal de la vida. El pensamiento es lo burgués, el progreso material, la dureza de la época, lo bajo de techo, el señor Esteve. El espíritu es el artista, el arte, lo elevado, la libertad, la vida. Y dado que no tienen ni un momento de duda sobre la superioridad del ensueño sobre la materia, del arte sobre la industria y el comercio, están absolutamente convencidos de que lo que hacen es importantísimo. Y esto les lleva a singularizarse, a hacer lo posible para que la gente no les confunda con el amontonamiento burgués, con el sistema social establecido. Su propósito constante es ir contra la corriente. Ahora bien: dado que lo burgués es lo corriente, aspiran a *épater les bourgeois*, para decirlo con la inevitable y justísima locución francesa de la época.

Se singularizan. Primero, en el vestir. Crean un verdadero uniforme de artista. El chambergo a lo Rubens, la chalina, la ropa oscura, los pantalones de zuavo. Son además hirsutos y peludos y se dejan crecer mucho el pelo. Rusiñol, que es un gran tipo, produce con este uniforme un magnífico efecto. Manolo Hugué, que aunque un poco más joven es de esta época, lleva las cosas a sus últimas consecuencias. Va disfrazado constantemente. Cuando vive en Francia se viste como un baturro o un payés catalán. Ahora que vive aquí se ha disfrazado de profesor francés de liceo. A diez o doce años, los hermanos Llongueras van vestidos ya de modernistas, con la indumentaria romántica y fúnebre.

—¡Qué monos! —dice la gente—, hasta tienen melena...

Se singularizan en la higiene. La vida moderna da a la higiene una importancia que el hombre jamás había sentido. Ellos no sienten la higiene. Apenas se lavan.

Visten con abandono y suciedad. Un día el señor Parés le dijo con gran delicadeza al pintor Urgell que tenía un poco de caspa en la americana y que quizá convendría cepillársela.

—¿Y qué es cepillarse? —preguntó Urgell con aquel aire de pasmado lunar que tenía.

—Cepillarse es pasarse el cepillo...

—¿Y qué es el cepillo?

Rusiñol solía pasar de la cama a la mesa sin solución de continuidad. Generalmente no usaba pañuelo de bolsillo. Sus amigos decían que su nariz era inocua y sin consecuencias. Un día, en el vestuario de un teatro le dan un sombrero que no es el suyo. Al llegar al café, dice: mi sombrero está mejorando de día en día... Pero el tipo de esta generación que batió todos los récords fue el pintor Brull. Brull se pasó años sin lavarse y sin cortarse la barba y el pelo. Al final llegó a tener en la cara una grasa amarillenta, como un gitano de puente. Brull era un pintor de cosas ideales: pintaba sobre fondos desvaídos, desmayados, señoritas evanescentes, sumidas en estados de languidez exquisitos. Estas señoritas solían tener en sus manos largas y pálidas, de una venosidad mortecina, unos ibis delicadísimos...

En el sistema burgués de la vida moderna, la renovación es constante. Es un sistema regido por la moda, es decir, por la ilusión de permanencia que produce lo fugaz momentáneamente estabilizado. Ellos, en cambio, son partidarios de lo viejo por el hecho de serlo, aunque no tenga utilidad ni gracia algunas. Afirman ser revolucionarios en todo, quieren romper los moldes y trasmutar todos los valores... pero, ¡ah!, no toleran que se toque el polvo, las telarañas, ni que se barra el suelo. Cuando algunos años después Pere Romeu, en la calle de Montsió, monta su célebre café de Els Quatre Gats, da una orden tajante a cada nuevo camarero: el camarero que se atreva a tocar un solo hilo de telaraña será despedido en el acto, inexorablemente...

Por lo demás, estas gentes no tienen horario, no rige en ellos método o disciplina alguna, disimulan cuidadosamente sus estados de reflexión. Todo se hace a la buena de Dios, abandonándose a los estados de gracia, especulando a si sale, sale... Y lo sorprendente, el prodigioso milagro, es que a veces sale. Sale raramente, claro está, pero a veces sale. Es absurdo ser exigente con los demás, pero yo a veces me imagino lo que hubiera podido hacer Rusiñol, con la gracia, los dones, la facilidad casi sobrehumana que Dios le dio, si hubiera trabajado como suelen trabajar sus iguales en todas partes.

Pero así es la bohemia, la vida bohemia, esta curiosa manera de vivir y de hacer las cosas a que se entregan, en esa época, muchos artistas. La bohemia es la consecuencia inevitable de la divinización del arte y del artista. El artista es una clase aparte, tiene un uniforme que le distingue del resto de los mortales, se dedica a una actividad considerada misteriosa, enigmática y desde luego muy importante. Cuando Taine escribe sus *Notas sobre Inglaterra*, en el fuerte de la era victoriana (1860-1870), constata que en Londres los artistas tienen la consideración de unos fotógrafos distinguidos. Si algún gran literato o un pintor célebre tiene acceso a un salón es porque estos artistas son considerados como unos personajes raros. Esto a Taine le amarga la vida, lo dice y lo subraya. Y es que Taine, típico francés de su época, cree que el arte es una cosa muy importante. En París, los artistas tienen una consideración muy elevada. Son tenidos como una especie de sacerdotes de un culto misterioso e ininteligible en el que intervienen las formas más profundas de la inteligencia. Algunos años después París se llenará de bohemios y de funámbulos.

Esencialmente, hubo dos clases de bohemios. Los que adoptaron la parte agradable de esta vida, lo que tenía de libre, graciosa y ligeramente irresponsable, sin dejar empero de trabajar intensamente, y los que se vistieron con el uniforme de la bohemia y del artista y se pasaron la vida *deseando* escribir, esculpir o pintar sin que a la larga ni a la corta hicieran nada. Desde su juventud, Rusiñol se coloca en la primera clase. La vida bohemia no le impidió nunca trabajar. Yo he sido muy bohemio —decía al final de la vida— pero he trabajado siempre como un negro y medio... Para Rusiñol la bohemia fue una defensa para eliminar de su vida cosas importunas, engorrosas y pesadas. Fue una defensa para trabajar más. Además, Santiago estuvo dotado de gran sentido práctico y tuvo unas posibilidades económicas que eliminaron de su vida todo fastidio u obsesión malsana. El médico Font Torner, que era un hombre diminuto, agudo y sarcástico, se lo dijo en verso:

Costa poc de fer el bohemi
*tenint un bon passament...**

Los bohemios auténticos, los personajes de las aburridas *Escenas de la vida bohemia* de Murger, fueron los de la segunda categoría. Estos individuos van vestidos de artistazos, tienen unos sombreros imponentes y unas

* «No cuesta nada hacer el bohemio / si se tienen buenos ingresos.»

barbazas impresionantes, pero generalmente su actividad transcurre al margen del arte. En la conversación afirman que aspiran ardientemente a escribir una melodía, pintar una tela o esculpir una estatua, pero en realidad unos se dedican a las pasiones del amor, otros a badulaquear por las calles; la mayoría pasan unas hambres ligeras y perfectamente soportables. Su dialéctica contra el orden burgués es acerada pero, en realidad, viven como parásitos del orden que quieren derrocar. Porque lo cierto es que la bohemia, la vida de bohemia, no fue más que una consecuencia de la prosperidad que reinó en Europa de 1850 a 1914. La vida no valía prácticamente nada. Se nadaba en la abundancia. Aunque uno se lo propusiera, no podía morirse de hambre. Desgraciado el artista que intentara en nuestros días vivir como vivieron sus adláteres cincuenta años atrás... Su muerte sería instantánea.

Rusiñol tuvo, de los bohemios, la obsesión del orden burgués. Lo que más tarde articulara en libros y escritos está ya en este momento flotando en su imaginación. Rusiñol fue desde muy joven un satírico del orden burgués, de la vida burguesa, del sistema burgués, de estimaciones y de valores. Se diría, aparentemente al menos, que Rusiñol no pudo perdonar la posibilidad de haber tenido que pasarse la vida ocupándose de los negocios familiares, ni la realidad de haber nacido burgués y rico... Cuando piensa que hubiera podido llevar la vida de trabajo metódico de su abuelo don Jaume, a quien sustituyó su hermano Albert, se irrita y se exaspera. «¡Qué horror, qué espanto!», decía. Cierto: en la burguesía hay muchas estupideces pero entre los artistas la dosis está también bastante repartida y no hay más que ir mirando el mundo que nos rodea.

Con estas ideas no es extraño que Rusiñol dijera que la obsesión mayor de su vida fue su abuelo, don Jaume, el señor Esteve. De un lado le quería entrañablemente. Ya lo hemos visto. De otro, lo detesta cordialmente. Para nosotros, el señor Esteve es un tipo social transportado a la literatura con gran fidelidad. Para Rusiñol, fue la cabeza de turco permanente. Una gran parte de la literatura de Rusiñol está dedicada a satirizar al señor Esteve. Durante toda su vida escribió contra él, contra las sucesivas encarnaciones con que fue presentado a través del tiempo. Una publicación semanal, en la que Rusiñol colabora durante muchos años, *L'Esquella de la Torratxa*, se dedica, como especialidad, a la difamación del señor Esteve. Cuando se pasa la medida y se utiliza la grosería y la falsedad, Rusiñol protesta. También lo hemos visto. Pero lo hace solamente cuando se llega a este límite.

En el fondo de la bohemia europea de esta época, había, naturalmente, un poso anarquista. Sería inconcebible imaginar que Rusiñol pretendiera hacer la revolución o ayudar a hacerla. Rusiñol fue siempre un perfecto burgués vestido de artista y su vida solo se concibe en un momento de esplendor de la clase capitalista. Como toda persona sensible e inteligente, conociendo lo doloroso y difícil que es hacer algo en la vida, Rusiñol sentía un verdadero horror por la revolución: no le interesaba en todo caso más que leerla, si es que se tomó nunca la molestia de leer alguna historia de ese tipo. Su escepticismo, en este punto, fue siempre completo. Rusiñol ha escrito estas tres máximas: «Una revolución es el triunfo de los ambiciosos de abajo sobre los perezosos de arriba», «Un demócrata es un hombre que se hace el tonto o que lo es verdaderamente», «Si es verdad, como aseguran, que la propiedad es un robo, el día que todo sea de todos, todos seremos ladrones».

No. Rusiñol fue un satírico de la burguesía, fue un bohemio simplemente para singularizarse, para que no le tomaran por un hombre del montón, para no ser confundido con la vulgaridad de lo establecido. Este fue el deseo más constante de su vida y esta es la característica, diabólica y pueril, del artista romántico. Creyó que el arte es algo excepcional, situado al margen de la actividad social genérica, una cosa casi sagrada. A una concepción de la excepcionalidad del arte, había de corresponder un endiosamiento del artista y una tendencia a considerarle como un ser al que se habían de atribuir ciertos privilegios para que pudiera hacer, aproximadamente, lo que le diera la gana. La época tenía esta tendencia y lo más cómodo era seguirla y aprovechar lo que tenía de agradable.

En Ripoll, con motivo de las fiestas de la restauración del monasterio, Rusiñol conoció a Amadeu Vives. A Santiago le gustaba pasar de la barraca de los fenómenos a otra barraca poblada de cómicos tronados. Una compañía de artistas hambrientos representaba en efecto, en Ripoll, obras alegres —con la alegría justa para no rozar la susceptibilidad eclesiástica—. En ella, Vives estaba encargado de tocar el piano. Tenía un brazo tullido y al andar lanzaba las piernas de una manera lamentable. Tenían que ponerle el brazo sobre el teclado.

Rusiñol se fijó en aquel joven de cara ancha, de ojos vivísimos, con un vestido negro raído y reluciente como un espejo para coger alondras, con un aspecto de pobreza dramática. Observó que el tocar con la mano del brazo inerte le producía una arruga de dolor en la cara. Hablaron. Vives venía de la Escolanía de Montserrat y de las capillas de música de las iglesias de Barcelona. Había compuesto gran cantidad de música religiosa, había andado, a salto de mata, por España. Para comer quería dedicarse al género lírico. Morera también lo estaba intentando. La vida era muy dura y el arte no daba apenas nada. Una madrugada, Vives preguntó a Rusiñol si le sería agradable escuchar una pequeña canción que había compuesto. Vives se puso al piano y tocó *L'Emigrant*. A Santiago se le humedecieron los ojos. Quedó intensamente emocionado. Pasaron todavía mucho rato juntos, sin decirse nada. A los pocos días, la compañía de pobres histriones se marchó de Ripoll. En el momento de despedirse, con una discreción inimitable, Rusiñol dio a Vives mil pesetas —cantidad que entonces era algo—. Vives quedó deslumbrado. Su miseria era profunda. Probablemente era un hombre casi ahogado. Ahora pudo cambiar de vida. Luego ganó millones. Sus éxitos apenas pueden narrarse. Fueron algo fantástico. Hizo lo mejor que pudo, la música cursi y ramplona que el público necesitaba. La fortuna es cosa de azar y el azar favorable apareció para Vives en Ripoll, en la época de las fiestas organizadas por el obispo Morgades.

Los primeros pasos

Santiago Rusiñol vivió los veinticinco primeros años de su vida en la calle de la Princesa, es decir, en el corazón mismo de la Barcelona vieja. La calle de la Princesa era entonces —hemos dicho— lo que la Diagonal es en nuestros días. Con una diferencia, sin embargo. Así como la Diagonal consta de una serie de calles aireadas, claras, limpias, de una horrísona uniformidad geométrica, la calle de la Princesa quedaba rodeada de un barrio lóbrego, viejo y pintoresco. En sus correrías infantiles, Santiago vio una aglomeración urbana llena de cosas del pasado, poblada de detalles de otros tiempos. Por otra parte, su domicilio estaba a cuatro pasos de la catedral y del núcleo propiamente antiguo de Barcelona —que la apertura de la Via Laietana destruyó, en parte, para siempre—. El núcleo desaparecido era hediondo, sucio, malsano, pero infinitamente gracioso. Lo que queda es una pura maravilla. En aquel dédalo intrincado de callejas había —para quien sabía verlo— un mundo de reminiscencias y de cosas bellas. Rusiñol es hijo de un solar antiguo.

Todos los testimonios están conformes en decir que Santiago fue, desde muy joven, desde la adolescencia, lo que solemos llamar un *somiatruites*. Y es sabido que una de las características de estas adorables personas es su afición a andar con la nariz al aire, a la aventura, y descubrir en las cosas lo que jamás saben ver en ellas los atareados transeúntes. Santiago debió sentir, en la época de la vida en que se es más sensible a las insinuaciones del mundo externo, la enorme poesía de la Barcelona vieja, de aquella densa concentración humana, encajonada, casi asfixiada en un barrio típicamente medieval.

El contraste era verdaderamente curioso. Barcelona era ya un emporio de la industria y del comercio, su vitalidad era impresionante y la gente se pisaba los pies, todavía, en el laberinto de las sombrías callejuelas y vivía en cuchitriles infectos. Era un torrente de vida moderna comprimido en formas urbanísticas irrisorias, de un anacronismo completo. Rusiñol no sintió jamás la vida moderna en lo que esta tiene de más característico: en el confort y en la higiene. No tuvo nunca una sistemática afición a lavarse y el confort le dejó siempre indiferente. Sintió mucha más afición por las cosas lóbregas, herrumbrosas, sombreadas por el paso del tiempo. El que pasó luego a la historia de nuestro movimiento artístico como jefe del modernismo adoraba las telarañas, el moho y la carcoma de las maderas añejas. Por esto, mientras en aquella Barcelona comprimida y fastidiada del año 80 se incubaba uno de los estallidos urbanísticos más intensos y vastos del continente, Rusiñol dedicaba las horas libres de su adolescencia y de su primera juventud a dibujar y a perseguir la adquisición de hierros viejos.

Entre los años 70 y 80 debían verse en la Barcelona antigua muchos hierros, reminiscencias medievales de destrucción difícil. ¿Por qué se aficionó Rusiñol a los hierros? ¿Fue su maestro Moragas, como se ha insinuado, el que le incitó a reproducirlos por constituir un ejercicio especialmente difícil? Es posible. Por otra parte, Labarta el viejo, hombre de múltiples y distinguidas actividades artísticas, había empezado a coleccionar un sinnúmero de dibujos de hierros de forja originales, descubiertos en los más apartados lugares y masías de Cataluña y de la raya aragonesa: aldabas, cerrojos, llaves, candeleros, candelabros, lámparas, clavos, palomillas, rejas, cruces, gárgolas, veletas, parrillas, velones, etcétera. Labarta y Rusiñol eran amigos. ¿Es este el precedente? Yo creo que a Rusiñol le gustaban los hierros porque eran viejos y él tendía siempre a lo viejo; y después porque aquellas formas de mérito indiscutible y que para mi gusto son generalmente horribles se fundían en su mente con el viejo barrio de la ciudad que tanto había contribuido a su formación sentimental y había incitado tanto la morbidez de su fantasía. Había vagado muchas horas, al azar, quizá con un punto de tristeza, por aquellas callejuelas torcidas, anegado el espíritu en la flotante ensoñación del espectáculo de las nobles piedras.

Esta segunda razón la considero de gran peso porque, a mi entender, cuando se habla de Rusiñol, se insiste frívolamente en subrayar influencias que no existen y, en cambio, se descuida señalar la enorme transcendencia y el gran peso que en la matización de su personalidad tuvo la Barcelona de su tiempo. Rusiñol, que fue un hombre de escasa receptividad por la tradición intelectual o pictórica, fue, en cambio, muy sensible a la poesía emanada de determinados ambientes. Al fin y al cabo, siempre presentía. Más sensible que a París y que a Florencia —y sobre todo más sensible en la época de formación— fue Rusiñol sensible al barrio en que transcurrieron su infancia y su adolescencia. En su pintura no hay apenas rastro alguno de pintura francesa. Para explicar su admirable fidelidad a Francia tenía que echar mano a las ideas. Francia estaba unida a Rusiñol por lo que podríamos llamar el gusto artístico, por un vago reflejo medievalista que Rusiñol llevaba dentro. Barcelona, en cambio, la tenía en todas sus fibras, en los rincones más profundos de su intimidad, en su raíz misma. Yo le pregunté un día:

—Don Santiago, ¿por qué le gusta a usted tanto Gerona?

Ante la pregunta se puso serio y arqueó ligeramente las cejas. Y luego, después de una pausa, me dijo:

—Gerona me gusta mucho, muchísimo, y me gusta tanto porque tiene algo de la Barcelona de mi tiempo, de la Barcelona que me han destruido...

Iba pues Rusiñol, por aquellos años, dibujando hierros y si se presentaba la oportunidad, los compraba. Subía las estrechas e inciertas escaleras, hurgaba en los patios húmedos, husmeaba en los rincones buscando la pieza. Le encantaba. A pesar de su animadversión por los anticuarios, él tuvo siempre algo de ellos y de los ropavejeros. Más tarde, escribirá: «Los coleccionistas de antigüedades son los traperos de los recuerdos». Así llegó a formar, como gran dibujante que era, un conjunto de bellísimas reproducciones de piezas de hierro y, sin dar a ello importancia alguna, iniciar una colección que se convirtió, con el tiempo, en la materia, en una de las mejores de Europa. Esta colección fue el núcleo inicial de un museo —el Cau Ferrat— que es un auténtico título de gloria para quien lo ha formado y un elevado honor para el país que lo posee.

Cuando en 1882 el Fomento del Trabajo Nacional convocó un concurso para fomentar las artes decorativas, Rusiñol concurrió al mismo con su colección de dibujos de hierros de forja catalanes. Entre ellos estaba el dibujo de una pieza sensacional (que había adquirido): la famosa aldaba de la Casa de l'Ardiaca. El Fomento editó un volumen conteniendo la reproducción de la mayor parte de estos dibujos. Su título: *Álbum de detalles artísticos y plástico-decorativos de la Edad Media Catalana*. Rusiñol tenía poco más de veinte años y esta era una de las primeras exposiciones a que concurría.

La colección de estos hierros y su aumento incesante plantearon a Rusiñol el problema de saber dónde había de instalarlos. El escultor Clarasó tenía en 1881 un taller instalado en los bajos de la calle de Corts, al lado de una casa que fue propiedad de los padres de Santiago y en uno de cuyos pisos vivían sus hermanos Albert y Josep Maria. Santiago continuaba en la calle de la Princesa pero iba muy a menudo a la Gran Vía a ver a sus hermanos. En una de estas visitas descubrió el taller del escultor y sintió gran curiosidad por conocerle. Pronto fueron grandes amigos. Clarasó era de Castellar del Vallès, donde había nacido el 15 de octubre del 57. Era un poco mayor que Santiago.

Cuando murió el señor Esteve, Santiago se trasladó a la Gran Vía, a la casa de sus hermanos, y esto hizo que la amistad con Clarasó aumentara. Este había ya trabajado mucho. Había compartido el taller que tuvo Carbonell Selva en el Padró. Clarasó entonces era muy pobre y por las noches subía al piso de los Rusiñol y cenaba con ellos. Un día Rusiñol le propuso tomar un taller juntos. Así lo hicieron. El taller estaba en los bajos interiores del número 38 de la calle Muntaner, tocando a la de Corts. Era vasto, estaba situado bajo un terrado de primer piso, tenía claraboyas y por tanto mucha luz. En la sala grande, el escultor colocó sus estatuas y Rusiñol, sus hierros. A pesar de su falta de medios, Clarasó era ya un profesional. Rusiñol, en cambio, tuvo que trabajar todavía un cierto tiempo en el despacho.

Después de cenar, los dos amigos, con el álbum y el lápiz, salían a dibujar. A veces se ponían el frac y dibujaban en el Liceo; otras veces con blusa, gorra y alpargatas iban a los cafetines y locales desgarrados. No se cansaban de dibujar. Rusiñol no pintó nada en el taller. Necesitaba el pleno aire.

Alrededor del taller de la calle Muntaner se formó rápidamente un grupo, que estuvo formado, aparte de Rusiñol y Clarasó, por Ramon Casas, Ramon Canudas, Soler i Rovirosa, Joan Sardà, Frederic Rahola, Albert Llanas, Josep Yxart, Raimon Casellas, Sánchez Ortiz, Josep Coroleu, Pompeu Gener y algunos otros. Casi todos estos señores eran en esta época totalmente desconocidos. Algunos se estaban abriendo paso. La mayoría llegaron, por una u otra razón, a la celebridad. Este grupo se reunía los sábados y las reuniones del taller consistían en tomar café, que se mandaba buscar a un establecimiento próximo, y en hablar de todo lo divino y lo humano.

Si del conjunto del grupo puede decirse algo, es que estaba formado por hombres entusiastas, llenos de ilusiones, desbordantes. Publicaban artículos y libros, estrenaban comedias, daban a conocer sus pinturas o sus pensamientos. Un pretexto cualquiera relacionado con estos hechos —un éxito o un fracaso— les daba la ocasión de «celebrarlo». Lo celebraban todo. Celebraban fiestas en el taller, hacían *caragolades* en los merenderos de Montjuïc o comían un arroz de pescado a la orilla del mar. Comían y bebían copiosamente y la agudeza saltaba. Luego cantaban. *El pobre terrisser*, el *Déu vos guard, mestre Joan*, el *Pensil*... Eran tiempos agradables.

El taller no tenía nombre y se acordó que pasara a votación. Ganó por mayoría la palabra *cau* y habiendo tantos hierros resultó el Cau Ferrat. Aquel sábado el grupo era más numeroso que de costumbre y a los nombres ya citados hay que añadir los de Josep Pascó, Meifrèn, Josep Lluís Pellicer, Font Torner, etcétera. Y, sin embargo, no estuvieron acertados. A mi entender, la palabra *cau* es feísima. Tiene una excesiva rusticidad sin que, por otra parte, como se pretendía, implique más intimidad. Pero en aquella época la tendencia —incluso la tendencia de artistas de indiscutible, reconocida sensibilidad— era acentuar, en la lengua catalana, lo más groserote y rural. *Ab initio*, Guimerà fue apreciado por el grano duro y áspero de sus adjetivos, por su estilo rasposo, apocalíptico y *gruixut*. Verdad es que, en aquel momento, el gusto de Barcelona era espantoso y la vida —caracterizada por una creciente prosperidad— de un caotismo delirante. Para celebrar el bautizo del taller se acordó encender velas y hachones en los candelabros de la casa. Algunos vecinos bajaron a preguntar si había ocurrido alguna desgracia.

El Cau Ferrat no fue nunca el agujero informe, incierto o equívoco que su nombre sugiere. No encerró jamás algún aspecto de clandestinidad. Concretamente, para Rusiñol no fue ni un taller ni lo que se llamaba entonces un *niu*, palabra que ha sido sustituida, hoy, en su sentido, por la de *garçonnière*. Además de los hierros de Rusiñol y de las estatuas de Clarasó, había en el taller panoplias, cuadros, muebles, espejos, cornucopias, una otomana y un retablo. Según Utrillo, la colocación de las cosas demostraba que no se había desarrollado todavía en Rusiñol el insuperable gusto de «distribuidor» que tuvo más tarde. Estaba también allí la Venus de Milo en yeso —que sin duda por serlo ha resistido todas las vicisitudes y todavía está en el Cau de Sitges.

Aparte del grupo permanente, el taller tuvo también sus visitantes, sus apariciones fugaces. Las más notables fueron: Eleonora Duse, Isaac Albéniz, Amadeu Vives, Enric Morera, Agustí Querol, la Vitaliani... Las visitas de Eleonora Duse dieron una gran categoría a la casa. Alrededor de Rusiñol fueron agrupándose todos los artistas jóvenes. Además de los citados hay que recordar a Brull, Ramon Pichot, Rogent, Puig i Cadafalch, los literatos Oller, Pin i Soler, Maragall y tantos otros. Animador excepcional, Rusiñol se encontró casi sin querer en el centro de un movimiento de renovación que dio la batalla al arte oficial del momento y la ganó sin dificultad.

Del Cau barcelonés, lo más digno de ser recordado son las reuniones semanales. No tuvieron, desde luego, trascendencia alguna y quizá por esto muchas cosas que con el tiempo sucedieron en Barcelona vieron la luz, como gérmenes, en aquel lugar. No era costumbre hablar en las reuniones el lenguaje convencional que suele usarse en los cenáculos literarios. El sentido del ridículo de los asistentes era demasiado agudo para permitir la *pose* o el uso de la mascarilla teatral. No todos los asistentes eran de la misma edad ni todos pensaban lo mismo. Ello fue lo que dio a las reuniones el aspecto agradable y duradero que tuvieron. Siguiendo la costumbre del país, no intervinieron en ellas para nada, o casi nada, las mujeres. Sin embargo, esta costumbre es deplorable. No hubo, pues, ni mujeres ni unanimidad y a pesar de ello hubo en el grupo una afinidad real, un poco difícil de definir pero que podría aclararse diciendo que era un afán de renovación, un deseo vehemente de vivir y estar en la vida europea del tiempo.

Una de las cosas que se proyectaron con más cariño fue la recomposición de un auto de fe inquisitorial. El médico Font Torner elaboró el proceso con su causticidad habitual. La acusación la redactó Pompeu Gener y le salió algo que hacía poner los pelos de punta. Los verdugos escogidos fueron Josep Lluís Pellicer, Pascó y Meifrèn. Estos hombres llevaban unas barbazas imponentes. Sin embargo, el espectáculo no pudo ser rematado por falta de víctima que se prestara a ser atada a la rueda del tormento. En realidad personas que se prestaran fueron encontradas algunas en los barrios bajos. Pero en el momento de ser presentadas a sus verdugos y ver el aspecto feroz que les daban sus fluencias capilares, huían despavoridas, casi temblando.

En el año 1882 se constituyó en Barcelona el «Centro de Acuarelistas», del que Rusiñol fue socio fundador. Dos años después, el 84, inauguró la entidad su vida oficial con una exposición colectiva. En su catálogo se encuentran los tres nombres: Rusiñol, Casas, Clarasó... Esta fue la primera exposición de pinturas a que concurrió Rusiñol. Luego, más tarde, los tres artistas citados decidieron celebrar en la Sala Parés una exposición anual. La primera que celebraron —primera de una serie que fue continuada hasta el final de su vida y que se convirtió, con el tiempo, en un gran acontecimiento social— fue abierta con una parodia de inauguración oficial. Yxart, Frederic Rahola y Albert Llanas hicieron el papel de representantes de la autoridad y pronunciaron los discursos anacrónicos que suelen articularse en estos actos. El humorista Llanas, que, según contaba él mismo, había sido capitán de una guerrilla de voluntarios liberales pagados de su propio bolsillo en la época de la guerra carlista, hizo en nombre del brazo militar los tres disparos de reglamento con un pistolón anacrónico y oxidado.

A pesar del aspecto de solemnidad que se dio al *vernissage* la exposición no produjo nada. No se vendió ni una escultura, ni un cuadro. El resultado es natural, por lo que se refiere a Rusiñol y Casas. El retorno a la realidad, a la luz auténtica, al aire fresco y libre había, fatalmente, de marear a la gente. El gusto del público era, en este momento, profundamente convencional. Pero tampoco Clarasó hizo nada a pesar de haber sido este escultor, desde muy joven, dado a hacer panteones «agradables». El fracaso económico, sin embargo, no les inmutó. Objetivamente hablando, las pinturas que se exhibieron, excelentes, de tendencia sana y realista, eran todavía bastante informuladas. Pero ahora de lo que se trataba esencialmente era de ganar una batalla, de desplazar la estantigua pictórica, francamente mala, que imperaba. En este sentido la exposición fue un triunfo, se dio una considerable campanada.

Y ya que es forzoso contarlo todo diremos que, en la época del Cau de la calle Muntaner, sucedió una cosa desagradable. Fue la ruptura con el grupo que llamaremos de los Llimona, grupo que no aceptó jamás la teoría del arte por el arte y quiso dar a la actividad artística una finalidad moral. En una de las primeras exposiciones a tres de la Sala Parés, un desnudo de Casas, muy realista, había levantado una polvareda considerable. La exposición fue naturalmente «celebrada» y todo el grupo de artistas jóvenes, de una y otra tendencia, se trasladó a un merendero de Montjuïc para hacer honor a una *caragolada*. Los caracoles estaban muy *relevés*, el vino fue copiosísimo, el entusiasmo universal. A los postres, un asistente cualquiera leyó unos versos poco alusivos al acto, en los cuales los límites de lo anacreóntico eran francamente superados. Había en ellos unas palabras malsonantes... Además, estaba por en medio el asunto del desnudo de Casas. Ante la lectura hubo protestas y contraprotestas y un grupo de artistas se retiró del ágape. Estos fundaron un círculo que se puso bajo la advocación de un evangelista y dio al arte algunos valores admirables. Años más tarde, el célebre obispo Torras i Bages patrocinó el círculo y con este motivo publicó unas pastorales relacionadas con la moral y el arte de un tono excelso, maravillosamente elevado.

De la poesía impugnada no queda ya recuerdo. Como máximo se cita el estribillo jocoso, sin mala intención y cuya sustancia consiste en analizar la suerte que suelen correr las leyes del país en determinadas circunstancias. Salvatella me contó una vez que cuando fue ministro con el conde de Romanones enseñó al presidente del consejo y a los miembros del mismo a recitar en catalán el célebre estribillo. Y que cuando el poder ejecutivo se encontraba ante alguna grave dificultad —una declaración de huelga general, por ejemplo— era costumbre que el presidente y sus ministros recitaran en alta voz y a coro:

En cas de tal compromís
*el Govern té atribucions, etc., etc.**

Bueno. El Cau de la calle Muntaner duró más de diez años y, durante este periodo que abarca la juventud florida del artista, Rusiñol hizo un soberbio entrenamiento de agitador espiritual. Este periodo tiene dos fechas extremas: la muerte del abuelo, el señor Esteve, y el primer viaje a París, que Rusiñol realiza con Clarasó después de la Exposición del 88. Esta etapa tiene un núcleo central: los veinticinco años. Entonces se era, a esta edad, un joven de la primera «volada». Ahora la juventud se ha desplazado al piso de abajo.

Durante este periodo, la personalidad de Rusiñol es todavía un poco vaga. Sus cualidades son, sin embargo, desbordantes. Sus mejores amigos no esperan el estallido enorme y fugaz. Observan en él tanta seguridad, tanta lozanía, una capacidad vital tan grande, que a su entender irá creciendo, a través del tiempo, como un gran árbol. Rusiñol es un hombre solar, un puro meridional. Léon Daudet comparará más tarde la persona de Rusiñol a una plaza de toros: de un lado está el sol, del otro la sombra. Entre el sol y la sombra hay un trazo profundo, perfectamente acusado, brutal. No hay zona de penumbra, de confusión, de ambigüedad. Su naturaleza no se perdió nunca, en efecto, en la vaguedad. Este don maravilloso que Dios concede a tan pocas personas, el don sagrado de la claridad, el milagro del hacerse entender, el prodigio de poder dialogar, lo

* Los dos versos que no se explicitan son: *per passar-se pels collons / totes les lleis del país* (es decir: «En caso de tal compromiso / el gobierno tiene atribuciones / para pasarse por los cojones / todas las leyes del país»).

tuvo Rusiñol por nacimiento y por auténtica gracia personal.

Sus amigos observan ahora las facetas múltiples de su personalidad. Ha sido empleado y cajero de un despacho a satisfacción de todos. Es un enorme dibujante. Sus acuarelas y pinturas se han convertido en la bandera de la renovación del gusto —renovación de sentido positivo y real—. Es un arqueólogo distinguido y en su persona apuntan las características del gran coleccionista que con el tiempo será. Es además un conversador prodigioso, un observador de la vida que tiende a ver las cosas a través de una sonrisa ligeramente amarga, de una alegría mojada de lágrimas. En un país de personalidades intelectuales tan simples, tan de una pieza, este agridulce de Rusiñol llegará a las capas más profundas de la sociedad. Además es gran bebedor, enorme consumidor de tabaco, insobornable noctámbulo. Una afección de riñones le llevará a las drogas heroicas. El reuma articular le acentuará esta tendencia. Y por si todo esto fuera poco, sus amigos observan, con curiosidad emocionada, que Rusiñol se ha puesto a escribir. De tarde en tarde saca unas cuartillas y lee cosas extraordinarias... Y todo esto lo hace Rusiñol como si nada, sin darle la menor importancia, con una despreocupación absolutamente señorial.

Los observadores de este crecimiento incesante dirán: Rusiñol será un gran agitador intelectual. Es el pronóstico que se puede hacer más general. Rusiñol tiene condiciones excepcionales para ocupar la delantera: tiene una simpatía avasalladora, no tiene prejuicios, su sociabilidad no se desmiente jamás, la política no le importa nada. Rusiñol es sensible a lo que le une a los demás y no tiene receptividad para lo que le separa. Una cualidad excelsa de Santiago: no habló nunca mal de nadie. Criticará una determinada tendencia pictórica, hará una sátira feroz de los Juegos Florales, pero tomará café con los más significados representantes de estas tendencias como si nada. No es de extrañar, pues, que, por el mero hecho de existir, se encontrara siempre en el centro de todo lo que le circundaba. Así Rusiñol será en este país un astro de primera magnitud durante cuarenta años, su personalidad abarcará múltiples actividades y presidirá en nombre del modernismo —esta cosa que ni Rusiñol ni nadie ha podido hasta ahora definir— el tránsito de un siglo a otro con una sonrisa adorable. No se supo lo que era el modernismo pero se conocía a Rusiñol y esto ya bastaba.

París

I

Cuando llegó el momento de preparar la Exposición de 1888, Clarasó tuvo muchos encargos y ganó bastante dinero. Construyó arcos de triunfo de cartón, carros alegóricos, figuras decorativas y otras zarandajas por el estilo. Era un trabajo agradable porque había que hacerlo con prisas y cuanto peor se hacía más gustaba a las autoridades y público. En el siglo pasado se celebraron muchas exposiciones universales. Gustaban a la reina Victoria. Su marido, el príncipe consorte Alberto de Coburgo, hombre muy serio y formal, las patrocinaba y se ocupaba de la contabilidad de las mismas. Eran unos espectáculos horrísonos que impulsaban la industria y el comercio. La de Barcelona fue presidida por las venerables patillas a la inglesa del señor Rius i Taulet, que luego fue el primer marqués de Olèrdola.

La Exposición del 88, en sí, no fue nada: una explosión de ruido polvoriento. Sin embargo, fue el destello que inició el estallido urbanístico de la ciudad, el comienzo del periodo, hasta ahora ininterrumpido, de su engrandecimiento. Fue una etapa agradable en que cesó, por las buenas, la lucha política. Hombres como Guimerà y Aldavert, de la Renaixença, se colocaron detrás de Rius. Solo Almirall se mantuvo disidente, pero Almirall representaba solo su agudeza. Cánovas se mostró satisfecho. La Restauración caminaba. Mañé i Flaquer, que no pudo perdonar a Cánovas el no haber recogido en su Constitución lo aprovechable de la organización natural y tradicional de España, inició una ligera sonrisa. Cataluña se vistió de levita y sombrero de copa. Era la apoteosis del viejo y noble *Brusi*, del señor Esteve. *La febre d'or*, que el señor Oller, don Narcís, nos describió un poco desvaída.

Antes de la Exposición del 88, las señoras de Barcelona, cuando iban al café a tomar el chocolate, hacían calceta. Después se terminó la calceta. El progreso había sido gigantesco.

Con el dinero de los carros alegóricos, el escultor Clarasó proyectó, acabada la Exposición, un viaje a París. Se lo dijo a Rusiñol. Desde hacía muchos años tenía Santiago el mismo proyecto. Con la cabeza llena de ilusiones fueron los dos a París. Fue este su primer viaje a la capital de Francia, visitaron los museos, el Salón, la gran exposición anual, y echaron un vistazo al movimiento artístico. Pero el viaje duró poco tiempo. Clarasó acabó rápidamente el dinero y tuvieron que volver. En sus *Notes viscudes* dice Clarasó que después de este primer contacto sus «trabajos fueron más serios y reposados, hechos más reflexivamente».

También sobre Rusiñol hizo mella este viaje. Hasta ahora su pintura se ha mantenido en un terreno de realismo sano que de haber persistido contra viento y marea hubiese podido dar resultados espléndidos. Pero Rusiñol se da cuenta de que su pintura no gusta —no gusta ni a sus amigos—. Y sin embargo, es la mejor que hubiera podido hacer... De regreso de este primer viaje, entra en la pintura de Rusiñol un punto de literatura, el asuntillo, la anécdota. La preocupación de los elementos jóvenes del Salón parece ser en este momento utilizar los pinceles para sugerir anécdotas, para levemente sugerir contrastes *poignants*, melancolías y tristezas. El realismo de los impresionistas, la vulgaridad de sus temas, su naturalismo, no les interesa. Los críticos hablan con fastidio, casi con náusea de la *réalité étouffante* que se observa en la pintura de Pissarro, de sus temas campesinos que huelen casi a estiércol. ¡La crítica! Otra monserga decadente. Rusiñol, que por constitución personal creyó siempre que la realidad era un insoportable peso, se fue naturalmente con los decadentes —con aquellos decadentes que hoy nos parecen rociados de agua mineral—. Cuando, pocos años después, expuso en Barcelona *La última receta* e *Interior*, anécdotas truculentas levemente apuntadas, don Alfred Opisso llamó a esta pintura «sugestivista». (Ya pidió entonces Opisso que se le perdonara el vocablo y yo insisto.) Desde el punto de vista de la personalidad de Rusiñol, esta pintura fue un retroceso; el éxito ante el público fue inmenso.

De regreso a Barcelona, Rusiñol se casó. Era el 89. Tenía veintiocho años. La familia de la señorita Lluïsa Denís y la de Santiago eran amigas, se trataban, se hacían visitas. Santiago y Lluïsa se veían en paseos y teatros, se miraban pero no habían iniciado el diálogo, todavía. Pero de pronto, un verano, en un establecimiento de Sant Hilari Sacalm, coincidieron las dos familias y a los jóvenes les enlazó rápidamente una mutua simpatía.

Ocurrió que fue organizada en el balneario una función teatral. Se repartieron los papeles. A Santiago le correspondió el de galán y a la señorita Lluïsa el de dama. La obra se titulaba —pura delicia— *Cinc minuts fora del món...* Los cinco minutos que pasaron en el otro mundo —en el de las candilejas y bastidores— resultaron decisivos para sus respectivos destinos. Los personajes de la obra se conocían también casualmente, simpatizaban y se casaban. Y así les sucedió a Santiago y a Lluïsa. Se casaron también, pero fuera, como Dios manda, en la iglesia.

La señorita Lluïsa es de madre catalana, el padre oriundo francés, de París. Este señor era rico, vivía de renta y no tenía actividad específica. Se casó con una muchacha humilde, hija de un empleado de Sanidad, guapísima. Lluïsa admiró siempre a Santiago como pintor, escritor y dramaturgo, pero en el fondo lo que más admiró de su marido fue haber sido cajero de La Puntual. Un día un redactor de *La Almudaina*, de Palma, le dijo a doña Lluïsa que su marido, cuando adoptaba actitudes fervorosas en el despacho de la calle de la Princesa, frente a los sumandos de la teneduría, debía representar una comedia...

—Vaya usted a saber —contestó—. Cuando Santiago representa una comedia se le vuelve a veces realidad y cuando va a la realidad tiene que representar una comedia... Todo esto se confunde un poco, ¿comprende?

En aquella época, Lluïsa creía, como el señor Jaume, el abuelo, que la fábrica y el despacho eran una «viña».

—¿Para qué quieres ser pintor —le decían ambos— si la fábrica es una viña plantada que te dará magnífico rendimiento?

Y era verdad: valía doscientos mil duros, decía doña Lluïsa.

Pero, luego, tuvo tiempo de consolarse. La pintura y la escritura dieron a Santiago cantidades de dinero muy superiores al precio de la fábrica. La verdadera viña fue esa.

Siempre estuvieron muy compenetrados, pero al principio las costumbres de Santiago chocaron un poco con las más estilizadas de Lluïsa. La dudosa pulcritud de Rusiñol constituyó para la señora una de las obsesiones de su vida. «Hace muchos años —dice doña Lluïsa— se encargó unos trajes de verano blancos que entonces estaban muy de moda. Yo tenía gran cuidado de que los llevara limpios y planchados porque vestido de aquella manera estaba muy "mono". Pero resultó que hicimos una excursión campestre... Santiago no tenía ningún reparo en echarse por el suelo de cualquier manera, con lo cual la nitidez del traje no ganaba nada. A cada momento tenía que reprocharle su desidia. Tantas veces lo hice que acabó por refunfuñar y mirarme de través. En estas llegamos a una masía donde habíamos de comer y Santiago, al ver un porrón lleno de vino tinto que estaba sobre la mesa, lo cogió y ante el asombro de la compañía se roció el traje con el porrón, como si aliñara una ensalada... No se puede contar la rabieta que me llevé, pero se salió con la suya. "¡Gracias a Dios!", dijo Santiago cuando el porrón estuvo vacío.»

Y todo se terminó entre Santiago y Lluïsa con el ritual:

«Siempre serás el mismo...», que la señora pronunció tantas veces en la vida.

Doña Lluïsa tenía naturalmente, como toda mujer,

un ideal de hogar apacible, tranquilo, Rusiñol buscó la paz por doquier y no la encontró jamás. Probablemente hubiera sido muy distinto si doña Lluïsa hubiera sido encargada de buscarla... Al final la señora se «convenció» del encanto de la vida del artista y le siguió por todas partes. Acabó por pintar cuadros. «Cuando él pone la tela ante un paisaje —dice— yo me pongo de cara para no ver lo que pinta y no influenciarme. No me corrige nunca para no hacerme perder la espontaneidad.» Adorable.

Ya casados, fueron a vivir a París, a Montmartre. ¡Qué raro y extravagante debió encontrar, al principio, doña Lluïsa todo aquello! En París, tuvieron a Maria, a quien apadrinó en la pila bautismal Jules Lemaître, de la Academia Francesa, director de *La Patrie*, jefe en aquel momento del movimiento realista. Rusiñol hacía en Montmartre la vida de bohemia, comía en el cabaret del Lapin Agile y a ratos andaba de cualquier manera. Su tendencia, sin embargo, fue tratar a los espíritus más cultivados. Y en esto estuvo profundamente acertado. Daudet decía que Lemaître recitando a Villon o Ronsard era sencillamente prodigioso, deslumbrador, extraordinario.

Desde entonces, desde París, la agitación de doña Lluïsa fue incesante y podría decir lo que en sus *Memorias* escribe madame Alphonse Daudet: «En todos los años de mi matrimonio no he tenido jamás un minuto de fastidio o de ociosidad».

En los cuatro años casi ininterrumpidos que Rusiñol vivió en París, residió en tres casas sucesivas. El primer año en la lóbrega casa de la rue de l'Orient. El segundo, en la misma casa del Moulin de la Galette. En los dos últimos, Rusiñol abandonó las alturas de Montmartre y se instaló en un grande y maravilloso piso del quai Bourbon, de la isla de San Luis. Los dos primeros años, ambiente de bohemia pobre y alegre. Los dos últimos, barrio aristocrático, de aristocracia vieja, sobre todo en 1890. La isla de San Luis, con sus grandes palacios señoriales, un poco desvencijados, sus viejos árboles y las aguas del Sena, es el centro de uno de los panoramas urbanos más bellos de Europa. Además, en este barrio, todavía en mi tiempo se comía bien.

Los residentes de plantilla de la primera casa fueron Rusiñol, Utrillo, el grabador Canudas y, poco tiempo después de haberla alquilado, Clarasó.

En la casa del Moulin de la Galette vivieron Rusiñol, Ramon Casas, Canudas, ya enfermo, y Utrillo de una manera intermitente. Utrillo estaba entonces montando, con Pere Romeu, el viaje a los Estados Unidos y el Canadá, para la explotación de las «sombras chinescas». El viaje se llevó a cabo pero fue de escaso rendimiento.

En el piso del quai Bourbon, vivieron el primer año Rusiñol, Zuloaga y el escritor Josep M. Jordà. Utrillo al final.

El segundo año los residentes fueron Rusiñol, Utrillo, durante unos meses los artistas de Tarragona Mani y Ferran y Albert Llanas. Rusiñol y Llanas se leyeron entonces, con gran cuidado, lo que ambos habían escrito. Fue en París donde se reveló la personalidad literaria de Rusiñol. Obsérvese la presencia de Llanas en este acontecimiento. Llanas venía directamente de don Valentí Almirall, hombre desgarrado, agudo y sarcástico.

Los españoles que viven en París son de tres clases diferentes: los que tratan a los franceses, los que solamente tratan a sus connacionales y los que no tratan a nadie, los solitarios, que se limitan a saludar simplemente a la *concierge*. Supongo que con las otras nacionalidades sucede lo mismo. También podría establecerse otra división: los que viven y pasan la vida en su calle y en las dos o tres calles que rodean a su domicilio; los que no salen de su barrio; los que abarcan dos o tres barrios; los que hacen la vida de París y de sus maravillosos alrededores. Rusiñol trató a todo el mundo: franceses, españoles y extranjeros. Hizo por otra parte la vida de París, la más amplia que se puede hacer en la gran ciudad, y además pintó temporadas largas en muchos puntos de los alrededores: en Vincennes, en Saint-Cloud, en Versalles, en Saint-Germain, en Fontainebleau, en Chantilly. Sin embargo, el paisaje lánguido, un poco linfático del norte de Francia, concretamente de l'Île-de-France, no le fue nunca bien a nuestro artista.

La relación de los hoteles en que descendió Rusiñol en sus sucesivas estancias en París sería muy larga de hacer porque sus viajes a la capital de Francia fueron innumerables. Los que más frecuentó fueron el hotel de Baden en los bulevares, y el hotel de Bruselas. A pesar de lo que dicen sus biógrafos, Rusiñol no vivió nunca en ningún hotel de Clichy.

«Nos fuimos a París, a Montmartre, a hacer un poco la vida bohemia —ha escrito Rusiñol—, antes de que se nos acabara la primera juventud y tuviéramos que sentar la cabeza como los maridos serios y laboriosos.» La época era espléndida y Montmartre era quizá el mejor que ha existido: el Montmartre de Toulouse-Lautrec, de Degas, y del impresionismo, ya triunfante, el del simbolismo, el que vio los debuts derrotados de Cézanne, de Gauguin y de Van Gogh. El Montmartre de la machicha y del *cake-walk*, de los blancos, de los payasos y de las medias de seda negra, de los quinqués de petróleo, del gas y del absintio. El naturalismo, Zola, triunfante. Sin embargo, la literatura se había ya desplazado al Barrio Latino, al otro lado del agua. Contra la realidad espesa y vulgar del naturalismo, se levanta la bandera del parnasianismo primero, del simbolismo después. Se exige una poesía más refinada, que resulta decadente. Verlaine hubiera sido el jefe indiscutible de la reacción antipopular si el pobre no arrastrara su vida entre el hospital y la taberna. Moréas, con sus bigotes erguidos y electrizados, se pone al frente, trata de evitar el decadentismo y la morbidez. Predica el retorno a Ronsard, a la Pléyade y a los antiguos. De aquí nacerá la Escuela Romana... Ponchon saluda a Moréas, griego sonoro, jefe de la juventud.

J'entends de notre Moréas
résonner l'heptacorde.
Moréas, qui voit l'Eurotas
au pont de la Concorde.

¡Grandes tiempos! En Montmartre se está construyendo la basílica del Sacré-Coeur. Se veía aún la vieja iglesia de la abadía de San Benito construida sobre un templo dedicado a Marte. Delante de la iglesia, sombreada por unos árboles románticos, limitada por unas casas pobres y tristes, estaba la plaza du Tertre. Junto a la plaza había un cementerio abandonado, donde crecían las hierbas. Tocando al cementerio, en un rincón formado por la afluencia de varias callejuelas, estaba una taberna, La Ville des Assassins au Lapin Agile, que era el centro de reunión de los artistas del barrio. Primero se encontraba un vestíbulo con el mostrador y las bebidas; luego una gran sala con un piano y las paredes atiborradas de dibujos, pinturas, poesías y todas clases de escritos; al final estaba un comedor con una larga mesa. La especialidad de la casa —que dirigía una mujer— era el conejo. Al atardecer se llenaba de pintores, escultores, músicos, literatos, poetas y modelos —jóvenes, desconocidos, alocados—. Se cenaba... Luego se bebía, se bailaba, se armaban interminables discusiones sobre arte o literatura, sobre estilos y tendencias. La atmósfera se llenaba de humo de las pipas, reinaba en el local una temperatura magnífica. Por las ventanas, en invierno, se veía caer la nieve sobre la mancha de luz de un farol de gas que iluminaba melancólicamente una callejuela solitaria. Y así, hasta la madrugada. Entonces, resbalando más o menos por las calles en pendientes —según el vino que uno llevaba— se llegaba a casa. Rusiñol y sus amigos frecuentaron mucho, en su primer año de Montmartre, el Lapin Agile y sus aledaños.

La rue de l'Orient estaba situada a medio camino entre la basílica y el Moulin de la Galette. Era una calle que después de hacer unas curvas no iba a ninguna parte. Dos quinqués de petróleo por la noche la iluminaban. Rusiñol alquiló una casa ruinosa en dicha calle: tenía sótanos; bajos con dos habitaciones, una que servía de taller a Clarasó y otra que era depósito de paja; primer piso, habitado por Rusiñol, Utrillo y Canudas, y mansarda. «La casa se aguantaba sin duda por lástima de los que la habitábamos. La adornaban unas grietas grandes en las paredes. Un jardín la rodeaba.» Clarasó: *Notes viscudes*. El jardín tenía unos árboles muertos y Rusiñol los pintó de verde para tener la ilusión de que respiraban. El subterráneo estaba habitado por un mendigo desconocido que iba a dormir allí, sobre un montón de paja.

La casa no tocaba materialmente la calle. Estaba rodeada de una tapia, cubierta de anuncios, y tenía una puertecilla, siempre abierta, que daba al jardín. Y dado que el propietario no había entregado más que una llave y los inquilinos eran cinco conocidos y el mendigo incierto, fue acordado tener la casa abierta permanentemente y no utilizar la llave. Reinaba en ella un desorden considerable, pero dada la manera de ser de Rusiñol y de sus amigos, vivían bien. Libertad de movimiento absoluta. Entraban y salían cuando les venía en gana. Nadie se ocupaba de lo que los demás hacían. Pasaban a menudo días sin verse; a veces alguno desaparecía y tardaba en regresar. Al hecho no se le daba importancia alguna porque existía la seguridad de que un día u otro lo verían llegar. La única obligación era juntarse los sábados por la noche y los domingos. Cuando había algo extraordinario —una excursión o una invitación colectiva— el que la recibía avisaba a sus compañeros escribiendo con yeso en la pared la hora y el lugar de la cita y de lo que se trataba.

Los domingos por la mañana se hacía el *dissabte*. Era obligación de participar en el aseo de la casa —que se hacía cantando—. Canudas se ataba un pañuelo a la cabeza porque decía que esto era un síntoma de limpieza. Una habitación consistía en una cama, un baúl, un lavabo y unos clavos para colgar las cosas. Nada más. En el comedor, sobre dos caballetes, pusieron un tablón que servía de escritorio, con el tintero y una pluma por si alguien tenía necesidad de escribir. «Nunca —dice Clarasó— vi escribir a nadie.» Había también una estufa que no andaba bien, probablemente por falta de carbón. Los cristales eran un poco borrosos, el suelo, de madera, un poco vago. A pesar de ser habitada, la casa dio siempre la impresión de estar abandonada. A veces se caía un trozo de pared... Se consolaban pensando que para caer toda ella faltaba bastante rato.

Rusiñol compró una cruz de hierro forjado, preciosa, de metro y medio de alto. La plantaron en el jardín, sobre unas losas, y al final colocaron unos zuecos que sacaban la punta al aire; era como un cadáver que sacaba los pies de la tumba; convirtieron el gallinero en un templete rústico y el depósito de agua, sin agua, en un baño artístico... Era el gusto de la época, la vida de bohemia, lo que a aquellos hombres les gustaba. La cruz de hierro forjado se halla ahora en el cementerio de Sitges, en la tumba donde Canudas está enterrado.

Como la puerta de la casa estaba siempre entornada y no habían quitado el rótulo A LOUER que colgaba sobre la calle, a veces la gente entraba en el jardín y se asomaba a la puerta. Sin embargo, no solían pasar adelante. Sin duda el aspecto no les gustaba. A pesar de ser el Montmartre de aquel tiempo un nido de apaches, nadie les dijo nunca nada. Cuando recibían una carta y era tarde, iban a buscar uno de los quinqués de petróleo de la calle, porque no tuvieron iluminación alguna en la casa. Un día por la mañana se presentó el fisco y se llevaron la cama de Canudas, que no había pagado la tasa. Hicieron una suscripción encabezada y terminada por Santiago y le compraron una cama con colchón por cuarenta francos. Otro día, el fisco volvió para hacer las cuentas a los demás, pero fueron avisados con tiempo por el *épicier*, se pusieron todo lo que tenían y escondieron lo demás. El fisco se encontró con unos hombres gordos y muy abrigados y nada en la casa. Acabaron bebiendo una botella y brindando.

Una noche Canudas se encontró con una carta. Sorpresa general. Fueron a buscar el quinqué para leerla con más comodidad. A medida que avanzaba en la lectura, se le iban cayendo las lágrimas. Después de cada frase, Canudas ponía un comentario; comparaciones justas, exactas, dichas de la manera que él empleaba siempre y que parecían humorísticas cuando eran simplemente sarcásticas. Acabaron todos por llorar y reír... La carta anunciaba a Canudas la muerte de su padre.

Un día Rusiñol se cayó y dado que tenía el riñón muy delicado fueron a buscar un médico. Este dijo que la lesión del riñón se había agrandado y que de no poder yugularle el derrame, al día siguiente se moriría. Aconsejó que uno de ellos fuese al hospital y trajese una enfermera; esta debía aplicar ventosas a Santiago. Hiciéronlo así y le *dijeron* la gravedad de su estado. Acordaron pasar la noche en vela a su lado. Para distraerse mientras le ponían las ventosas comenzaron a beber. A las tres horas nadie se podía tener de pie. El enfermo y los demás estaban dominados por una alegría inconmensurable. Al día siguiente, Rusiñol estaba curado.

Cuando llegó el momento mandaron las obras al Salón y fueron todas aceptadas. La cosa se celebró en una *brasserie*, con los amigos del barrio, y terminó con otro tablonazo. El éxito que tuvieron produjo a Clarasó algunos encargos y cuando este se encontró con algún dinero, añoró la patria y se marchó a Barcelona. En estas llegó Casas y la compañía se trasladó a la misma casa del Moulin de la Galette, aquel molino de las aspas perfectamente inmóviles, paradas.

Instalado en el molino, Rusiñol empezó a mandar artículos a *La Vanguardia* que luego recogió bajo el título exacto de *Desde el Molino*. Uno de ellos —el primero— describe su nuevo domicilio. Aparentemente, es un poco raro que, para trabajar, Rusiñol y sus amigos hubieran escogido la proximidad inmediata de un salón de baile. Pero era el molino lo que les entusiasmaba. El molino era viejo; tenía seis siglos de historia. Hacía más de cien años que estaba parado; la sala de baile había sido fundada en 1790. El molino —según Rusiñol— no era ya el centinela de Montmartre, sino el centinela del mundo. Seis siglos de humanidad habían palpitado en sus aspas rotas, seis siglos de tradición y de arte. El molino daba un encanto, tenía para los artistas del barrio un vago anhelo de gloria.

En el molino había una gran sala de baile que funcionaba los sábados y domingos y las fiestas de entre semana. En la primavera se instalaba en el jardín contiguo un parque de atracciones con todas las campanillas que emitía un ruido espantoso. Este jardín tenía el poder de servir de cementerio a cualquier planta que tuviese la temeridad de nacer en él: había unas acacias blancas; la yedra se caía; las plantas trepadoras no tenían fuerza de remontarse; si nacía un poco de hierba, la nieve en invierno y la gente en verano la aplastaban. Era un rincón húmedo, triste y destartalado que solo a golpes de clarinete y de fiscorno se animaba algo.

En este segundo domicilio, la actividad artística fue extraordinaria. La personalidad de Rusiñol y la de Casas se desarrollaron esplendorosamente. Frecuentaban la Académie de la Palette, donde corregían —cuando se terciaba—, Carrière, Puvis de Chavannes, Humbert y Gervex. Los dos primeros eran el reclamo. Los segundos hacían el trabajo. En el establecimiento conocieron a Dethomas, que más tarde fue cuñado de Zuloaga, Müller, Angeli, hijo del célebre tenor que tantas simpatías tuvo en Barcelona, Vernet y muchos otros. Rusiñol asistió al banquete que se dio en honor de Puvis de Chavannes cuando este terminó de afrescar las paredes de la Sorbona. A este banquete asistió el «todo París» de la época y, en el curso del mismo, Rusiñol fue presentado a Émile Zola, al que Rusiñol, que ya estaba en el ambiente de los Daudet, admiraba. Zola había sido del grupo de Médan, con Flaubert, Turguéniev, Maupassant, los Goncourt y Alphonse Daudet. Con este último, a pesar de estar ideológicamente tan separados, ya que el viejo Daudet había sido secretario del duque de Morny y era conservador y monárquico, tenía una amistad entrañable. El hecho de que Rusiñol tratara a Zola fue sabido en Barcelona, produjo una gran impresión y dio gran relieve y superficie a Santiago.

Utrillo, que en esta época era muy noctámbulo, trajo a Erik Satie a Rusiñol. Satie era imposible de ver con luz de día y aun Utrillo tuvo sus trabajos. El autor del *Morceau en forme de poire* era un muchacho paliducho, sonriente, con una melena de cabellos rubios, bigote y perilla de afilador guapo. Llevaba una americana de gran cuello, pantalones de zuavo todo de pana de color café con leche. Se cubría con un sombrero de copa de alas planas. Figura extraordinaria, ligeramente esfumada, de un amarillo tórtola vago. En el molino había un armónium asmático y en él improvisó Satie una «misa de pobre» espeluznante. Rusiñol pidió a Casas que lo pintara. Casas lo hizo y de tamaño natural. Este magnífico retrato dio a Casas gran renombre y fue origen de su gran fortuna en los Estados Unidos, donde la tela produjo una sensación extraordinaria. En esta época, Casas pintó también la obra cumbre de su vida: es el célebre *Moulin de la Galette*, que está en el Cau Ferrat de Sitges. Rusiñol utilizó a Satie como figura secundaria en pequeños cuadros.

En la vida de Rusiñol —decíamos en un capítulo anterior— Casas, al menos en un punto esencial, tuvo mucha importancia. El contacto de estos dos hombres produjo reacciones profundas que si de pronto fueron inexplicables, el tiempo las ha ido aclarando. En esta época, frente a los retratos de Casas, Rusiñol inició una retirada. Casas no tuvo nunca afición al paisaje. Si pintó alguno fue por pasar el rato, cuando se encontraba fuera de Barcelona, sin modelo, con Rusiñol o Meifrèn o cuando iba a hacer salud entre Olot y Sant Joan de les Abadesses. Pintando figura era un maestro. Ahora bien: hasta esta época, Casas y Rusiñol pintan figura, pero a partir de este momento nace entre ellos un acuerdo de división del trabajo. Casas admitía que Rusiñol era esencialmente paisajista y grande. Rusiñol proclamaba que pintando figura, sobre todo el desnudo, nadie pasaba a Casas la mano por la cara. Es posible que sin la gran amistad, el profundo respeto que estos hombres se tuvieron y el conocimiento de sus mutuas cualidades, Casas hubiera pintado más paisajes y que Rusiñol pintando retratos hubiese llegado con el tiempo —seguramente— a rozar la calidad de los de Casas.

Por el falansterio del molino pasaron muchas personalidades: Willette, Forain, Marx, el célebre *chansonnier* Aristide Bruant, que en el Chat Noir cantaba cosas geniales... Pasaron por allí también Zuloaga, Meifrèn,

Oller, pintor de afición que luego fue con Rusiñol a Granada, Ricardo Planells, etc., etc.

Una de las distracciones más emocionantes de los individuos de la comunidad fueron los amores de una señora parisién y un amigo de la casa. Era una *couple* que se pasaba el tiempo peleando, no solo de palabra sino con las manos. Cada día se producía una catástrofe. Ambos se perseguían porque el amor que se profesaban necesitaba el aliciente de los golpes y de los escándalos. Un día la señora tiró dos tiros a su amante que afortunadamente se desviaron. En el Cau de Sitges hay un retrato de «Ella» hecho por «Él» con esta dedicatoria: «Recuerdo de la guerra de los siete años».

En el 14 bis de la rue de l'Orient, todo era de gusto macabro. Era la típica *casa del crimen* de las novelas policíacas. Había sido habitada, con anterioridad, por un fabricante de globos Montgolfier y en el jardín, sobre todo, las cosas eran adaptadas a esta industria. Por esta razón nada tuvo sentido para los ocupantes. En una especie de galería con vidrios que sirvió para que los globos se secaran y por la que se debía pasar para entrar en la casa, se instaló la *morgue espagnole*. Clarasó construyó un cadáver y Rusiñol le dio unos toques de verde, de azul y de amarillo. El cadáver fue instalado sobre una tabla. El aspecto siniestro del espectáculo hizo gran sensación en el barrio y varias modelos entrantes de la casa tuvieron que ser trasladadas a la farmacia. Paul Vernet hizo un pastel del jardín sombrío y llegó a coger la desolación, la falta de calor, la repulsión que producían tantas cosas feas, inútiles y absurdas amontonadas. Rusiñol ha descrito la miseria, el desamparo, la tristeza, la pobreza, la cosa enfermiza que flotaba en el ambiente... Y sin embargo, en ella no sucedieron más que cosas alegres, cómicas y de una ruidosa gracia.

La casa del molino fue más agradable y más alegre: había fuego, otomana, camas burguesas, es decir, confortables, media docenas de sillas, estanco en la misma casa y baile cada día o casi, a menudo con tiros y puñaladas. Y, sin embargo, en este segundo domicilio no reinó la alegría que en el primero y todo fue menos espontáneo.

Canudas, que era tuberculoso, empeoraba. Casas vivió toda su juventud con la obsesión que era tísico. Y, sin embargo, no lo era. Trabajó, comió, bebió en el curso de su existencia enormemente y murió de un ataque de apoplejía. Sin embargo, aquella obsesión le amargó la vida. Canudas, que había nacido en una tocinería de la calle del Carme, aunque él afirmaba que era hijo de un fabricante de alubias cocidas, era el tipo del bohemio sentimental, que se defendía de su adversidad riéndose de sus propias llagas. En el mundo Canudas tenía pocas probabilidades porque a fines del siglo pasado el oficio de grabador estaba ya muy en baja. Canudas tenía talento, era discípulo de Urrabieta Vierge, pero a pesar de esto era agudo y sarcástico. Cuando, al cabo de un año de estar en el Molino, Casas, preocupado por su hipotética enfermedad, decidió regresar a la patria, Rusiñol decidió acompañarle. Pero ello planteó el problema de Canudas, que se quedaba solo en París —pues Utrillo estaba en América— con la única perspectiva del hospital. Rusiñol, que siempre fue gran amigo de sus amigos, resolvió llevárselo con él a Barcelona, donde le hizo visitar por los médicos más afamados. Luego le instaló en Sitges, le hizo compañía y cuando se murió hizo construirle una tumba sobre la que puso la cruz del patio de Montmartre. Canudas, que no tenía a nadie en el mundo, dejó cien pesetas depositadas en la caja de ahorros y una cadenita a doña Lluïsa. Muchas de las agudezas de Canudas fueron contadas por Rusiñol y sus amigos y quedaron flotando en el aire y se hicieron populares.

París

II

En el intervalo entre los dos primeros años y los dos últimos de estancia de Rusiñol en París, se coloca el llamado descubrimiento de Sitges. En la vida de Santiago hay tantas cosas apócrifas que lo más urgente es desbrozar el camino. Sucede a las personas célebres que muchos dicen haber estado en sus efemérides; luego resulta que el *estar* era una ilusión del espíritu.

El que materialmente llevó a Rusiñol y a Casas a Sitges fue el pintor Meifrèn. Este propuso un día a estos amigos ir en tartana a Vilanova i la Geltrú con la intención quizá de visitar el museo biblioteca que don Víctor Balaguer había legado a dicha población.

¡Don Víctor! En este libro, es un viejo amigo.

—Ahora dirá honor y gloria... —decía Rusiñol cuando lo veía.

Y no fallaba jamás.

Se habían pues embarcado en una tartana Rusiñol, Casas y Meifrèn y se dirigían a Vilanova. No pensaban en ningún caso detenerse en Sitges. Pero al pasar por esta población resultó que don Rossend Bartés se paseaba con unos amigos, por la carretera. Bartés no conocía a Rusiñol pero lo admiraba. Era aficionado a dibujar y copiándole de una fotografía había representado a Rusiñol de ruiseñor colocado en la rama de un árbol. Tenía parecido. Cuando pasó la tartana, Bartés reconoció a Rusiñol. Los pintores venían cantando. El grupo de la carretera reforzó el estribillo. La tartana se paró. Saludos. Confraternización. Era casi la hora de cenar. Bartés organizó una cena magnífica. Champán francés, café, coñac francés. A las cuatro de la madrugada la cosa estaba en su apogeo. No llegaron a Vilanova. Bartés se interpuso. Durmieron en Sitges.

Al día siguiente, cuando Mas i Fondevila supo que Rusiñol estaba en el pueblo, fue a verle. Eran amigos. Don Arcadi era un barcelonés de pura cepa. Había nacido en la calle de las Arcades Nobles, que unía las callejuelas de la vieja ciudad con la Rambla. Había vivido en Italia largo tiempo, en aquellos años en que la luz de Fortuny brillaba todavía tan fuerte. Después de muchos trotes, Mas se había casado en Sitges y vivía en el pueblo, pintando, tranquilo.

Don Arcadi le enseñó a Rusiñol lo que últimamente había pintado y lo que estaba haciendo. Rusiñol, entusiasmado, quiso ver los lugares donde había trabajado y así le fue mostrando el pueblo y sus maravillosos alrededores. Entonces Mas pintaba en lo que fue iglesia del Hospital de Sant Joan. La calle del Fonollar, hoy tan limpia y pulida, era entonces intransitable, con casuchas de marineros y payeses, establos y cuadras.

La estancia en Sitges de Rusiñol duró todavía. Un día, al salir de la capilla del Hospital para fumar una pipa, Rusiñol preguntó a don Arcadi si no se podía comprar una casa junto al mar. El flechazo había dado. El sol y la luna, el mar y el viento, la noche y el día, la hora tierna y la hora triste de Sitges habían conquistado a Santiago para siempre. Mas hizo unas indagaciones y supo a los pocos días que se vendía una casa situada al lado de un corral en la parte contigua al mar. La casa había sido legada por una vieja señora al buen Jesús, o sea al obispado de Barcelona. Se firmó la escritura. Rusiñol pagó noventa y cinco duros al representante del señor obispo.

La casa era antigua y en su restauración se respetó todo lo respetable, sobre todo unos arcos de punto de almendra. Un joven arquitecto —Francesc Rogent—, hijo de don Elies, el de la restauración de Ripoll, muchacho de gran valía y que de no morir tan joven hubiera sido un gran artista, se encargó de las obras. Fue comprado el corral contiguo. Las obras se hicieron rápidamente. Según Utrillo, que vio las facturas, el coste total ascendió a 30.852 pesetas.

Inicialmente la reforma de la casa se limitó al interior. Rusiñol quería tener un rincón donde meter sus hierros viejos. Pero luego, un accidente fortuito le llevó a reformarlo todo, la fachada inclusive. Un ayuntamiento anterior había tomado el acuerdo de demoler la vieja torre gótica de Sitges —por considerarla demasiado vieja—. La devastación municipal fue llevada a cabo con primor y durante mucho tiempo los escombros del castillo yacían abandonados por el suelo. Haciendo un gran favor al municipio, Rusiñol aprovechó muchas piedras. Las cuatro ventanas maravillosas de la fachada del Cau provienen del castillo. Fueron aprovechadas unas puertas. Se pudo construir una cofurna y dar un valor de reliquia a otros elementos. Mientras la gente iba poniendo piedra artificial, granito de camelo y garbancillo, Rusiñol, en medio del pasmo y de la ironía universal, aprovechaba las nobles piedras viejas.

Y así fue construido el magnífico edificio. Un día llegaron al taller de la calle Muntaner dos grandes conductoras que cargaron todo lo que había en el Cau primitivo. Clarasó sintió un gran vacío... Rusiñol subió al pescante y lentamente el convoy prosiguió hasta Sitges. Los biógrafos que le hicieron viajar en carro de una manera tan escandalosamente excesiva no hablan de este viaje en el pesado vehículo. Por lo demás ya tenía el grupo un rincón donde expansionarse de una manera completa. El Cau Ferrat tenía ya un domicilio digno. La gente bautizó la casa de otra manera: fue llamada la meca del modernismo.

En este intervalo se coloca también el viaje a Consuegra. En la noche del 11 de septiembre de 1891 cayó sobre el pueblo toledano de Consuegra un aguacero imponente. Las áridas y peladas montañas que le rodean no pudieron retener el agua, que resbaló, sin perderse una gota, por sus planos inclinados, hinchando trágicamente un riachuelo polvoriento, el Amarguillo, que atraviesa el pueblo. Todas las casas de Consuegra adyacentes al Amarguillo se las llevó la riada por delante como si fueran un montón de hojas secas. Al principio se dijo que el número de muertos ascendía a 1.500; luego a 2.000. La realidad: 240 muertos y más de 400 heridos. España vibró profundamente. Fueron enviadas ropas, camas y toda clase de objetos. Se abrieron suscripciones. En Barcelona, se recogió mucho dinero. Don Modesto Sánchez Ortiz fue delegado por los periodistas para hacer entrega de lo recogido.

Andaluz, gracioso, hombre de mundo, simpático, infatigable trabajador, don Modesto Sánchez Ortiz había logrado crearse en Barcelona una gran personalidad. Con una tenacidad no desmentida durante muchos años, logró imponer *La Vanguardia* como diario liberal-conservador de matiz moderno frente al *Brusi*, que la vejez de Mañé iba anquilosando por momentos. Ortiz abrió el papel de Godó a los valores más auténticos y originales de la intelectualidad catalana. Yxart publicó allí sus folletones de crítica teatral que tuvieron un éxito inmenso. Don Alfred Opisso y don Raimon Casellas dieron un tono de elevada sensibilidad. Rusiñol debutó como escritor en *La Vanguardia*. Dio primero un escrito sobre las maniobras de Calaf (octubre de 1890) y luego sus famosos artículos desde París que posteriormente se agruparon en un libro titulado *Desde el Molino*. *La Vanguardia* vivía al filo de la época, era el órgano del ambiente caótico, renovador, el periódico de la juventud. *Desde el Molino* fue el manual de la bohemia artística, el incitante máximo de la corriente hacia París. París era lo nuevo. Roma el pasatismo.

Don Modesto quería entrañablemente a Santiago. Incapaz de pronunciar, como andaluz cerrado, un nombre tan absurdo como el de Rusiñol, le llamaba Santiaguito. Al regente de imprenta de *La Vanguardia*, que se llamaba Bosch, le llamaba Bo. Don Modesto rogó a Rusiñol que le acompañara a Consuegra y este fue uno de sus primeros viajes a la España interior.

Para ir a Madrid, se pasaba entonces por Lérida y Zaragoza. De Madrid, para llegar a Consuegra se tenía que ir a Los Yébenes y luego, en carricoche, por caminos infernales, después de tres horas se llegaba al pueblo. «Era una comisión —solía decir Rusiñol— para llevar socorros y prodigar consuelos, pero cuando llegamos allí los más descalabrados era la comisión misma.»

Rusiñol a Utrillo: «¿Quieres saber cómo es Consuegra? Las casas, muy pequeñas, son de adobe, de barro y paja cortada a pedazos muy diminutos. Casi todas ellas tienen la fachada enjalbegada y una faja de cal en los marcos de las ventanas: su anchura depende de las ganas de trabajar y de las posibilidades económicas del propietario. Delante de las casas se ve, invariablemente sentado, al abuelo; el padre está apuntalado en el marco de la puerta; las mujeres, sentadas en medio de la calle, criban en unos cedazos unas cosas pequeñísimas, tan pequeñas que no se ha logrado ver lo que eran. Si pasa un carro, un caballo, un asno o un forastero se quedan todos mirándolo, hasta que desaparece. Las criaturas tienen la manía de ir a jugar lo más lejos posible del pueblo. Los pollos y las gallinas picotean en el polvo, en busca de la nada. Los hornos de pan son construcciones sin forma, como un montón de barro. Cuando pasa la pareja de la Guardia Civil, parece que va en busca, de verdad, del delincuente, pero por la afectuosidad con que todos se saludan, resulta que no hay delincuente. Los enamorados se pasan horas y horas muy cerquita, sin hablar, sin mirarse, como si llevaran encima la resignación de un inescrutable acontecimiento. Si pasa el cura los mira como si tratase de saber si ya están maduros para el sacramento».

En Consuegra, Rusiñol dibujó mucho: apuntes precisos, enérgicos, detallados, dentro del realismo de su primera manera. Algunos están en Sitges; otros en colecciones particulares. En dicho pueblo encontró y compró las famosas aldabas, piezas excelentes de su colección. Son dos picaportes de hierro forjado, clásicamente castellanos, con la cruz de Calatrava. Un poco bastotes, no llegan a ser groseros. Atados y cogidos a ellos con fajas, cuerdas y correas, salvaron en la última desgracia a siete vecinos. Cuando el sol iluminó el infortunio del pueblo fueron salvados. Bueno es tener aldabas donde agarrarse, dice el proverbio.

La comisión trajo consigo a Barcelona tres criaturas que habían quedado huérfanas. Al pasar el tren por Lérida, la Diputación Provincial obsequió a la comisión y a los pequeños con un suculento almuerzo. Además, llenó el vagón de cestos de fruta de la huerta y de toda clase de alimentos. Los huérfanos devoraron el obsequio y parecieron luego entrar en el sopor de una digestión jamás sentida anteriormente. Cuando el tren salió de Lérida, Ortiz, que era muy organizador, dijo a las criaturas:

—¡Cuando tengáis apetito decidlo!

Cuál no fue la sorpresa al oírles decir rápido y al unísono:

—¡Agora, agora mismo!

Antes de llegar a Mollerussa, una de las criaturas se cayó del tren en marcha. Ortiz se mesaba los cabellos y quería tirarse a la vía.

—No haga usted nada —le dijo Rusiñol—. Lo encontraremos vivo. Ese es un ogro de secano imperecedero.

El tren paró y encontraron al huérfano sentado en el suelo, riéndose de su aventura inaudita. No se había roto más que un brazo. En Consuegra había perdido al abuelo, al padre, a la madre y a tres hermanos. Al derrumbarse la casa en que vivía, se fracturó una pierna.

Aparte de las aldabas, las criaturas y los dibujos,

Rusiñol trajo de Consuegra muchas sensaciones que salieron descritas por su pluma. Había paseado por los alrededores del pueblo y oteado el paisaje. Sobre la llanura ancha y pobre, inacabable, de Castilla, había visto las siluetas de unos molinos de viento. En su cerebro surgió la idea de lo que más tarde fue *El català de la Manxa*, novela de larga gestación y de fácil nacimiento.

Cuando llegó a Barcelona cumplió una promesa que había hecho en Consuegra: envió tres docenas de cuellos de pajarita, muy altos, de última moda, al notario del pueblo. El notario le había dicho que una de sus mayores ilusiones sería llevar cuellos altos de pajarita —lo más alto posible— y Rusiñol le dio todas las facilidades apetecibles.

De regreso a París, comenzó su tercer año de estancia en la capital francesa. Gran piso en el quai Bourbon en la isla de San Luis. Allí vivieron, en aquel periodo, Rusiñol, Utrillo, Zuloaga y Jordà, periodista y crítico. Uranga, un pintor vasco que antes había sido torero, fue muy entrante de la casa y una de las visitas más asiduas fue Darío de Regoyos, el exquisito pintor realista.

Sorprende un poco ver en este momento reunidos bajo un mismo techo a Zuloaga y Rusiñol. Eran los dos jefes de grupo más destacados y por tanto vivieron distanciados durante un cierto tiempo. Zuloaga era el representante de la tendencia arcaica del museísmo; Rusiñol del modernismo. Sin embargo, no se enemistaron nunca gravemente y las discusiones que entre sus respectivos partidarios acababan a menudo a puñetazo limpio eran resueltas entre ellos por una especie de diplomacia instintiva. Cuando era inevitable ceder, una pequeña ausencia, un resfriado, un cambio oportuno de café, resolvía la cosa insensiblemente.

Luego, al volverse a encontrar, todo se había olvidado para siempre. Zuloaga es excelente persona para la amistad; Rusiñol fue buenísima. Acabaron colaborando en las mismas cosas y Zuloaga dibujó para los libros y artículos de Rusiñol. Vivieron un año juntos y luego juntos fueron a Italia, como veremos luego.

Zuloaga era más joven y tenía más salud que Rusiñol. Rusiñol era más sensitivo, tenía más simpatía y no podía vivir sin la compañía de los amigos. Zuloaga era el campesino sano, gran pintor a la manera fuerte e impetuosa. Recordando al pastor de los *Pastorets* de su infancia, Rusiñol llamaba a Zuloaga *Bato*. A veces, veían las cosas paralelamente; otras, divergentemente; a veces estaban de acuerdo, otras no; cuando estaban alejados se tenían, por razones más instintivas que explicables, una añoranza mutua. Y es que estaban unidos por las cosas realmente artísticas, por el culto común de las cosas bellas. «El tiempo, la experiencia, los desengaños y los triunfos —ha escrito Utrillo— fortalecieron su amistad, el respeto y la afinidad de ideas. Cada entrevista o cada encuentro casual era subrayado con un abrazo absolutamente fraternal del hermano mayor al benjamín.» Zuloaga suele decir que Rusiñol ha sido el hombre más simpático de todos los que ha tratado en su vida.

Rusiñol ha descrito con todo detalle el magnífico piso del quai Bourbon. Se lo había cedido por poco dinero la viuda de un notario y estaba regiamente amueblado, con alfombras, cortinajes y un sinfín de objetos inútiles. No faltaba nada: batería de cocina maravillosa, servicio de comedor completo, majestuoso piano de cola, ropa de gran calidad, cuarto de baño con numerosas espitas y profusión de canalizaciones. «Yo no me bañé nunca —decía Rusiñol—, por temor de que aquello explotara y se hundiera la isla entera.» Y ante aquel fondo de plumas burguesas tan muelle, Rusiñol escribía: «¡Quién nos lo había de decir que en estas islas se pudiesen encontrar casas como las que se pueden ver en las comedias de Dumas! Pagando un alquiler modesto uno puede vivir como un "traviato" o como un *Fru-Fru* y hasta como el propio *Maître des Forges*».

La vida en aquel piso fue mucho más seria que en los anteriores domicilios. La convivencia de Rusiñol, Zuloaga y Jordà, a los que después se añadió Utrillo —Casas fue a vivir por su cuenta—, fue esencialmente un problema de equilibrio. Zuloaga hablaba solamente castellano porque su francés era flojillo. Rusiñol, Jordà y Utrillo, catalanes y diestros en otros idiomas. Zuloaga era exclusivamente pintor; Rusiñol, pintor y literato; Jordà, literato; Utrillo, enciclopédico. Los tres catalanes eran silenciosos y mesurados en el hablar; Zuloaga hablaba con acelerador. La única solución era trabajar intensamente. Es lo que hicieron.

Rusiñol y Casas salieron a pintar mucho al aire libre durante este tiempo. Pasaron temporadas cortas y largas en los pueblos del bosque de Fontainebleau, sobre todo en Montgeras, Brolles y Bois-le-Roi. Estas poblaciones están cerca de Melun y del Loing —¡manes de Sisley!— y por tanto se avecinan a Barbizon, el lugar sagrado de los pintores del *plein air*, de los pre-impresionistas y de los impresionistas. Y Utrillo, en este punto, hace esta revelación inmensa: «Como que la celebridad de estos lugares, hermosísimos para vivir y pasear, era más literaria que pictórica y más francesa que interesante desde el punto de vista genérico humano, los dos pintores se sintieron fuera de su centro». ¡Claro! Estos pintores no fueron nunca sistemáticamente realistas. La realidad es difícil, pesada, vulgar. Y ahora, Rusiñol lo es cada día menos. Ahora inicia, influenciado probablemente por Puvis de Chavannes, una tendencia decorativa italianizante-medievalista que será de una duración —y pido perdón por decirlo— absolutamente excesiva. Esta se inicia con la pintura de los tímpanos que están en Sitges y que representan la Poesía, la Música y la Pintura. El viaje a Italia agudizará la tendencia y a la larga este goticismo desplazado y frío traerá los excesos más grotescos del modernismo. En manos de arquitectos idiotas y de decoradores dementes, Barcelona será víctima propiciatoria de estos excesos.

¡Pero qué humor tiene Rusiñol en esta época! Un día se fue a pintar con Lobre a un pueblecillo de l'Île-de-France. De pronto: ataque de reumatismo que le obliga a meterse en cama. Pero hacía un tiempo tan bueno que Lobre, ayudado del fondista, bajan la cama, con el enfermo dentro, en medio de la calle del pueblo. Alrededor del sensacional espectáculo se forman unos grupos. ¿Quién será aquel señor de tanta barba y melena, de aspecto extranjero, que fuma un gran puro metido en una cama instalada en la calle? Le traen a Rusiñol una guitarra y ataca unas malagueñas y después un fandango. Luego una polka... Y sucede esto: la gente empieza a bailar alrededor del enfermo. Rusiñol va tocando y animando a la gente. De tarde en tarde un ay, ay de dolor rompe la monotonía del rasgueo. Al atardecer, alrededor de la cama está medio pueblo. La alegría va en aumento... Léon Daudet, en sus *Souvenirs*, cuenta esta anécdota.

Sin embargo, lo más importante que sucedió en este

primer año del piso del quai Bourbon fue la compra de los dos cuadros del Greco que están en Sitges. J. M. Jordà ha contado la cosa, pues intervino en ella. «Una tarde en París —escribe Jordà—, poco antes de la inauguración del Salón del Campo de Marte, Ignacio Zuloaga, el pintor Lobre y el que escribe estas líneas encontraron en la rue des Martyrs a un pintor español que invernaba en París y que les manifestó que acababa de recibir dos cuadros antiguos, "que decían que eran del Greco pero que a él le parecían, lo mismo el Greco que los cuadros en cuestión, poco interesantes" y que quería venderlos. Zuloaga se indignó y estuvo a punto de insultar al pintor en cuestión, pero Lobre, más prudente y más diplomático, le pidió que nos los mostrara. Los cuadros eran verdaderamente del Greco. Zuloaga no tenía en aquella época ni 500 francos disponibles pero se le ocurrió que Rusiñol podría comprarlos.

»—¡No es posible! —contestó el propietario del *San Pedro* y de la *Santa Magdalena*—. Estoy regañado con Rusiñol.

»—¿Pero por qué? —preguntamos.

»—Por una discusión que tuvimos sobre pintura. ¡Es tan exagerado y tan modernista!

»—¿Pero eso qué tiene que ver? —exclamó Lobre—. Vienes ahora mismo con tus cuadros debajo del brazo a casa de Rusiñol, yo os hago hacer las paces, te compra tus Grecos y asunto concluido... ¡Ah! ¿Pero cuánto pides?

»—Los dos, mil francos.

»—Hecho.»

Y así se hizo. Rusiñol ha descrito la algarabía que se armó en el piso cuando los cuadros llegaron. «El grito que lanzamos al quedar solos con los dos Grecos fue de los que saltan diapasones y no pueden describirse, de los que dan patente merecida de locura a los ojos del prudente vecindario. Bailamos, rompimos, para hacer broma, dos jarrones de la China, braceamos y caímos los unos en los brazos de los otros en un ¡viva! entusiasta. Jordà juró que daría publicidad a la cosa y que lanzaría la noticia en una serie de artículos por los ámbitos del mundo. Uranga, que generalmente no hablaba, rompió a hablar; yo pensé en llevarlos a Sitges y Zuloaga, sobre todo, tuvo seriedades vestidas de frases solemnes, golpes de formidable lirismo y arranques soberbiamente elocuentes.»

Rusiñol andaba detrás de la pintura del Greco hacía tiempo. Finalmente había llegado a lo que quería. El Greco era totalmente desconocido en aquella época (1893-1894) y no tenía valor alguno. Recuerdo que un día me contó Utrillo que cuando Gustave Violet descubrió en el desván polvoriento del ayuntamiento de Prades el *Cristo* del Greco que se conserva en el Museo del Louvre, registró el archivo y se encontró con una comunicación del párroco de Prades dirigida a Mr. Isaac Pereire, en la que se rechazaba la oferta que Pereire había hecho al párroco cuando quiso ser diputado por el distrito alegando que el cuadro *est trop mistique*... Por esto son absolutamente justas las palabras que Joan Sacs dice de Rusiñol en este aspecto: «Fue el primer coleccionista español y el primero del mundo de cuadros del Greco. Fue más: fue el descubridor, el vindicador de Domenicos Theotocopulos. Fue Rusiñol la primera persona, en este universo de cuatro dimensiones, que hizo poner atención en el valor de formidable plasticidad que hay en el arte del Greco. Antes de Rusiñol, el Greco era desconocido incluso en París y en España tenía apenas valor. Se podía adquirir un gran Greco por cien pesetas y al mismo tiempo una gran fama de loco. Porque la verdad es que por cien pesetas no había comprador. Y ya lo ven ustedes...». Después el espaldarazo final se lo dio al nombre del pintor cretense, en España, la llamada generación del 98. Pero en el momento que Rusiñol compra en París los dos Grecos, esta generación no existía todavía ni social ni literariamente.

El segundo año de estancia en el piso de la isla de San Luis representó, en cierto modo, un retorno a la primitiva vida bohemia. Utrillo había regresado de América. Zuloaga se marchó. Fueron descubiertos más muertos que vivos en una *mansarde* irrisoria dos artistas de Tarragona: el escultor Mani y el pintor Ferran. Y finalmente apareció otro gran elemento: Albert Llanas, que ya vivía rodeado de una leyenda de humorista.

Cuando Utrillo descubrió a los dos artistas de Tarragona y se los llevó a Rusiñol, este les dedicó un artículo titulado «La pasta hidráulica». La pasta hidráulica era, al parecer, una bazofia de patatas mal hervidas que Mani y Ferran comían sistemáticamente desde hacía meses. Mani había sido pensionado por el ayuntamiento de la imperial ciudad con 100 pesetas al mes y, considerando sin duda que esta era una cantidad fabulosa, invitó a su amigo Ferran a ir a estudiar a París. El artículo era gracioso y respiraba un bondadoso humorismo: «Tan pronto como Mr. Rodin tuvo noticia —decía Rusiñol— de la llegada a París del señor Mani de Tarragona, pensionado de aquel magnífico ayuntamiento, se apresuró a visitarle para poner su estudio a la disposición de esta nueva esperanza de la patria». Y añadía: «El señor Mani, de Tarragona, salió inmediatamente después de su llegada a visitar los museos de la capital, donde se hizo cargo de los tesoros de arte que guarda y, una vez cumplida esta sagrada misión de todo artista que llega a París, fue aquella misma tarde a permitirse algún solaz en los Campos Elíseos, una rambla como la de Tarragona, tres o cuatro veces más larga, y allí el joven pensionado tuvo ocasión de cerciorarse por modo evidente de la buena acogida que le hacía aquel vecindario... Es el señor Maní un pensionado tarraconense de gran porvenir».

Este artículo produjo en Tarragona un revuelo inmenso: protestas, discusiones, argumentos, manifestaciones en pro y en contra. Para algunos la pensión era mísera; otros decían que Tarragona no debía nada a aquellos dos artistas y que la pensión era un gasto a todas luces inútil... Este último criterio fue el de la burguesía tarraconense. En todo caso, el autor del discutido artículo fue en realidad el único que evitó que aquellos dos infelices se murieran de hambre y de frío. Rusiñol se los llevó al piso, donde pudieron trabajar con más comodidad. Rusiñol hizo un retrato de Mani. El escultor tuvo un cierto éxito, gustó a Gaudí y murió joven transportado por pasiones intensas. Ferran hizo varias copias de Velázquez y del Greco y de *Le pauvre pêcheur* de Puvis de Chavannes y continuó pintando, durante muchos años, inocentemente.

La presencia de Albert Llanas en el piso fue más que nada literaria. Llanas leyó a Rusiñol todo lo que hasta aquel momento había escrito y Rusiñol —que siempre gustó sobremanera leer lo que escribían sus amigos— le ofreció los primores de su obra incipiente. Llanas y Rusiñol eran dos hombres para entenderse. El humorismo de Llanas es dulce, sus axiomas son amables y tolerantes. El de Rusiñol es húmedo, sentimental, irisado de melancolía. El intercambio de ideas y de opiniones que entre ellos se produjo fue muy profuso y completo. Llanas vivió mucho tiempo en el piso, divagando y poniendo sus comentarios a las cosas de la vida. Llanas tenía el sablazo risueño e irresistible, jamás amanerado.

Don Albert Llanas físicamente se parecía mucho a Goya y Rusiñol le hizo, por esta época, un gran retrato del que tengo —sin haberlo podido ver en parte alguna— referencias inmejorables. Llanas y Aulés, los dos humoristas del momento, habían tenido una gran escuela: el *xaronisme* del año 60, el de la Barceloneta, que Almirall y Pitarra sublimaron. Sin embargo, Llanas y Aulés eran muy distintos. Llanas era un hombre buenísimo, de un armazón moral perfecto, que no rozó jamás el sarcasmo. Aulés era un cínico frío, seco, desgarrado. Llanas era republicano federal. Aulés, conservador, y tuvo cargos oficiales.

Rusiñol en París trató a mucha muchísima gente. Además de los connacionales ya citados fueron grandes amigos suyos Isaac Albéniz, cuya casa era un oasis de paz, y Josep M. Sert, cuya carrera estaba empezando esplendorosamente. De los franceses, añadiremos a los nombrados: el célebre ceramista Galvries, los pintores Roll, René Billotte, Zorn, Caran d'Ache, los escritores Zola, Geoffroy, Arsène Alexandre, Richepin, etcétera. En realidad verdadera amistad no la tuvo más que con Léon Daudet. «Yo he querido a Rusiñol —escribe Daudet— desde que nos encontramos por primera vez porque se parecía a Alphonse Daudet. Ambos tenían la misma luz solar en la frente, en la mirada y en la sonrisa, y la única diferencia era que Santiago fumaba eternamente cigarros y mi padre, una pequeña pipa. Ambos llevaban largos cabellos, con una raya bien hecha. Ambos tenían una cosa en común, imperecedera, el *charme* conjugado de bondad y de sensibilidad, una bondad que ríe, llora y cura las llagas, una sensibilidad vibrátil como ciertos árboles bajo un cielo de tormenta. La visión moral de Santiago Rusiñol oscila perpetuamente entre la ironía temperada y las lágrimas, ilusionada y decepcionada al mismo tiempo.»

Una serie de afinidades, de origen —eran ambos grandes meridionales—, de paralelismo de gustos literarios y artísticos, unió íntimamente a Léon Daudet con Rusiñol. Acentuó la amistad el hecho de haber estado los dos durante tres meses en la misma clínica de la carretera de Versalles para desintoxicarse de las drogas heroicas. Desde entonces llamó siempre Daudet a Rusiñol *cher frère*... A través de Léon, Santiago entró en el grupo más gracioso y denso del momento: el grupo del café Weber, rue Royale, que Rusiñol pronunciaba «Weverre». Según Daudet, Rusiñol hablaba muy bien el francés pero con gran acopio de erres. El centro del grupo estaba ocupado por el coronel Marchand, el héroe de Fachoda, que era en aquel momento el ídolo del París patriota y *cocardier*. Pronto fue Rusiñol en la brillante *coterie* estimadísimo. Tenía buena voz, sabía muchísimas canciones, tocaba la guitarra, era un gran pintor, bebía mucho absintio y había dado una definición de los americanos —una raza que ha pasado sin transición del loro al gramófono— que había tenido un gran éxito en París.

En el grupo estaban Jules Lemaître, de la Academia Francesa; Claude Debussy, cuyo *Peleas y Melisanda* acababa de tener un ruidoso fracaso; Paul Mariéton, mayoral del Félibrige; Forain, vitriolo puro; el insecticida Capus; el poeta Toulet, devastado y agudo; Maurice Donnay; Curnonsky, el célebre gastrónomo; Léon de Montesquieu y Louis de la Salle, dos intelectuales de gran familia que murieron al frente de la Legión Extranjera en la otra guerra; el fantasista Paul Robert, los pintores Lobre y Maxime Dethomas; Marcel Proust; el célebre clínico René Vivier; Antoine; Georges Hugo, hijo de Victor Hugo cuya hermana fue la primera mujer de Léon Daudet... El grupo se reunía a la hora del aperitivo nocturno. Se deliberaba dónde se comía mejor. Se cenaba en banda y luego vuelta al café. A la una por la Concordia se enfilaban los Campos Elíseos. Rusiñol entonaba una canción cualquiera —a menudo era *Els Segadors*— que todo el grupo coreaba con gran asombro de los pasantes rezagados y soñolientos. En el *Rond-Point*, el grupo se disolvía...

A Rusiñol le gustó siempre circular al azar por las calles de París. El cigarro o la pipa en la boca, la nariz al aire, las manos en los bolsillos, el sombrero un poco atrás, arrastrando ligeramente los pies, susurrando un trozo de Albéniz y de Bizet, se complacía en abandonarse a la corriente. Ahora, en la flor de la madura juventud, es un gran tipo. Viste ciertamente de cualquier manera. Se viste en el Old England con trajes de serie. La melena y la barba negra crecen un poco a capricho. Lleva una ligera capa de polvo en el sombrero y sus zapatos son más cómodos que perfectos. Pero pasa por la calle, entra en un café, aparece en un salón y todas las miradas convergen sobre esta figura a la que la naturalidad del porte y del gesto, el desembarazo de la *allure*, las facciones perfectas de la cara ligeramente tocadas de melancolía, dan una prestancia señorial que absorbe el ambiente. A veces esta absorción le proporciona éxitos sentimentales de tipo explosivo que el artista resuelve como puede... El pálpito humano de su figura enternece a las mujeres. Su simpatía es un milagro ininterrumpido. Rusiñol sigue su camino. Deja en París cuatro años de vida intensa y una legión de amigos. El viaje a Italia está decidido. Rusiñol y Zuloaga emprenden esta nueva etapa de su vida.

Rusiñol, pintor

El viejo Utrillo fue un hombre de un humor un poco alambicado y de un vestir perfectamente discreto. En estos años de París, Utrillo rinde culto a la moda y anda como un petimetre. Los retratos que se le hicieron lo atestiguan. Lleva unos cuellos altos, muy altos, altísimos. De los cuellos de los Güells —se decía entonces en Barcelona— los Montoliu se hacen calzoncillos... Utrillo es además muy deportivo. Su fuerte es la bicicleta. Fue un común amor a la bicicleta lo que hizo que Zandomeneghi y Utrillo fueran amigos.

Zandomeneghi era un judío italiano, de Venecia, pintor que había conocido a Manet y del que había sido íntimo, que trataba a Pissarro, a Cézanne, a Claude Monet, a Sisley, a Renoir, a Berthe Morisot, a Paul Signac y a muchísimos artistas. En este momento, Zandomeneghi veía a Degas casi cada día. Utrillo le hizo vender un cuadro, le mandó otro a la Exposición de Barcelona, le acompañó en sus largas excursiones en bicicleta por los alrededores tan frescos, limpios y ubérrimos de París. Le presentó a Rusiñol... Utrillo, en el curso de estos contactos, trató de sacar la mayor cantidad de noticias de los impresionistas. Cuando por la noche llegaba al piso del quai Bourbon contaba a los amigos las noticias pictóricas que le había dado Zandomeneghi. Rusiñol y Zuloaga escuchaban. Regoyos escuchaba con un interés intenso.

Cuando Rusiñol y Casas llegaron a París, la polémica del impresionismo había ya cesado y el movimiento se había triunfalmente impuesto. Muchas personas han afirmado que Rusiñol no oyó siquiera hablar del movimiento impresionista. Esto es falso y los dos párrafos anteriores lo demuestran. Una vez triunfado el impresionismo, se produjo en el movimiento pictórico que tenía a París por cabeza una indescriptible confusión, confusión profunda en la que estamos todavía. Si el impresionismo fue en definitiva un realismo sistemático, puede afirmarse que lo que se ha llamado el post-impresionismo ha sido un impresionismo al revés, es decir, la negación sistemática del realismo. Cuando Rusiñol desembarcó en la estación de Austerlitz, se iniciaba en la pintura el post-impresionismo, o sea la pintura se desviaba del realismo. El impresionismo, pues, triunfó muriendo como valor normativo y como tendencia. Probablemente por esta razón, los realistas del post-impresionismo —un Cézanne, un Van Gogh— no tuvieron éxito.

Cuando se trata de estas materias, la primera cosa que hay que hacer es eliminar el equívoco de la palabra *impresionismo*, equívoco que persiste todavía incluso en los medios más cultos. Existe la creencia, en efecto, de que los impresionistas se propusieron pintar impresiones subjetivas de las cosas de la manera que el vocablo *impresión* sugiere: es decir, en forma ligera, rápida, abocetada, a medio hacer, intuitiva, si lo acierto lo adivino, dejándose llevar por la irresponsabilidad de la inspiración y el golpe de mano —o de codo— feliz.

Sin embargo, es todo lo contrario. Los impresionistas franceses fueron los primeros pintores de la historia del arte que de una manera deliberada, consciente y pertinaz se plantearon el problema de la pintura como un esfuerzo para la posesión, la captación de la realidad. Pintan la realidad eliminando todo lo que el pintor pudiera aportar a su obra de extrapictórico: el sentimentalismo, la apologética, la literatura, etcétera. Parten de que la realidad es una y la misma, o sea, niegan que haya en la realidad elementos más calificados, más dignos de ser pintados que otros. Para ellos tan digno de ser pintado es Luis XVI como unos arenques, la fachada de la catedral de Ruan como un plato de tomates. En esta idea de la realidad única caminan paralelamente a la tendencia que sigue en su época la filosofía (criticismo), la ciencia (experimentalismo), la corriente social y política (democracia), la literatura (naturalismo). Finalmente crean una técnica que les permite penetrar (teoría de los colores complementarios), con los materiales de su arte, los matices más profundos y sutiles del mundo externo.

La pretensión de los pintores impresionistas fue basar la belleza en la verdad objetiva, en la vida de la realidad. Eliminar en lo posible toda interpretación y todo subjetivismo; tienden al objetivismo y al realismo. La belleza de una tela impresionista no viene nunca dada ni por la anécdota más o menos dramática que la tela contiene, ni por el volumen histórico o mágico de esta anécdota, ni por la moraleja que pueda desprenderse de ella. El impresionismo niega la anécdota, elimina de la pintura el artificio y la composición literaturesca, prescinde de la cocina libresca. La verdad, el natural, la vida... estas fueron sus preocupaciones permanentes. Y siendo las cosas así es natural que los pintores impresionistas hayan pintado más al aire libre que en el taller, más paisaje que figura, más naturalezas muertas que tinglados historicistas.

El movimiento impresionista se amasó con tres precedentes: la vieja pintura china, que en Europa fue descubierta a mediados del pasado siglo; el estudio del bronco realismo de los españoles (Zurbarán, Velázquez, Goya) que Manet trajo del Prado; la aportación de Vermeer y del realismo de los holandeses.

Esta es una exposición —forzosamente incompleta— de lo que quiso ser el impresionismo, de sus *desiderata* más indiscutibles. En este sentido sería a todas luces absurdo afirmar que Rusiñol fue un pintor impresionista. Rusiñol no fue, personalmente, un realista. La realidad como tal le fastidiaba, le pesaba como un plomo; quería una realidad más ligera, una realidad de artificio. En la obra pictórica de Rusiñol palpita siempre una anécdota visible o invisible —generalmente invisible—. En los *Souvenirs* de Léon Daudet hay esta observación profunda de la pintura de nuestro artista: «Ningún artista moderno ha dado como Rusiñol el encanto del paisaje, lo que añade a la vida lenta y adormecida del vegetal el paso agitado y efímero del hombre y de la mujer, inmediatamente después de haber pasado. Cosa extraña: no pone en sus cuadros personaje alguno y, sin embargo, parecen habitados, impregnados de la obsesión de los hombres y de las mujeres que gozan de ellos sin poder captarlos ni dominarlos». Por otra parte, Rusiñol puso siempre en su pintura el velo de su sentimentalismo literario. Fue llamado siempre el pintor-poeta. «Rusiñol pintor es una personalidad inexplicable sin el Rusiñol literato. De él puede decirse, sin que ello sea una frase vana, que hace literatura pintando y pinta haciendo literatura... Rusiñol considera la pintura como un lenguaje espiritual. Más que decirnos la naturaleza sustantiva y material de las cosas, nos dice la poesía de las cosas...»[1] Pero un pintor-poeta es el antípoda del pintor realista.

Sin embargo, Rusiñol se aprovechó de muchas cosas de la tendencia impresionista. Después de los impresionistas ha sido considerado casi una falta de buena educación volver a la pintura oficial y académica, al formulismo frigorificado de los italianos y a los horrores del museísmo. Esto en cuanto al tono. Después hubo el aprovechamiento en el aspecto técnico. Rusiñol y Casas desterraron de la paleta los negros y tierras y utilizaron —a veces abusaron— para pintar los contrastes de sol y sombra del azul, del morado y del cadmio. No era mucho que digamos, pero cuando esta pintura llegó a Barcelona produjo una sensación considerable, cruzada de abundantes protestas. A la larga, empero, la cosa fue aceptada como moneda corriente.

Pero no fue esto solo lo que Rusiñol y Casas trajeron de París: lo grande que trajeron de París fue el reflejo de Whistler. Nadie ha explicado este fenómeno de nuestro movimiento pictórico como Joan Sacs, el eminente crítico: «Rusiñol —escribe— captó la gracia de la paleta de Whistler, pintor que por aquellos días consiguió una fama mundial a consecuencia de su proceso. No se hablaba más que de pintura gris, de temas grises, de la fi-

1. Folch i Torres: *Rusiñol, Pintor.*

nura de los paisajes del norte, de la sutilidad de los efectos de lluvia, de la maravilla de los efectos de niebla, de las sinfonías perla, o ceniza, etcétera. Dentro de esta paleta gris, Rusiñol y Casas hicieron cosas admirables, mucho más realistas (es decir mejores) que la pintura de Whistler. Casas trabajó esta paleta más sistemáticamente que Rusiñol. Este abandonó pronto la paleta cenicienta y la mezcló con los colorines del pseudo-impresionismo, hasta que al final no pintó más que con los colorines».

Casi toda la obra de Rusiñol elaborada en París está hecha con la paleta agrisada de Whistler. Los colorines los estrenó en Granada, cuando empezó a pintar jardines. Con aquella paleta elaboró Rusiñol en Montmartre y en el quai Bourbon sus adorables anécdotas: *L'hivern de l'artista*, *Ramon Canudas, malalt*, *Miss Mac Flower*, *La morfinómana* y otras muchas dispersas en colecciones particulares y en museos. En estas telas está el reflejo parisién del momento, el agridulce de la vida, la punta aguda y morbosa de la anécdota. Rusiñol aspira a ser un pintor de *almas*, un analista del *tedium vitae*, quiere dramatizar la luz y prestar un sentido a lo inanimado; quiere revelar las cosas íntimas, los pensamientos, los dolores, las angustias de la vida de tal manera que no parece sino que aspira a desplazar la pintura a los confines de la literatura y de la música. Y todo esto envuelto en un velo elegíaco, desfibrado, melancólico.

...Y llegó pues el momento en que Rusiñol con Zuloaga marcharon a Italia. Nuestro artista ha relatado este viaje, el entusiasmo y la ilusión con que se llevó a cabo, la magia que suscitó en ellos el solo nombre del país del arte. Llegaron a Florencia de noche y era tanta su comezón que la visitaron en la oscuridad y Rusiñol la describió así, sin verla, por pura ilusión del espíritu... Lo que importa de este viaje fueron sus consecuencias artísticas y recordar algo que parece haber sido olvidado.

Rusiñol fue a Italia con una imagen preestablecida: con la que dieron de la península los ingleses de la escuela llamada prerrafaelista, cuyos principales representantes fueron Dante Gabriel Rossetti, Burne-Jones, Hunt y Ruskin. Probablemente Utrillo le dio a Rusiñol noticias de todo esto porque Utrillo fue entre Rusiñol y Suñer el instructor de muchos artistas, su despertador espiritual, el que dio las normas y las tendencias. La influencia espiritual subterránea de Utrillo en nuestro movimiento fue enorme, considerabilísima. En París, los prerrafaelistas abrieron una pequeña brecha y en Barcelona también. Sin la existencia previa de Burne-Jones, ni Brull, ni Tamburini, ni el decorador Utrillo se comprenderían.

Así pues, y en concordancia completa con los prerrafaelistas, Rusiñol en Italia se fijó mucho más en lo gótico y medieval que en lo estrictamente renacentista y esto explica el por qué el modernismo tiene una raíz gótica o goticista en la base de todos sus excesos. A Zuloaga, el viaje a Florencia —pues ya había estado en Roma— le aclaró la paleta; a Rusiñol, en cuya personalidad aumentaba la dimensión literaria, le desplazó hacia una preocupación colectivista entendida a través de prejuicios literarios y expresada con alegorías abstractas. Los tímpanos que representan la Poesía y la Pintura y la Música son representaciones estiladas de la *Blessed Damozel*, gótico puro, literaria simbología, situada mucho más allá de la ecuanimidad de Puvis. «Su contemplación —escribe don Alfred Opisso— produce una especie de arrobamiento: es la sensación de lo *intangible.*» El subrayado es de Opisso. Ahora se opone a la realidad el símbolo y parece querer darse a entender que la realidad es fugaz e imperecedera y el símbolo intangible. Bueno.

Todo esto estuvo de moda en un momento determinado pero a mi modesto entender fue una verdadera lástima que se produjera. Por fortuna, la tendencia decorativista no fue suficientemente fuerte para desviarle de la pintura de caballete. Sin embargo —y esta fue otra consecuencia del viaje a Italia—, también su concepción del paisaje varía. A partir de este momento Rusiñol se enamora del paisaje artificial y en lugar del natural que impusieron los impresionistas buscó siempre jardines, que es cosa muy distinta. El proceso en este punto es conocido. Primero escogió paisajes indefectiblemente *bonitos*, bien cortados, con un motivo central, grandes perspectivas o un fondo iluminado y un primer término importante al objeto de desplazar al fondo el conjunto principal. Luego, desde Granada, ya no pintará más que la naturaleza compuesta, enrarecida, geometrizada de los jardines.

Temporalmente, Rusiñol no fue un realista. No tuvo avidez vital, sino displicencia. Lo hemos dicho ya diversas veces. Como veremos más adelante, esta fue la clave de su concepción del mundo. El viaje a Italia le acentuó esta tendencia, o mejor dicho: fue a Italia a confirmar las teorías que de antemano llevaba dentro. Por fortuna este ramalazo de decorativismo goticista no fue de larga duración; fue, sin embargo, lo suficientemente duradero para que en manos de arquitectos y decoradores el modernismo se convirtiera en algo indescriptiblemente grotesco. Ahora, cuando se encuentra hoy con una cosa modernista de este tipo —una casa, una escalera, una decoración cualquiera— se le pone a uno la carne de gallina.

En Italia hizo Rusiñol algunas copias y estudios de obras italianas, la mayoría de las cuales están en Sitges. Dentro del gusto decorativista simbólico de los tímpanos a que hemos aludido, ejecutó con Casas, para el baile del Círculo Artístico en el Teatro Lírico, una colección de tapices pintados sobre arpillera para llenar los huecos. El modernismo sobre arpillera pasó pronto; si estos trabajos hubieran sido ejecutados sobre hierro o cemento, todavía existirían.

Esto sucedía al regreso de Italia. Y por estas fechas sucedió otra curiosa anécdota muy significativa. Coll y Rataflutis le dijo a Rusiñol que el banquero catalán don Ivo Bosch quería hacerle un encargo importante. Don Ivo era un señor muy rico —fue uno de los fundadores, con Raventós, el viejo Güell y Batlló, de *La Renaixensa*— que se pasaba la vida con Isaac Camondo, el gran coleccionista, en las *coulisses* de la Ópera vigilando la coreografía. Se había comprado un castillo en Gif, cerca de Cernay-la-Ville en el delicioso valle de Chevreuse que Jean-Jacques describió prodigiosamente. El banquero quería que Rusiñol le decorara las paredes de la gran escalera del *château* magnífico. Expuso su plan: quería glorificar el recuerdo de la Exposición barcelonesa del 1888 en la escalera. La idea era excelente.

—¿Cómo ve usted esta decoración? —preguntó Rusiñol.

—Pues mire usted —contestó don Ivo—, quiero que se vean estos y estos personajes, estas banderas, estos escudos y sobre todo que no falten las patillas de Rius i Taulet...

—No sé... —insinuó Rusiñol—, sería quizá mejor poner unos símbolos.

—¿Unos símbolos? No, querido Santiago, unos símbolos no —dijo rápido el banquero—. A mí me han gustado siempre las mujeres y los alcaldes con patillas.

Rusiñol, que fue a la entrevista acompañado de Utrillo, se despidió de don Ivo con una cara situada entre la lástima y la desolación; quiero decir que Bosch le dio lástima y que su proyecto de decoración fue considerado de una irrisoriedad rayana en lo grotesco. Utrillo, hablando de este asunto, repetía que Bosch se había equivocado. Yo creo lo contrario. Creo que el que se equivocó fue Rusiñol. Los símbolos han sido siempre cosa de mala escenografía. Claro está que todo en el mundo es cuestión de apreciación pero yo, personalmente, puesto a escoger entre un símbolo y las patillas de Rius, siempre me quedaré con las patillas.

Y llegados aquí, creo que será conveniente, para el buen orden de la lectura de este libro, que tracemos la trayectoria pictórica seguida por el artista hasta este momento. Estamos en 1894-1895.

Rusiñol es un hombre «de antes de la Exposición», entiéndase de antes de 1888. En su primera época es un pintor estrictamente realista. Su ídolo es Vayreda. En este momento hay un artista que camina paralelamente a Rusiñol: es Joan Llimona, cuando este no se lanza a la apologética. En el público el efecto que producen estas primeras telas es absolutamente chocante; su novedad es singularísima. Faltaba la consabida *brillantez de colorido*, la factura parecía inhábil, los temas no eran amenos. En el *Patio de las Escaldas*, había una pared y unos pilares pintados de amarillo-calabaza que horrorizaron a las gentes. El público tiene en los ojos las callosidades dejadas por el cuadro de historia y el paisaje de las lagunas pontinas. No ve el aire que tienen estas telas, su realismo, el carácter de sugestión que en ellas presentan las cosas más modestas. Los críticos más avisados reconocen como máximo que Rusiñol sabe dibujar; como pintor, sin embargo, no se le concede beligerancia alguna.

Viene luego la época de París. Y en París, Rusiñol, si por una parte continúa en una posición realista, tiende por otra, con creciente intensidad, hacia el anecdotismo. Véase, por ejemplo, lo que vio don Alfred Opisso en el cuadro *Una lectura*: «Una joven sentada en un sofá, vestida de negro, cerca de una chimenea, leyendo. En cuanto a su belleza la joven no tenía que agradecer gran cosa a la naturaleza, pero, en cambio, debía estar inmensamente agradecida al arte. ¡Qué alma en aquel semblante, qué tristeza en aquella actitud y que *pathos* en aquel *hábito exterior*! Era la tragedia de un corazón, como el presentimiento de la muerte, una vida que se iba devorada por la pasión y minada por la enfermedad. No era bonita y sin embargo era adorable...; atraía *Una lectura*, con toda la simpatía que despierta la bondad doliente; su sencillez, el abandono de su gesto, la apacibilidad del lugar imponían admiración y respeto».

Otro cuadro, descrito por el mismo don Alfred: «Una joven sentada al piano y de pie, cerca de ella, un poeta, supongo yo, de luenga melena rubia».[2] No sé por qué extraño misterio parecía la factura del cuadro pertenecer a la misma época que el asunto; hubiérase dicho una pintura del año 48 si por entonces hubiera habido pintores capaces de interpretar semejante *argu-*

2. No. No es poeta el joven que está junto al piano: es Erik Satie.

mento y acudía a la memoria aquel verso de Alfred de Musset:

Écoutant de Schubert la plaintive musique...

Otra pintura. Su título: *La última receta.* El médico escribe un papel en la alcoba de un moribundo. «Escena realista, cruel, admirablemente exacta —escribe siempre don Alfred— y como todo lo de Rusiñol *sugestiva*, calificativo que no es posible dejar de repetir a cada momento tratándose de este autor.»

Exacto. Rusiñol trata entonces, más que de dar la sustancia y el peso de las cosas, que la luz que pinta sugiera estado de espíritu. Quiere ser un pintor de dramas íntimos, de contrastes psicológicos generalmente amargos, oscilantes entre la voluptuosidad y las *lacrimae rerum.* Esta pintura, desde el punto de vista de la técnica, de la presentación externa, desagradó al público; sin embargo, la anécdota fue gustada cada día más porque en aquel momento el refinamiento era sinónimo del entristecerse real o aparentemente.

Viene luego el sarampión prerrafaelista, que por fortuna fue, más que un periodo, un *intermezzo.* Este es el tiempo de las hadas ondulantes y liliales, de los nenúfares de cemento que todavía ilustran tantos vestíbulos, tantas habitaciones, tantas escaleras barcelonesas. Esto tuvo un éxito fabuloso, arquitectos y decoradores se precipitaron ansiosos sobre estas tonterías pero dado que estos elementos trabajan sobre materiales duros y eviternos, resultó que el modernismo está destinado a amargarnos la vida durante mucho tiempo. Rusiñol fue el jefe o algo así del modernismo pero sin duda por esto se separó pronto del movimiento. Luego, en los últimos años de su vida, cuando se le hablaba de estas cosas, se encogía de hombros y continuaba tomando el absintio.

En puridad de verdad, todas estas tendencias sucesivas dan la impresión de ser puros tanteos. De las tres direcciones pictóricas a que hasta ahora hemos aludido, ninguna es perseguida hasta el fondo y continuada con persistencia. Es en Granada, el año 95, teniendo Rusiñol treinta y cuatro años, donde aparece la fórmula pictórica definitiva: serán los jardines.

Para terminar con el impresionismo recordaremos que en 1901 el ya entonces vetusto escultor Marià Benlliure se atrevió a formular unos juicios poco elegantes para los pintores de esta tendencia. En España, el que más podía sentirse aludido era Regoyos. Sin embargo, se construyó un manifiesto al que no se dio la pomposidad un poco grotesca que suelen tener estos documentos, que firmaron Durrio, Ignacio y Daniel Zuloaga, Rusiñol, Utrillo, Regoyos, Uranga, Guinea, Adolfo Guiard, López Allué y Vicente Berrueta. Todos nombres de la periferia española... Cabe, sin embargo, preguntar: ¿valía realmente la pena?

La tristeza

Rusiñol ha llegado a Mallorca. Ha andado ya un buen trozo del camino de la vida. Su personalidad ha ido creciendo, se ha ido formando como se forma un árbol, ha dado ya frutos considerables. Ha vivido, es decir, ha sufrido. Ha pasado por la clínica de la carretera de Versalles, donde se ha desintoxicado. Ha dejado un riñón en la cubeta de un cirujano. Rusiñol ha llegado a Mallorca en busca de lo que fue su más alto afán vital: la paz, el sosiego, la tranquilidad. Al desembarcar se le acerca don Joan Alcover, tímido, bondadoso, exacto. Alcover le saluda. Escribe unos versos que constituyen uno de los mejores retratos literarios que se han hecho de Rusiñol:

Ardit, la pipa als llavis i pàl·lida la galta,
tu anaves onsevulla que l'art trobés hostal,
un poc amarg el riure, l'ànima un poc malalta
de febre d'ideal... *

* «Osado, la pipa en los labios y pálida la mejilla, / ibas adondequiera encontrara cobijo el arte, / algo amarga la risa, el alma un poco enferma / de fiebre de ideal...»

Pero uno se pregunta: ¿qué era este ideal? ¿En qué consistía? ¿Dónde y cómo llegar a alcanzarlo?

En 1894, al fundar el Cau Ferrat de Sitges, Rusiñol pronunció un discurso en el que dijo desear que aquello —el Cau— fuese un refugio «para abrigar a los que sienten frío en el corazón, una piedra donde reposar el espíritu que llega enfermo del camino enlodado de la vida; una ermita cercana al mar para los heridos de indiferencia y una posada de peregrinos de la Santa Poesía que vengan a ver espacio, a respirar nubes y mar y tempestades y calmas, a curarse el mal del ruido, a llenarse los pulmones de paz...».

En este discurso está todo Rusiñol. Es un documento de gran valor autobiográfico. A su entender, predomina en el mundo la materia; el egoísmo y la maldad lo envenenan todo; el progreso no es tal progreso: es un grosero avance material para contentar la miopía de los burgueses; la política es una farsa; la democracia, una mentira...; la vida humana está sujeta a los azares de una intriga oscura e indigna. Frente a esta realidad, el arte decae y la belleza es preterida; la grandeza del alma, mofada por las más abyectas pasiones terrestres. «Es triste, amigos míos —dice—, sentir la indiferencia con que son acogidos, por todos lados, los gritos que vibran del alma, los pálpitos de los corazones entusiastas que quisieron ver la existencia embellecida, florida y visionada por claridades deslumbradoras que hicieran las veces de la morfina; es triste el interés con que se escuchan y se consienten los bramidos del egoísmo, las cínicas frialdades, la sed de bajas pasiones que complacen la carne de la bestia, pasiones que el hombre arrastra por los caminos fangosos de la vida... Y por este vivir sin asomo de belleza nos afanamos constantemente, corremos, nos atosigamos sin cesar, vivimos sin vivir... Por esto el Cau será un rincón de belleza improfanada, un refugio, un retiro plácido para los cansados de correr sin ir a parte alguna... Nuestra vía no tiene término. ¿Por qué, pues, fatigarnos? ¿Para qué esforzarnos? ¿Por qué no acogernos a estos lugares recoletos propicios al ensueño y a la paz?»

En Rusiñol este tono, esta curiosa mezcla de ascetismo, de escepticismo y de tristeza, será insospechado para mucha gente. Sin embargo, yo sospecho que su personalidad profunda está aquí. Rusiñol sintió en sus fibras más esenciales el problema terrible de la incompatibilidad de la materia y el espíritu. Fue un hombre triste y su vida estuvo tocada siempre por la sombra de la melancolía.

¡El ensueño! ¡Soñar! La forma de soñar de Santiago Rusiñol fue el sopor contemplativo. Puede decirse que pasó las tres cuartas partes de su vida de vigilia, contemplando. Cuando no pudo llegar a la contemplación por sus propios medios naturales, se intoxicó resueltamente: la morfina, el absintio, el *whisky*; fue además un fumador tremendo. El mundo exterior, el ajetreo de la vida, las molestias de la existencia, el trato social, la estupidez y la crueldad circundantes le produjeron un dolor espantoso, una implacable inapetencia. Por esto fue un solitario inexpugnable, insobornable, definitivo. La figura de Rusiñol, a quien la gente no puede separar de la Rambla o de los grandes bulevares, se pasó media vida en pueblos absurdos, en fondas destartaladas, pintando, escribiendo, solo, en una soledad completa. Y claro está: como todos los grandes solitarios, su soledad se cruzaba intermitentemente, muy intermitentemente, de ráfagas de frenesí comunicativas.

Entonces se desbordaba, se vertía en una agitación pánica y dionisíaca. Entonces parecía un poseído... Pero casi siempre necesitaba un estimulante externo para acercarse a la vida. Su estado natural era el sopor vegetal, la vaguedad, la melancolía...

Rusiñol se pasó la vida buscando soledades —los jardines— y escribiendo en cafés más solitarios todavía, en una peregrinación incesante en pos de una paz que solo se consigue con la muerte. Porque la paz no es de esta vida. Cuando de tarde en tarde salía de esta desfibración vital, era para entrar en la taquicardia del poseído. Una de las cosas que más excitación le producían en este sentido era encontrar un grupo de amigos. A los solitarios, el encuentro del público les hace perder el mundo de vista. Rusiñol tenía una tal simpatía, era tan constantemente escuchado y aupado, que a su alrededor se formaba como un torbellino. La receptividad externa, tan embriagante siempre, aumentaba el *crescendo* de crepitación de su espíritu. Entonces era extraordinario, un frenesí de agudezas y de gracias, unos fuegos artificiales deslumbradores... Luego, quemada la última bengala, volvía la depresión, la soledad y el vacío. Ello explica el por qué Rusiñol, que llevó en la tierra una vida tan apartada y secreta, fuere el hombre a quien sus contemporáneos vieron intoxicado más veces. De aquí nació, entre las personas de su tiempo, la idea del Rusiñol arlequín, idea incompleta, fragmentaria y por tanto falsa de la personalidad de este artista.

Uno de los que tuvo esta idea, a juzgar por lo que de él escribió, fue Rubén Darío. «Rusiñol nos alegra la vida», dice Darío. Ya recordáis sus versos. Son una maravilla:

Gloria al gran catalán que hizo la luz sumisa,
jardinero de ideas, jardinero de sol
y al pincel y la pluma y la barba y la risa,
con que nos hace alegre la vida, Rusiñol.

Versos magníficos, cierto, pero el retrato que contienen no presenta las características de exactitud y de fidelidad que el de Alcover. Poca alegría hubo en Rusiñol. Frenesí cerebral, espíritu, sí. Mucho. Es decir: tristeza. Marquina en su retrato vuelve a la verdadera psicología del artista.

Tu alma copia, velada de tedio,
la ironía de un lirio en medio
de los escombros de la vida.
Y es a un tiempo, en la palidez
de tu rostro, piedad y altivez
tu sonrisa, que cada vez
nos esconde menos tu herida.

Aquella fiebre de ideal de que nos hablaba Alcover, la herida secreta que la sonrisa esconde menos cada día de que nos habla Eduardo Marquina, son la esencia del alma de Rusiñol. Esta esencia solo pueden describirla los poetas:

La poesia de la nit
m'entristeix massa...
El clar de lluna esmortuït
*el cor em glaça...**

* «La poesía de la noche / me entristece demasiado... / El claro de luna mortecino / me hiela el corazón...»

Sigamos en el análisis. El soñar de Rusiñol, ¿en qué consiste? ¿En qué sueña el artista? Rusiñol persigue el ideal. Este ideal, ¿qué era, de qué estaba formado, cuál era su sustancia y su forma externa?

¿Era un ideal religioso y ultraterreno? Por tradición familiar y de clase Rusiñol fue católico, pero un católico incierto, para los efectos administrativos. Hombre mediterráneo, no practicó ninguna religión positiva, ni hay en su obra rasgos de misticismo. Tampoco, desde luego, fue anticatólico, ni anticlerical siquiera. ¿Era un ideal intelectual dirigido a la busca y captura de la verdad? Tampoco. «Los que buscan la verdad —solía decir sarcásticamente— merecerían el castigo de encontrarla.» ¿Era un ideal hedonista, material, terrestre? Menos todavía. Rusiñol obtuvo todo o casi todo lo que en este mundo puede honorablemente tenerse y le dio una importancia perfectamente relativa. En el curso de su vida fue un enfermo y conoció el dolor reiterada e intensamente. Trabajó muchísimo. Vivió muchísimas horas de su vida aislado y solo... ¿Qué clase de ideal perseguía Rusiñol? Yo creo que Rusiñol buscaba la felicidad, era un obseso de la felicidad, de la felicidad en la vida. Y según él, lo que constituye la esencia de esta felicidad es la paz, la paz del alma y del cuerpo.

A la felicidad le suceden, sin embargo, dos cosas bastante curiosas. En primer lugar, nadie ha podido decir hasta ahora en qué consiste. Y nadie ha podido decirlo porque cuando pretendemos saber lo que es la felicidad nos sentimos ya profundamente infelices. Cuando uno empieza a pensar, aparece la tristeza. La felicidad, como la salud, es imperceptible. Somos felices cuando ignoramos que lo somos, cuando no lo sabemos. Por tanto, es forzoso convenir que la felicidad es un fenómeno de la memoria, permanentemente pasado. La felicidad no tiene presente.

Siendo esto así, al menos para mí, siendo la felicidad un fenómeno imperceptible y por lo tanto desconocido, su expresión es imposible. En el lenguaje humano, en el estilo corriente, la felicidad es inexpresable, no puede técnicamente ni articularse ni describirse. Para este menester, nuestros medios expresivos son inservibles. ¿Y qué sucede? Sucede que cuando no podemos o no sabemos describir algo lo relegamos al reino de lo vago, de las sombras, de lo incierto. Es por ello que esta paz que Rusiñol persigue es algo tan brumoso, tan lejano, tan invisible que es de todo punto imposible saber en qué consiste. Consiste quizá en buscarla incesantemente, es decir, en no tenerla. El fenómeno, en el conjunto de la psicología romántica, es conocido. Quieren la paz pero viven en un desasosiego permanente. Temperamentos esencialmente femeninos, desfibrados, deshechos, no encajan en este pobre mundo, que consideran —con orgullo excesivo— siniestro. Hay un momento en que Rusiñol descubre todo su pensamiento cuando sospecha que esta paz a que aspira es compatible con su antítesis, es su antítesis —los caminos que se alejan, lo desconocido, la aventura—... con aquellos estados de espíritu que materializó en *L'alegria que passa*. En esta obra, que rezuma melancolía, los personajes principales declaran ser perfectamente conscientes del encanto que les produce la vaguedad irreal. «Los caminantes de la tierra —dice uno de ellos— no saben nunca adónde van. Andan *d'esma* atraídos por lo desconocido, fiados en lo que vendrá, descubriendo siempre nuevas tierras como remedio de sus males, fascinados por el lejano cielo azul... y, ¡quién sabe!, soñando quizá el infinito, el más allá de su fatalidad sin límites. Su paso deja un deseo flotante de seguirles, un agridulce de compasión y de simpatía.»

Así, Rusiñol buscó siempre la paz y erró por el mundo toda la vida. Fue un perpetuo peregrino. Ya se lo dijo Alcover:

> *Un dia tu arribares, de pols esblanqueïda*
> *la roba de bohemi, pelegrinant pel món...**

Errar, pasar, huir, peregrinar... Esto es cosa de ensueño, algo vago, sentimental; delicuescencia. En estos estados de delicuescencia —escribe— *el pensament s'acluca, s'entorna*, desaparece. Y esto es precisamente de lo que se trata: de soslayar, de desplazar, de eliminar el pensamiento. El pensamiento... he aquí el enemigo, el obstáculo de la felicidad, la fuerza adversa. Pensamiento equivale ahora a lo que entendemos en catalán por *seny*. ¿Y qué es, según Rusiñol, el *seny*? El *seny* es el espíritu de la burguesía, la estulticia de su mentalidad, el progreso falaz, la materia, el debe y el haber, el señor Esteve.

En la ideología de Rusiñol, *seny* y ensueño son valores contradictorios, irreconciliables, opuestos. En Cataluña estas ideas son populares. En el *seny* vemos el sentido de responsabilidad, la cortedad de visión, las ideas chatas, el negocio, el aburrimiento. Al ensueño unimos la libertad del instinto, el aireado y amplio movimiento de la vida. Para ver la realidad de las cosas abrimos los ojos, para ver su belleza los entornamos li-

* «Un día tú llegaste, emblanquecida de polvo / tu ropa de bohemio, peregrinando por el mundo...»

geramente. Maragall, al describir las tentaciones de Fray Garí, dice:

Fra Garí clou les parpelles
*i la veu contraclaror...**

Sí. Estas son ideas populares y lo mismo que dice Rusiñol dicen los burgueses. Para un burgués la poesía no es nunca la realidad y generalmente es su antítesis. Por tanto, poesía y *seny* se excluyen. Sócrates pensaba lo mismo. Sócrates, ávido de verdad, odiaba a los poetas —con la excepción del prudente Homero— porque mienten. Para el burgués, el arte es una embriaguez sin finalidad, con el que se puede transigir, sin embargo, de tarde en tarde —muy de tarde en tarde— sobre todo si se tiene el cuidado de no descuidar la teneduría ni olvidar la realidad verdadera: la prosa de la vida. Rusiñol habla, pues, en definitiva, como un burgués —pero situándose en el campo opuesto y subrayando lo opuesto.

Así, en esta esquematización a mi entender excesiva, se llega a concebir un mundo en el que no existen más que burgueses y artistas. El realismo de los primeros está desprovisto de todo ideal; la idealidad de los artistas excluye el pensamiento, el *seny*, la prisión del sistema de la vida. En la obra escrita de Rusiñol, esta exclusión ha de tomarse en sentido literalísimo. Es imposible, en efecto, encontrar en esta obra una cualquier referencia a la filosofía, a la ciencia, a la religión, a la política. Nada. Tabla rasa. En el peor de los casos, si alguno de sus más desabrochados personajes cita algún nombre unido a la historia de la cultura o de la sensibi-

* «Fray Garí cierra los párpados / y la ve a contraluz...»

lidad, lo hace en broma —como mínimo—. Él, personalmente, se mantiene en un terreno de escepticismo. ¿Ejemplo?: «Para sentir admiración por algún sabio, lo mejor es no acabar de entenderlo». «Los curas son los administradores del alma y el purgatorio, su casa de empeños.» «Todos decimos tonterías pero los filósofos las dicen en serio.» «El absolutismo es la tontería concentrada; el liberalismo, la tontería dispersa.»

Estas máximas de Rusiñol —cosa curiosa— las ponéis en boca del señor Esteve y tienen el mismo éxito. Algún día las habréis oído decir a algún burgués, indefectiblemente. Y es que cuando se quieren simplificar las cosas, lo que queda se interpenetra. Yo he conocido muchos señores Esteves que eran Rusiñoles fracasados y muchos artistas que tienen un fondo comercial real o latente. Juego de niños —diréis—, puerilidad completa. ¡Un momento! Esta fue, sin embargo, la ideología del fin de siglo, el portaestandarte estético de la cual, su definidor, fue Rusiñol en este país. Por esta época, y más en París que aquí, aprovechando las facilidades que da la psicología recreativa, se presenta al burgués como a un zafio, un egoísta y un cínico. Por otro lado y a través de la vaguedad de su espíritu, el artista se presenta como un nihilista. Burgueses, anarquistas... —este es el panorama del fin de siglo en Europa—. El burgués es duro: el negocio es el negocio, *les affaires sont les affaires...* Esta dureza es, sin embargo, compatible, al menos en el teatro de Dumas hijo, con la redención de una cautiva de una casa de lenocinio. El artista, en cambio, se ablanda, se desfibra, se abandona, pero esto es también compatible con la posibilidad de acercarse, por muy poco dinero, a las cosas más exquisitas que produce la naturaleza. El artista, como el burgués, oponen poesía y realidad, arte y vida, contemplación y acción. Yo siempre he sospechado que de haber durado la prosperidad unos cuantos años más, hubieran acabado por entenderse.

Porque esto, estos juegos espirituales y estas melancolías —ya lo he dicho en otro capítulo— fueron la flor del bienestar mismo. Yo envidio muchas cosas de Rusiñol pero lo que más le envidio es el haber vivido en la época en que en Europa ha habido más abundancia de bienes materiales y de bienes del espíritu. Hubo, en efecto, en Europa una tal prosperidad, en Francia una tal felicidad, la vida fue tan cómoda, abundante y barata que con razón se ha dicho que el periodo comprendido entre el 70 del siglo pasado y el año 14 de este siglo ha sido el punto álgido de la civilización occidental...

Sin embargo, lo que al parecer fatiga más al hombre es su propia feliz mediocridad. El hombre destruye constantemente lo que con tantos dolores y esfuerzos ha logrado levantar. Las épocas más aparentemente sólidas y estables llevan en sí la carcoma de su propia destrucción, los fermentos de su propia ruina. En aquel fin de siglo tocado por los resplandores azulados del gas y perfumado de absintio, todos, burgueses y anarquistas, filósofos y literatos, artistas y sabios soportan con fatiga la monotonía del pulso normal de la sociedad. Todos aspiran a la taquicardia y los que no luchan francamente contra el estado de cosas establecido describen las angustias de la inadaptación al medio ambiente. Son nihilistas. La realidad les repugna. Aceptan que se les llame decadentes. Sienten la náusea de la abundancia misma. Aspiran a lo que ellos llaman la paz... Es un mundo próspero, cómodo, fácil, que arrastra, internamente, una gran fatiga.

Donde se ve con más claridad el perfil auténtico de esta época es en el aspecto de la libertad pública. Entre 1870 y 1914 los Estados de Europa rodean a sus conciudadanos de un tal cúmulo de garantías a su libertad que lo más excepcional que a uno le podía ocurrir entonces era que lo metieran en la cárcel, cosa que, antes y después, ha sido cosa relativamente sencilla. El Estado se deja atacar. La sociedad, escarnecer. La virtud, dilucidar... Y a nadie se le ocurrió pensar —¡oh, débiles *hominum mentes*!— que este era un régimen excelso.

Aquí era igual porque la corriente general era esta. Un simple detalle numérico dará una idea de la generalidad de esta corriente. Durante los setenta años de la vida de Rusiñol, Barcelona pasó de trescientos mil habitantes a un millón doscientos mil. Rusiñol vio, vio con sus propios ojos, la transformación de Barcelona de un núcleo comprimido en una estructura medieval, en una enorme ciudad moderna. Comparativamente hablando, como esta dilatación, en Europa, hay pocos precedentes. Pero la misma prosperidad se fatiga, segrega cansancio, se convierte en tedio. Y el tedio nos incita al análisis, a separar, a disecar, a recordar —es decir, nos lleva a la tristeza—. Analizar es melancolía —ya lo dijo el pobre Bartrina.

En el conjunto de la obra y del proceso del pensamiento de Rusiñol, el discurso de inauguración del Cau Ferrat de Sitges es considerado como un documento típico de juventud. Documento autobiográfico cumbre de los primeros treinta años de su vida. En el curso de los años que van a seguir será imposible encontrar una reiteración expresada de las mismas ideas. Y no es que en su interior estas ideas hayan sido desplazadas por otras de signo diverso. No. Es simplemente que no considera conveniente insistir... De todas formas, su proceso mental tiende, cada día más acentuadamente, al escepticismo. El campo de las ilusiones se va reduciendo, con el tiempo. El tono agridulce de su humor y de su ironía se acentúa. En el momento de intentar expresar un sentimiento espontáneo una voz interior le hace decir en voz alta: «*Ep, Tiago...!*» —y entonces retrocede y se encierra otra vez en sí mismo—. Es el terrible, ¿para qué? —siempre presente—. Es el escepticismo. ¡Cuarenta años de escepticismo! A la postre resultó un espécimen aquilotado, magnífico.

Sitges. El modernismo

Al regreso de Italia, comenzó lo que en la vida de Rusiñol ha de llamarse la época de Sitges. Después del amaneramiento modernista, la inmersión en el realismo y la cazurrería eternas del país hizo a mi entender un gran bien a Rusiñol. De Italia, en todo caso, trajo nuestro artista un excelente afán: hacer un museo. A veces estas cosas se aprenden en Florencia. La figura de Rusiñol, como coleccionista, va en aumento.

En realidad a Rusiñol le costó bastante tiempo lograr que Sitges le tomara en serio. En los primeros tiempos fue considerado un bohemio suburbial, de café y taberna, un *barrilaire* más o menos divertido. Alrededor del artista y de sus amigos se había formado una leyenda de anécdotas diabólicas, pecaminosas ideas y maneras de vivir libérrimas. Clarasó, que fue siempre un hombre bueno e infeliz, escribe en sus *Notes viscudes*: «La gente creía que éramos malos cuando en realidad no éramos más que bromistas». Pero esto se disipó también con el tiempo. Cuando los habitantes de Sitges observaron que el Cau Ferrat atraía a forasteros conocidos y a mucha gente, consideraron más formalmente lo que Rusiñol hacía o decía.

Desde Sitges, Rusiñol dio innumerables campanadas. Después de la fiesta de inauguración del Cau, una de las primeras fue el traslado a Sitges de los dos famosos cuadros del Greco comprados en París. Este traslado fue realizado con inusitada pompa sin que se diera publicidad al acto, manteniéndolo secreto. Sucedió, sin embargo, que la noticia se supo sin que se llegaran a conocer los detalles de la misma. Por si consistiera en una procesión, los suburenses se apresuraron a poner colgaduras en sus balcones y ventanas.

Era el 14 de noviembre de 1894. Domingo. El tren matinal de Barcelona llegó a Sitges sin retraso y de él descendió un grupo numerosísimo de ciudadanos selectos. Estaba ya todo preparado. En la plazuela de la estación, se organizó la comitiva. Pere Romeu se adelantó, montó a caballo y empuñó una bandera altísima. Después Lluís Labarta, con mucho garbo, montó en otra caballería. Romeu y Labarta eran hombres muy altos. Largos, de perfil gigantesco, con barbas imponentes. Romeu representaba el abanderado y Labarta el abanderado suplente.

La comitiva se puso en marcha. La abrían dos alguaciles para ahuyentar a las criaturas y evitar que los caballos hiciesen algún estropicio. Seguían los abanderados. Luego, en formación compacta venía el grupo de ciudadanos selectos. Detrás, los tabernáculos donde estaban los dos cuadros del Greco.

Aparte de los citados formaban parte del grupo los siguientes señores: Tomàs Moragas, el primer maestro que tuvo Rusiñol, Josep Yxart, J. A. Riera, Joaquim Cabot, Joan Maragall, Garriga i Massó, Puig i Cadafalch, J. Casas-Carbó, Narcís Oller, J. Pin i Soler, Joan Sardà, Albert Llanas, Pompeu Gener, Frederic Rahola, Raimon Casellas, Josep M. Pascual, C. Ossorio y Gallardo, M. Sánchez Ortiz, Joan y Carles Godó, Pau Calvell, Ròmul Bosch, Albert Rusiñol, Antoni Mirabent, Manuel Planas, Alfons Bonay, Josep Codina, Pere Gurgui, Josep Pascó, R. Puig i Valls, Raül Mascaró, Emili Cabot, Josep Llorens, Emili Canals, Francesc Rogent, Dionís Puig, Pagès i Rueda, Torras i Reietó, Tomàs i Salvany, Massó i Torrents, Josep Pedrerol, Audouard, Josep Aladern, Manuel Rocamora, el suizo Carlos Meyer, Maspons i Labrós, Guillem A. Tell, Manuel Font, Joan Cardona, Miquel Sastre, Josep Galvany, Juli Vintró, Bonaventura Julià, Josep Andreu, Joan Carrera y J. Soler i Miquel.

Seguían inmediatamente los dos tabernáculos, ricamente adornados con seda carmesí, en cuyas hornacinas estaban colocados el *San Pedro* y la *Santa María Magdalena*. Los tabernáculos eran llevados en andas, el primero por J. L. Pellicer, F. Soler i Rovirosa, Aurelio Tolosa y Joan Brull y el segundo por Ramon Casas, Enric Clarasó, Eliseu Meifrèn y Ramon Pichot. Al lado de las andas caminaban unos bigardos alquilados, con antorchas encendidas.

Detrás de los dos cuadros, iba Rusiñol solo, presidiendo la inusitada y peregrina ceremonia, con el sombrero un poco atrás, arrastrando ligeramente los pies, repartiendo sonrisas.

En un momento determinado, el vecindario estupefacto de Sitges creyó que la comitiva se dirigiría a la iglesia pero al notar que no tocaban las campanas se dio cuenta —y al día siguiente los periódicos lo confirmaron— de que la procesión era cívica. Por la calle del

Fonollar la comitiva llegó al Cau, donde se hizo la solemne colocación de los cuadros, ceremonia que fue sencillísima, pues consistió en colgarlos de unos clavos que habían sido ya clavados al efecto. Luego, todo el mundo se dirigió a la Torreta, sobre el mar, donde dentro de un entoldado se sirvió lo que se llamaba entonces un banquete: cinco o seis platos y ramillete, mantecado, café, licores y todo rociado de abundante champaña francés.

Los brindis fueron parcos. En ellos se habló de todo menos de la ceremonia. Labarta el viejo, que estaba unido a Rusiñol por vínculos de entrañable amistad, dijo que era hora de hacer un libro sobre los hierros viejos y pidió el concurso de Santiago para el prólogo. Este le contestó que no entendía nada de hierros y que lo mejor era hablar de ello a Utrillo, que era hombre enciclopédico. Luego, regresaron todos a Barcelona, satisfechos y contentos. ¡Qué tiempos aquellos! ¡Deliciosa época! ¡Cómo se divertía la gente!

La procesión cívica, de la que los periódicos se ocuparon el día siguiente ampliamente, sirvió para poner en circulación en España el nombre del Greco. En Sitges se creyó durante mucho tiempo que el Greco era un amigo de Rusiñol a quien este favorecía.

La historia del Cau Ferrat tiene un calendario con fechas. Cada una de ellas es una fiesta —y su sucesión forma lo que en la historia de nuestro movimiento se llaman las fiestas de Sitges—. El traslado de los Grecos en procesión cívica fue una de las primeras. La importancia de ella nos ha hecho romper por un momento la cronología. Sin embargo, cuando se haga la historia contemporánea de Sitges, se deberá tener en cuenta lo que a continuación explicaremos.

Vimos llegar a Rusiñol, con Casas y Meifrèn, a Sitges tan elegantemente recogidos por don Rossend Bartés y cómo se le produjo a Rusiñol el flechazo al lado de don Arcadi Mas i Fondevila. Esta primera estancia en el pueblo duró unos días y al marcharse Rusiñol fue obsequiado por sus amigos con una cena. En aquella época, los banquetes eran todavía muy lacrimógenos e impregnados de una gran buena fe. Luego, la degeneración de estos simposios ha sido notoria. Ahora pueden suceder en ellos dos cosas: o que se murmure del servicio y de la mesa, lo que todavía es tolerable, o que el homenaje consista en hacer tiras del homenajeado, lo cual es de una fealdad siniestra.

En la noche del 5 de enero de 1892 fue obsequiado Rusiñol por sus amigos de Sitges con una primera cena. Hubo simpatía, sentimiento y auténticas manifestaciones del pesar que su marcha producía. Rusiñol contestó en el mismo tono. Dijo que los habitantes del pueblo le habían producido una excelente impresión y con este motivo sentó las bases de lo que será luego el tópico de Sitges, tópico que se repetirá hasta la saciedad: las pequeñas *eixides* tan graciosas, las casas blancas y el mar azul... En un arranque de entusiasmo dirá que su ilusión sería poder pintar un cuadro donde pudieran quedar sintetizadas todas las sensaciones recibidas pero que, en vista de que la cosa era algo difícil, decía muy alto para que todo el mundo le oyera que «en parte alguna se podrá encontrar una tierra como esa en que el vino es malvasía, la costa es oro, el cielo luz, las mujeres fuego y donde todo nada en una atmósfera de amistad y de vida». Años después, a la costa situada al sur de Garraf se la ha bautizado con el nombre de *Platja d'Or*. ¡Rusiñol había lanzado el nombre cuarenta años atrás al menos!

La segunda visita a Sitges —quizá la tercera— la hizo Rusiñol algunos meses después, en junio de 1892. Llegó con Sánchez Ortiz y su viaje, estando ya decidida la construcción del Cau Ferrat, fue una especie de toma de posesión. Este fue un viaje de mucho ajetreo, de muchas idas y venidas y de innumerables visitas.

La impresionante llegada de los dos Grecos fue la tercera gran efeméride. Ya la hemos, más o menos, descrito.

Siguió el gran concierto, dirigido por Enric Morera, en el que se ejecutó por primera vez en España, y una de las primeras de Europa, el famoso quinteto de César Franck. El concierto tuvo lugar en el salón de espectáculos del Prado Suburense. Puede dar una idea del efecto que produjo esta audición en el espectador medio lo que sucedió a la puerta del patio de platea. El portero era hombre de sensibilidad musical bastante rudimentaria y su cultura no pasaba de las polkas y mazurcas del tiempo. Las asonancias del músico belga le produjeron una dolorosísima impresión. En esto, mientras se desarrollaba el quinteto, un muchacho quiso imitar desde fuera las sonoridades sorprendentes de la obra. El portero corrió a su encuentro, le cogió por un brazo y le dijo muy serio:

—Si no te callas, te meto dentro...

Pero no todas las fiestas fueron tan serias. La idea de organizar una sesión de danzas a la manera de la artista americana Loie Fuller fue una *pensada* de fondo más irónico que artístico. Loie Fuller era en aquel momento el ídolo de la coreografía mundial y el terror de las gentes bien pensadas y burguesas. Esta señorita se presentaba casi desnuda y con unos velos largos y cursis desarrollaba danzas simbólicas y otras puerilidades por el estilo. Era en la danza la correspondencia de los liliales nenúfares de cemento del modernismo. Precedida de un reclamo espantoso y de unas pretensiones grotescas, la gente creía que Loie Fuller se desnudaba y en realidad no hacía más que ganar dinero.

La idea fue presentar una imitación de los espectáculos de Loie Fuller sobre una tramada fondeada en el mar frente al Cau, por la noche, iluminando el espectáculo con luz artificial. Una muchacha de Barcelona, Pilar Arcas, simpática y buena, se prestó por poco dinero a imitar a Loie Fuller. La cosa debía limitarse a los amigos de toda la vida, pero resultó que la plana mayor de Sitges tenía esta categoría y además fue a Sitges tanta gente de Barcelona que en un momento determinado se temió que ocurriera una desgracia. Los preparativos, por otra parte, no pudieron ocultarse, de manera que la gente de la comarca, que acudió en masa, ocupó los altozanos que rodean la población pensando ver un espectáculo gigantesco. No vieron más que una pequeña lucecita lejana, como la luz de una traíña.

Pilar Arcas cumplió admirablemente, hizo un modernismo escabroso y pueril y fue una Loie Fuller de primera. Esta encantadora bailarina no tuvo suerte: al cabo de poco tiempo cayó en las garras de monsieur Banquerel y trabajó en su circo entrando así en *L'alegria que passa* real y verdadera. (Véase en este volumen la historia de monsieur Banquerel y de *L'alegria*.)

El concurso literario del Cau Ferrat promovido por Rusiñol tuvo un gran éxito. Los trabajos premiados fueron publicados en un volumen por *L'Avenç*. Obtuvieron premios: el meteorólogo Dionís Puig, de Granollers, viejo amigo de infancia de Rusiñol en Manlleu, el primer hombre que en este país tuvo en los periódicos una rúbrica de previsión del tiempo; Puig i Cadafalch, joven arquitecto de gran empuje, radical en política, en gótico y en modernismo, de más inteligencia que buen gusto; Josep Yxart, espíritu selectísimo, maestro de Rusiñol; Frederic Rahola, de Cadaqués, poeta fácil y abundante, *gourmet* exquisito que se desvió hacia la economía; Guillem A. Tell y Josep M. Jordà. Rusiñol publicó, como prólogo del libro, el discurso que pronunció en la fiesta. En el volumen, Santiago es grafiado: Jaume Rusiñol. Grotesco. El traductor español de los *Ensayos* de Montaigne hace al revés: a los *Jacques* franceses les llama Santiago: Santiago Amyot, dice. Todavía más grotesco. (Este concurso literario tuvo lugar el 4 de noviembre de 1894.)

Ha de considerarse una gran efeméride del Cau de Sitges el banquete que ofreció Rusiñol a don Benito Pérez Galdós cuando este vino a Cataluña. Don Benito estaba entonces en el centro de la polémica político-religiosa y era considerado un anticlerical tremendo. ¿Quién se acuerda ya de los escándalos públicos que señalaron el estreno de *Electra*, la publicación de *Gloria* y de *Doña Perfecta*? Escritor prodigioso, probablemente el prosista español más grande del siglo XIX. Don Benito era en el trato personal un hombre de una insignificancia y de una opacidad mental indescriptible. Al almuerzo asistieron Guimerà, María Guerrero y Fernando Díaz de Mendoza, que entonces eran novios y hacían el *Don Álvaro o la fuerza del sino*, Utrillo, Vilaregut, etc. En el acto se produjeron notas divertidas. El alcalde de Sitges llamó siempre a Galdós el señor Pérez, pero don Benito no se dio jamás por enterado y continuó comiendo. Fue la otra que Maria Rusiñol, que tenía entonces diez años y una gracia irresistible, decretó que los forasteros tenían más *modos* que los de casa, lo que a Santiago le pareció de perlas.

La fiesta de la colocación de la primera piedra del monumento al Greco, con Salmerón y Ganivet, no alteró el ritmo del Cau. Fue un acontecimiento que tuvo por marco el pueblo. Asistió al mismo Zuloaga, que estaba contento como un chiquillo con zapatos nuevos —como si el homenaje se le hubiera tributado al Greco de carne y hueso.

La representación de *La Fada*, letra de Massó i Torrents, música de Morera, representó el punto álgido del modernismo —es decir, su momento más horrísono—. El modernismo con nenúfares liliales, cantantes y melodías, grutas y hadas en camisones transparentes, ¡qué delirante aberración! La señora Campodónico hizo la *prima donna* y don Manuel Morales Pareja, tan simpático, que fue luego alcalde de Barcelona, representó el tenor del esperpento. El Cau se convirtió, por unos días, en un Bayreuth de otra especie y fue desarrollada una actividad tremenda. Rusiñol y sus amigos lo hicieron casi todo: los decorados, los vestidos, el cartel de dos metros; se organizó la taquilla, la orquesta y los trenes especiales... El público se volcó. Los palcos llegaron a pagarse a quinientas pesetas. La obra tuvo un gran éxito, pero ¿hubo algo en la vida de Rusiñol que puesto bajo su patrocinio y su inmensa simpatía no tuviera éxito? El arte de convertir el cartón o el latón en algo vivo fue, en el artista, una actividad naturalísima. Acabada la representación de *La Fada*, se organizó un tren para Barcelona con 27 vagones de primera. Para explicar la trascendencia que el modernismo tuvo en Barcelona, este hecho es absolutamente decisivo.

Y de la serie de acontecimientos que se llaman las Fiestas de Sitges, la última fue el Belén del Cau del año 98. Utrillo modeló unas figuras y dirigió las líneas generales del pesebre, que contuvo una huida a Egipto verdaderamente magnífica. Rusiñol pintó una alegoría de ángeles que todavía se conserva. Las muchachas de Sitges cantaron canciones alusivas con un gusto exquisito. El Belén tuvo un éxito inmenso que contribuyó a popularizar y a mejorar el gusto de esta tradición tan fina.

El relato, o simplemente la enumeración de las efemérides ocurridas en el Cau en esta su época de esplendor, depasa nuestro objeto. En el extraordinario museo creado por Rusiñol hay un retrato de Enric Morera dirigiendo un Orfeón obrero. Esta entidad coral es puramente arbitraria porque en Sitges, en aquella época, no cantaban más que los serenos. Lo que no tiene nada de arbitrario es el motivo inicial que llevó al pintor a describir una escena semejante.

Nada podía producir a Rusiñol más placer que oír cantar a coro. Desde adolescente esta fue una de sus debilidades. Cantar u oír cantar. Por esto cuando el 11 de agosto de 1895 se le presentó en Sitges, de improviso, la masa completa del Orfeó Català con Millet y Morera al frente para cantar en su honor unas canciones, su satisfacción debió ser extraordinaria.

—Santiago —le dijo Mirabent—, Millet ha venido con el Orfeón, te están buscando...

Estos regalos, estas emocionadas iniciativas espontáneas, no las tuvo en su tiempo más que Rusiñol. Esto es señorío y rango. El concierto fue un delirio, de una calidad profunda, cordial, insuperada. En el programa dos autores: Clavé y Grieg. Clavé era la adolescencia de

Rusiñol, las barricadas y las bullangas. Grieg era el astro naciente en el cielo de la sensibilidad y tenía el frescor picante de la novedad. ¡Maravilloso sueño de una noche de verano!

Otro concierto inolvidable, este a puerta cerrada. Concertistas: Ysaÿe, Crickboom, Gillet, Chausson, Granados, Morera. El público era más reducido que los ejecutantes: las señoras de Crickboom y Chausson, Guidet, director del Teatro de la Monnaie, Rusiñol y Utrillo. El concierto, que comenzó a las diez de la noche, se terminó al día siguiente a las diez de la mañana. Hubo momentos de un tal frenesí musical que Rusiñol propuso la inmersión de las cabezas más febricitantes en el surtidor del Cau.

—¡Para algo ha de servirnos alguna vez el agua! —dijo Rusiñol mientras Ysaÿe hundía su enorme cabellera en el líquido del vaso.

El piano del Cau Ferrat es una auténtica reliquia. No pasó ninguna personalidad musical por el país durante cuarenta años que no lo utilizara. Pero quizá quien lo utilizó más horas fue don Manuel de Falla cuando compuso en él *El amor brujo*.

La masa coral rusa de trescientas personas de Slaviansky d'Agreneff tuvo en el primitivo Hipódromo de París un éxito inmenso. Era una masa de elevadísima calidad que dio a conocer por primera vez al occidente europeo el «Volga-Volga», la famosa canción de los remeros, o mejor de los sirgadores del gran río de las estepas rusas. Pero la *tournée* parisina acabó mal y en un momento determinado llegaron a Barcelona maltrechos, rotos, hambrientos, los residuos de aquel impresionante coro.

Las cualidades de los rusos eran tan grandes y tan

impresionantes que simultáneamente Maragall, Rusiñol, Fabra y Morera tuvieron la idea de hacer cantar a las chicas de Slaviansky algunas canciones catalanas. Fabra y Morera tuvieron la paciencia de enseñarles algunas canciones y el éxito fue tan grande que todo el mundo quedó maravillado. Con este motivo, nuestras viejas canciones populares tuvieron un momento de gran boga. *L'Avenç* publicó varias series de melodías que estaban casi olvidadas. En el comedor del Cau, frente a un Rusiñol extasiado, la imaginación suspensa en la infinitud del canto, el coro ruso hizo sus ensayos.

El día 21 de mayo de 1906, veinticuatro horas después del inolvidable desfile de la Solidaritat Catalana, Sitges recibió a los parlamentarios y, en su honor, el coro ruso cantó unas canciones que provocaron un altísimo entusiasmo. «De aquel coro —escribe Utrillo— sorprendía la perfección del canto, pero sobre todo el conjunto de voces puras, delgadas, claras, justas y la interpretación perfecta de los cantantes.» Don Joan Maragall escribió para el concierto una versión de la canción de San Ramón que tituló *La cançó de Sant Ramon, cantada per una russa*. La primera estrofa dice así:

La mare de Déu – un roser plantava.
La immòbil donzella – cantava encisada.
Els ulls admirats – del propi miracle...
En llavis eslaus – la mel catalana... *

* «La Virgen María plantaba un rosal. / La inmóvil doncella cantaba encantada. / Sus ojos admirados del propio milagro... / En labios eslavos la miel catalana...»

Fíjese el lector en estos cuatro versos, recuerde la plástica del modernismo y verá la similitud extraordinaria, el paralelismo de ambos. Estos cuatro versos son, probablemente, la quintaesencia del modernismo literario. En ellos, Maragall anexionaba al movimiento a la Virgen María en persona. No creo que sea necesario decir que el modernismo, que en las artes plásticas fue una catástrofe, tuvo en la pluma de Maragall, tamizado por su sensibilidad tan grande, aspectos verdaderamente curiosos, de una calidad indiscutible, innegable.

Para completar este largo periodo de la presencia de Rusiñol en Sitges, deberíamos hacer mención del Rusiñol callejero, animador de tertulias y grupos de cafés y tabernas, director de coros improvisados, autor de incontables chanzas, transformador del tiempo en deleite, humor o irisación mágica. Hacer sonreír a todo un pueblo durante treinta años, deslumbrarlo con la simpatía y la gracia, elevarlo en su dignidad con una filosofía abierta y tolerante, ¡qué envidiable apostolado! Cuando los cafés hayan totalmente desaparecido, se publicará un «Santiago Rusiñol, hombre de café», en el que los establecimientos de Sitges ocuparán un lugar dilatado. Para constancia recordaremos la tertulia del Prado, de donde salieron las figuras de las memorables *Cobla del Pensil* y de *Un casino de fora*; la del café de Baix a Mar, de Perc Forment, que fue pintado por Rusiñol y sus amigos; las reuniones en la fonda d'En Carcolse, las representaciones teatrales de innumerables obras en las que Rusiñol fue el actor y animador principal; sus visitas a la Escuela de Dibujo, en las que Rusiñol prodigaba a los chicos los consejos más paternales, las *xatonades* y *costellades* y excursiones campestres; el cariño que su simpatía provocó siempre en todos los estamentos, su bondad y generosidad inagotables...

En la historia de nuestra cultura, Rusiñol y Sitges son dos valores absolutamente inseparables.

Granada-Madrid. El Greco

En un capítulo anterior decíamos que Utrillo tuvo una forma de humor un poco alambicada; añadiremos ahora que a veces era recóndito y algunas, francamente incomprensible. Por esta época solía decir que en Sitges había un vino que despertaba el apetito de viajar. Bueno. La primera idea fue ir a La Meca pero don Arcadi Mas i Fondevila hizo observar que era quizá demasiado lejos. Poco tiempo después la prensa trajo la noticia que un oficial francés desconocido —se llamaba simplemente Joffre y era de Rivesaltes en el Rosellón— había entrado en Tombuctú. Utrillo —o sea el señor Domingo—, a quien siempre gustó la investigación, descubrió que un pariente del oficial francés vivía en Barcelona y era ingeniero en la Compañía del Gas Lebon. Fue enviada una carta al teniente Joffre pero no habiéndose recibido contestación y persistiendo la idea de ir a un país musulmán, se acordó ir a Andalucía. El grupo se compuso de Rusiñol, Utrillo, Mas i Fondevila y el aficionado Oller, que ya encontramos en la casa del Moulin de la Galette.

En Barcelona se añadió a los expedicionarios un pintor francés llamado Bonet-Pichon y cuando el tren arrancaba subió al vagón un joven alto, rubio, de aspecto nórdico. De entrada dijo que era pintor, alemán e hijo de un general. Cuando Pichon oyó que el alemán era hijo de un general declaró que su padre también lo era... Entre el francés y el alemán la frialdad fue instantánea, total.

Cuando el tren pasó por Sitges, los amigos les obsequiaron con toda clase de alimentos y bebidas y el llanto fue universal. En Madrid estuvieron el tiempo justo para dar una ojeada al Museo del Prado. Utrillo tuvo tiempo de escribir un artículo con algunas observaciones titulado «España vista por un extranjero».

Encontraron que Córdoba era de un islamismo pasado por agua y decidieron continuar hasta Granada. En la estación de esta ciudad tomaron un coche de una forma y ancianidad indescriptibles. Nunca creyeron que con semejante medio de locomoción se pudiera llegar a parte alguna. Los caballos eran pequeños y estaban en los huesos. Sin embargo, llegaron a la fonda en medio de un alegre repiqueteo de campanillas. La fonda era un hotel para ingleses y se dieron cuenta, ya a la hora de cenar, de que no era el lugar que les convenía. Al día siguiente alquilaron unas casitas en un carmen o gran jardín frente a la avenida que va al Generalife. El carmen pertenecía a los Campotéjar, rama española de los Pallavicini. Las casitas eran tres y de planta baja. Una se dedicó a taller; otra a cocina y comedor comunal. La tercera a dormitorio. Inmediatamente, cada uno de ellos escogió el sitio que le pareció mejor para pintar pero en estas empezó a llover y entre lluvia, llovizna e intermedios, la broma duró dieciséis días. ¡Dieciséis días sin poder salir a pintar!

La inmovilidad producida por los aguaceros agrió las relaciones entre el francés y el alemán. El francés no sabía el alemán y el alemán desconocía los matices del francés. Vista la imposibilidad de insultarse de palabra lo hicieron por escrito, llenando al efecto de palabras malsonantes las paredes de las casas y de la vecindad.

—Lo único que cabe hacer para acabar con todo esto es alquilar un intérprete —dijo Rusiñol a Utrillo—, así podrán desahogarse.

Fue buscado un intérprete pero no se encontró. Al parecer no hay intérpretes de injurias y de palabras gruesas. Estas cosas —dijeron los intérpretes granadinos— suelen terminar a puñetazos y a veces se desvía alguno. El asunto es malo.

Acabaron por marcharse. El hijo del general alemán se marchó a Málaga, donde tenía familia. El hijo del general francés, a Sevilla, donde se mezcló con el grupo que rodeaba a Zuloaga —que estaba a la sazón en la ciudad de la Giralda—. Reinó la paz.

El día de la llegada a Granada, Utrillo, que ya conocía el país, propuso un paseo nocturno para ver la ciudad. El paseo terminó yendo toda la comitiva a dar de bruces frente a un ribazo montañoso alto cien metros o más. Hicieron marcha atrás y anduvieron durante mucho tiempo por el laberinto de calles, sin saber dónde se encontraban. Llegaron con esto a una plazoleta situada detrás de un edificio que parecía un cuartel. Era la plazoleta de Realejo. En el centro de ella, tocada por la luna, había una glorieta de cipreses. Rusiñol se quedó contemplándola durante largo rato. La suavidad de la noche, el silencio de la ciudad, la luz espectral de la luna, los grandes nubarrones en el cielo de un azul profundo, la palidez de los muros encalados, daban a los cipreses de la plaza un aire de ensueño elegante. Esta glorieta fue la madre de los jardines de España. Años después, don Manuel de Falla quiso corresponder al prodigioso efecto que los jardines de España produjeron en Rusiñol y glorificar las consecuencias que produjo el descubrimiento inesperado y compuso en el Cau Ferrat de Sitges las *Noches en los jardines de España*.

El tiempo continuaba metido en aguas y don Arcadi Mas i Fondevila propuso buscar un país islámico más de secano. Sin embargo, Rusiñol decidió ponerse a pintar por las buenas. Colocó sus bártulos bajo los arcos del Generalife y empezó a trabajar a plena lluvia. Por ello y sin duda —solía decir—, «el Generalife me quedó, en los primeros cuadros, un poco húmedo». Sin mayor esfuerzo y a través de la cortina de agua, fue encontrado el rojizo de la Alhambra. Los primeros colorines... Cuando la lluvia cesó, el trabajo estaba encauzado.

Entonces comenzó la segunda conquista de Granada. Los catalanes descubrieron que en la ciudad salía un periódico llamado *El Defensor* y pronto fueron amigos de los elementos de la casa. En la redacción intimaron con un moro notabilísimo convertido al cristianismo, don Francisco de Paula Valladar, caballero de una bondad inagotable, muy inteligente, conocedor y enamorado de Granada como nadie. Al atardecer, terminado el trabajo en la Alhambra, el grupo se dirigía a la ciudad. El señor Valladar acogía a los artistas encantado. Gracias a sus innumerables y variadas relaciones y al prodigioso conocimiento que tenía de la ciudad, Rusiñol pudo, en Granada, escudriñarlo todo: iglesias, conventos, casas, palacios, rincones, cuadros, esculturas, objetos de todas clases, cuevas del Sacromonte, los barrios altos y los barrios bajos. Las puertas se le abrieron de par en par. Por otra parte, el señor Valladar supo rodear a los artistas de un ambiente de vivísima cordialidad. Rusiñol, con su simpatía inagotable, echó el resto; fue amigo de todo el mundo, desde la alta aristocracia hasta la turbamulta de gitanos.

Rusiñol llegó a ser célebre en Granada. Se compenetró tanto con la gente que estando allí formó parte siempre, por derecho propio, de los jurados de cante y baile flamencos. A pesar de que la fiesta de los toros no le interesó jamás, ni desde el punto de vista estético, le concedieron los granadinos un pomposo diploma nombrándole «El Niño de la Rambla». El grupo llegó a tener un prestigio indiscutible. Cuando años más tarde se quiso perpetrar el atentado de hacer pasar un tranvía por la cuesta de Gómerez, que es el eje de los jardines de la Alhambra, un artículo anónimo pero cuya paternidad ha de atribuirse a Rusiñol-Utrillo, publicado en Barcelona, impidió que la cosa se llevara a cabo. Dejaron amistades sólidas, relaciones entrañables, admiraciones que no se desmintieron jamás. En los artículos que Rusiñol y Utrillo escribieron sobre Andalucía, especialmente sobre Granada, artículos que son un poco esquemáticos, se ve que, aparte del entusiasmo explícito que respiran, les quedó de Andalucía un recuerdo de gran vivacidad. Rusiñol hablaba perfectamente el andaluz y se comía las letras con absoluta naturalidad. Siempre observé que una de las maneras más corrientes que tiene el catalán para hacerse entender en castellano consiste en hablar en andaluz. No sé por qué será.

Rusiñol trabajó como siempre: de una manera incansable. Además de los jardines, glorietas, parques y jardines de la Alhambra y del Generalife, pintó muchos interiores de la ciudad y los jardines del palacio de Víznar. Víznar está cerca de Huétor. Un prelado que había residido largos años en Italia se hizo construir allí una fábrica de gusto italiano. Sobre los cuadros que Rusiñol pintó en Víznar hay una confusión que importa desvanecer. Muchos creen que son de Mallorca. No. Los jardines de Víznar... son de Víznar.

Rusiñol a Daudet: «¡Si supieras qué contento estoy! Comprenderás que cuando cae la tarde, en el Generalife, delante de la tela con mi caja de colores, no siento pasar las horas. En Andalucía siempre hay alguien que canta en la carretera inmediata y este canto lo coge otra persona que está más lejos y otra que lo está todavía más, hasta que se pierde en la oscuridad. Solo hay dos cosas que me gustan más que eso: contemplar mis objetos de Sitges y pasearme en verano, al azar, entre dos luces, por las calles de París».

En Granada, nacieron los jardines de España. Desde entonces Rusiñol no pintó más que jardines. En Mallorca intercaló algún paisaje. ¡Treinta y cinco años de jardines de España! Frente a esta magna obra que abarca algunos centenares de cuadros, sería ocioso hablar de influencias. Esta pintura será, si se quiere, meramente descriptiva, superficial: el artista comprende el encanto poético de lo que pinta y lo expresa con gran claridad. Nada más. Años más tarde Rusiñol dirá que la mayoría de los jardines que pintó —Aranjuez, Valencia, Gerona, el Laberinto, los jardines de Italia— eran obra de arquitectos y de jardineros. Solo los cármenes de Granada tienen la traza de haber sido construidos por poetas.

De pronto, el trabajo en Granada se interrumpe.

Estando en plena producción y prosiguiendo la conquista, hizo su aparición la compañía del célebre cómico Riquelme. Riquelme era gran amigo de Rusiñol. Este con Utrillo y Oller decidieron entrar en el elenco y dedicarse al teatro una temporada. Mas i Fondevila regresó a Cataluña. Don Arcadi había contraído una extraña enfermedad. Tenía la saliva negruzca a consecuencia de haber respirado excesivamente —decía Santiago— el humazo de los quinqués de petróleo al apagarse.

Rusiñol, Utrillo y Oller trabajaron en la compañía de Riquelme en Granada, Córdoba y Málaga. Hicieron papeles de poca importancia. El acento catalán les impidió desarrollar en todo su esplendor las virtudes teatrales de que estaban adornados. Rusiñol, mientras tanto, pintó dos retratos de tamaño natural del actor Riquelme y de su bellísima consorte, en la Caleta, de Málaga. Tuvo varios ataques, muy fuertes, de artritismo agudo y usó y abusó de las drogas heroicas y de los calmantes.

La compañía se disolvió en Córdoba. El grupo de pintores quedó a la expectativa, flotando. Se deliberó y después de concienzudo examen se acordó regresar, vía Madrid, a los lares familiares. En realidad, la bolsa había comenzado a flaquear.

Las obras que Rusiñol trajo de esta primera estancia en Andalucía fueron expuestas antes en París que en Barcelona. La exposición tuvo un gran éxito y la impresión fue considerable. Los «jardines de España» pasaron a ser un color de la gama sensible de la época como Venecia era una gama en la obra de Marcel Proust. El crítico Thiebault-Lissar escribirá ante estos cuadros: «Santiago Rusiñol no es ni impresionista ni clasicizante; es él; y en él no se sabe qué apreciar más: la exactitud de sus sentimientos o la facilidad en pintarlos; la delicadeza de su colorido o la elección afortunada de los temas pintados».

Subrayar la nota de personalidad inconfundible que hubo siempre en la obra de Rusiñol es un acierto. Fue siempre él. Cuando en 1898 fue expuesta en Barcelona esta primera muestra de jardines, le salieron a Rusiñol imitadores innumerables. La fórmula era, al parecer, de rendimiento fácil. Rusiñol decía: «En arte, los principios no han podido nunca nada por sí mismos, su eficacia solo puede medirse por los efectos que este o el otro han podido sacar de ellos». Cuando se tienen buenos principios, este empirismo es exacto.

Y desde un principio la característica de esta obra ingente será siempre la misma: una tristeza, una melancolía, una personalísima delicuescencia. El vínculo que une a Rusiñol con sus temas es una acedia secreta. Esta pintura será superficial pero en general es refinadamente poética y de una tristeza abrumadora. Casi todos los jardines que pintó son literalmente lúgubres —como era lúgubre el pintor que los trasladaba al lienzo.

En la época de París, se subrayaba de Rusiñol la fuerza de sugestión dramática que sus cuadros tenían. Ahora, los observadores más avisados recogen de estos jardines —y mientras se va consolidando la fama de ser Rusiñol un empedernido y barbudo arlequín— su melancolía. «Las graves y melancólicas elegancias de sus jardines...», escribe el crítico francés ya aludido. Y Opisso: «Rusiñol es el poeta de las alegrías que pasan y de las tristezas que quedan».

La intención de los expedicionarios, al llegar a Madrid, era hacer una detenida visita a los Grecos del Museo del Prado. El entusiasmo de Rusiñol por el pintor griego iba cada año en aumento.

Era el 10 de febrero de 1896. Rusiñol y Utrillo se levantaron temprano. Estaban desayunando en el café del hotel de la calle de Alcalá donde habían pasado la noche, cuando se produjo en la ciudad un fenómeno fantástico. De pronto se oyó un ruido espantoso, de una intensidad y un fragor indescriptibles. El cielo estaba sereno y tenía aquel azul metálico de los climas altos y secos. No amenazaba tempestad alguna. Ante la fragorosa explosión la gente empezó a correr como alocada. Los desmayos fueron numerosos; otros parecían atacados de histerismo y del mal de San Vito. ¡Un bólido!, ¡un bólido...!, decía gritando la gente. Y en efecto: había estallado un bólido a unos 50 kilómetros encima de Madrid.

Terminado el desayuno, Rusiñol y Utrillo fueron a un hotel de la calle de Santa Ana, donde habían dormido Sánchez Ortiz y Palomero. Palomero era el factótum de *Gedeón* y hombre muy inteligente. No habían oído nada... Juntos fueron al museo. Por aquel entonces el Greco no tenía en el Prado sala propia. Sus telas estaban desperdigadas por las salas generales. La gente pasaba delante de ellas indiferente.

Hicieron un recorrido minucioso a los Grecos del museo. Ante algunos de sus retratos y sobre todo delante de *El caballero de la espada*, el entusiasmo de Rusiñol se desbordó. Todas sus imaginaciones sobre el valor inmenso del pintor quedaban confirmadas con creces. Salieron tarde y si, al salir, alguien les hubiera hablado del bólido la reacción hubiera sido violenta.

Tomaron un simón y fueron a almorzar a la Bombilla. Se encontraban a medio almuerzo, cuando apareció en el local otro grupo de pintores catalanes. Estos venían de París y el objeto del viaje era ver a Velázquez.

El crítico parisién Paul Lefort lo acababa de descubrir y en unos artículos de revista había demostrado que Velázquez pintaba muy bien. Rusiñol contestó hablando del Greco. Sorpresa general...; ¿quién era el Greco? En el Museo del Louvre —dijo uno de ellos— no hay ningún Greco... Como siempre entre catalanes, la discusión se agrió y se hizo interminable... Por fortuna, las reflexiones que siempre produce la presentación de la cuenta disolvieron la acritud.

Regresaron todos a Madrid y habiéndoles la discusión despertado la sed, entraron en la Cervecería Inglesa. La Cervecería Inglesa era en aquel momento el local mejor de Madrid, el que tenía una clientela más distinguida. Estaba situada en la Carrera de San Jerónimo, en la misma casa que ahora ocupa el Teatro Victoria. En el piso principal de la casa, estaba el Círculo Conservador. En otro piso vivía el marqués de Pidal. Al lado del establecimiento se instaló la primera horchatería valenciana que se abrió en Madrid, que era servida por camareras rozagantes, con unos trabajos de peluquería soberbios.

La llegada al local de aquel numeroso grupo de chambergos grasientos, de puros y pipas, grupo que metía un insólito ruido y parecía estar capitaneado por un andaluz dicharachero, produjo en el público una desagradable sorpresa. En una de las mesas contiguas estaba el duque de Veragua; en otra, el faraónico y silencioso Guerrita; los hermanos Gasset, de *El Imparcial*, presidían otra mesa. El *pale ale* que pidieron, que estaba riquísimo, les desembarazó todavía más la lengua. Estaban a punto de iniciarse las protestas cuando Sánchez Ortiz, que vio la cosa mal parada, se revistió de valor. Se levantó y sin pedir permiso a nadie, pero con gran simpatía, empezó a presentar a las gentes... Resultó que, de nombre, todos se conocían. Se juntaron las mesas. Rusiñol pidió una ronda global de *pale ale*. Las demostraciones de efusión amistosa se sucedieron. El ambiente se hizo agradabilísimo.

Naturalmente se habló mucho más de arte que del bólido, y Rusiñol, obsesionado, llevó las cosas hacia el Greco. Algunos de aquellos señores habían oído nombrar vagamente a aquel pintor. Otros conocían algo de su obra. Para la mayoría fue una sorpresa... En general, la tendencia fue quitar importancia y mérito al pintor de Creta. Cuando acabaron todos de hablar, Rusiñol hizo un panegírico calurosísimo del pintor. Afirmó que era uno de los más grandes artistas que habían existido y anunció su resurrección...

—Pero si es un pintor desconocido... —dijo Veragua.

—¿Desconocido, dice usted? —replicó Rusiñol—. Yo le digo que en Cataluña tiene el Greco una tal popularidad que si yo quiero se levantará, por suscripción popular, un monumento en Sitges...

—¿Dónde dice usted? —preguntó Guerrita.

—En Sitges —contestó Utrillo muy serio.

El duque, Guerrita, los hermanos Gasset y Méndez Bringa, que estaba en otra mesa, envolvieron a Rusiñol con una mirada de lástima y de escepticismo.

Y de aquí nació la primera idea de levantar un monumento al Greco. En realidad, aquello había sido una apuesta y de ella habló el «todo Madrid» de la época. Un monumento al Greco... «¡Qué ocurrencia!», decía la gente. El grupo de artistas perdió el tren varios días seguidos. Rusiñol iba de café en café, de casino en casino, de mesa en mesa, hablando del Greco. Los parroquianos de la Cervecería Inglesa y muchas otras personas, pensando que lo del monumento no pasaría de la imaginación rusiñolesca, suscribieron cantidades para su erección —cantidades que, por cierto, no se hicieron nunca efectivas—. Más tarde, don Juan Espina, presidente de una sociedad artística de Madrid, abrió una suscripción para el monumento.

Cuando Rusiñol y sus amigos llegaron a Sitges después de su larga excursión, fueron recibidos por el pueblo con más calor que otras veces. Según Utrillo, los artículos de Andalucía fueron más leídos que los de París, los cuales interesaron exclusivamente a una minoría. Así pues, al llegar, las fuerzas vivas ofrecieron a Rusiñol una cena. Fue un acto amistoso, absolutamente cordial, saturado de buena voluntad. Brindaron muchas personas —el champagne francés fue abundantísimo— pero los discursos fueron un poco penosos. Ante Rusiñol, el pie forzado fue siempre hablar de arte, pero hablar de arte, ahora y mucho más entonces, es bastante difícil. Además, en los brindis y en general en las manifestaciones oratorias, sucede casi siempre que los oradores no tienen nada que decir y por ello estas elucubraciones suelen acabar en el puro fastidio. Rusiñol fue un grande, un enorme orador de tipo normal europeo —*un causeur*—. Su peculiar sentido de humor y su afinadísimo sentido del ridículo (*«Ep, Tiago!»*, solía decir en el momento pre-emotivo) impidieron que tendiera a lanzar párrafos grandilocuentes y a decir tonterías. No hablaba más que cuando tenía algo gracioso que decir, que era casi siempre, y desde luego, el tono era familiar y corriente. Puede decirse que Rusiñol, tanto si pintaba como si escribía, tanto si hablaba como si leía, se atraía al público siempre.

La cena hubiera terminado, pues, en una avalancha de declaraciones de amistad y derramando todos lágrimas de emoción, cuando se levantó Utrillo. Y a Utrillo se le ocurrió traducir al catalán para los asistentes la conversación que Santiago Rusiñol había tenido en la Cervecería Inglesa de Madrid con los habituales del establecimiento. Cuando le tocó el turno a Rusiñol, corroboró la exactitud de lo dicho por Utrillo... La suscripción para erigir el monumento al Greco se inició *ipso facto* en medio de gran entusiasmo. Los ciudadanos de Sitges suscribieron una sustanciosa cantidad, suficiente para cubrir los cimientos y poner la primera piedra.

Después de la cena se les ocurrió a muchos asistentes preguntarse quién era el Greco. Se sabía solo que Rusiñol decía que era un gran pintor pero noticias del pintor no se tenían.

—¿Tú sabes algo del Greco? —preguntó Rusiñol a Utrillo.

—Yo poco o casi nada, mejor dicho...

—Esto hay que arreglarlo porque haremos un papel ridículo. Hay que pedirle a Casellas que escriba unos artículos.

Casellas buscó por todas partes con el entusiasmo que ponía en estas cosas. Casellas había abandonado la tintorería para dedicarse a la crítica artística. Al final publicó unos artículos, con grandes novedades, y explicó quién fue y cómo y cuándo vivió el pintor de Creta. Se acordó encargar a Reynés, que era el escultor de turno en Sitges, que se ocupara del monumento. Reynés había hecho el célebre «jarrón» del parque y era fuerte en escultura funeraria. Levantaba panteones de cementerio espaciosos y soberbios. Lo del Greco es horrible, pero es como todo lo de la época. Además, es igual, porque lo interesante es que existe.

Con esto se fue acercando el verano y a Utrillo llegó la noticia de que don Nicolás Salmerón con su familia vendrían a veranear a Sitges, ignorados y tranquilos. En el pueblo la noticia produjo una inmensa sensación —tanto como la que produciría hoy la llegada de cualquier personalidad europea de primer plano—. Cuando don Nicolás descendió del vagón fue objeto de un recibimiento magnífico, al que se asociaron amigos y enemigos políticos, si es que los tuvo. El conspicuo repúblico se hospedó en la casa que fue del pintor Mirabent y para celebrar su llegada hubo serenata, recepción, puros y malvasía a todo pasto y *Marsellesa* con *solo* que cantó un ciudadano federal de toda la vida —el único federal que entonces había en Sitges—, el ciudadano Muntaner.

En el pueblo, Salmerón llegó a ser estimadísimo. Su modestia, su humildad, su obsesión por pasar desapercibido, conmovieron al pueblo. Esto en un aspecto. A los suburenses les entraron, por otra parte, unas ganas irrefrenables de *escuchar* —como se decía entonces— a don Nicolás, ya que su fama de orador era grandiosa, dilatadísima. Para crear un pretexto y hacer que Salmerón pronunciara un discurso, se acordó —ya que el monumento al Greco no estaba ni empezado— ponerle la primera piedra. Salmerón accedió a asociarse a la fiesta. Los carpinteros salieron un día a la playa y levantaron una plataforma. Rusiñol escribió un discurso cuidadosamente. Otros oradores remozaron *in mente* los tópicos del arte, Grecia, Creta, Toledo, el *Mare Nostrum*... Los escritos de Casellas fueron fusilados, como suele decirse, de norte a sur y de este a oeste.

Cuando llegó el día señalado, Salmerón pronunció el esperado gran discurso, fijos los ojos serenos del orador en las aguas del mar Mediterráneo. Poca cosa tuvo la oración, claro está, sobre el Greco, pero fue lo que el público quería: una catarata verbal de bellísimas palabras y de párrafos grandilocuentes, en los que el mar latino jugó un papel importantísimo. Al final don Nicolás se arrancó con un canto a Cataluña que produjo una sensación tremenda. No hay que olvidar que entonces, Salmerón, con Castelar, representaban, en el movimiento general republicano, el unitarismo contra el federalismo que encarnaba don Francesc Pi i Margall.

La fiesta fue un gran éxito y una de las más espontáneas de las que se celebraron en Sitges. Fue éxito por su significación artística, por la presencia de Salmerón y porque fue el inicio de la amistad profunda que unió a Rusiñol con Ángel Ganivet. Ganivet asistió al acto perdido entre el público. Fue descubierto y por la noche, en el banquete, aquel hombre desconocido y tímido, que tenía en la cara la tristeza de las casas de huéspedes y de las soledades que había sufrido, fue sentado casi a la fuerza junto a Salmerón en la presidencia. Cuando todo el mundo se hubo ido, Ganivet habló varias horas, ante un pequeño grupo de amigos, de las amargas obsesiones de su vida. Algunos, pocos, años después, se suicidó en Riga.

Cuando llegó la noticia de la fiesta de Sitges a la Cervecería Inglesa de Madrid, se produjo una cierta efervescencia. Se tuvo la impresión de que el monumento iba en serio. La presencia activa de Salmerón en el acto fue apreciada notoriamente. Don Nicolás fue un hombre tan estimado por todos los que le trataron y conocieron que vivió rodeado de un universal respeto. Su bondad, su tolerancia, su elevada comprensión no se discutieron jamás. Dejó la presidencia de la República por no querer firmar una sentencia de muerte y, exilado en París, aceptó ser el consejero jurídico, el abogado, de doña Isabel II, exilada como él en la capital francesa. Entre Salmerón, Ganivet y Rusiñol la ceremonia de la colocación de la primera piedra del monumento al Greco creó vínculos de amistad que solo la muerte rompió, andando el tiempo.

Rusiñol, escritor

Rusiñol empezó a escribir por las mismas razones que explican lo demás que hizo en la vida: porque le gustaba, para pasar el rato, para no aburrirse, para leer luego las cuartillas a los amigos y serles agradable. Probablemente se encontró solo alguna tarde lluviosa, sin poder salir a pintar o metido en algún café o taberna, al atardecer, sin nada en que ocuparse... Entonces, sobre un papel cualquiera, un lápiz en la mano, vertió sobre el papel lo que le pareció más adecuado. Luego, al leerlo a los amigos, resultó que lo escrito tenía gracia y era muy personal —muy Santiago—. Cuatro o cinco improvisaciones de este tipo están en la base del Santiago Rusiñol literato.

Escribir en catalán es muy difícil. Y lo será cada día más si una normalidad política de un siglo no permite atornillar fuerte la flojedad. La lengua no está fijada; los instrumentos para su manejo son toscos y primarios. Este país se ha pasado varios siglos sin hacer, en este aspecto, absolutamente nada. Cuando, haciendo un esfuerzo supremo, las últimas generaciones trataron de decir algo, sucedió lo siguiente: siendo la cosa literaria una segregación esencialmente ciudadana y estando, sin embargo, la lengua en el campo, resultó que no hubo manera de paralelizar ambos hechos. La tendencia que tiene el catalán a provenzalizar, a alambicarse, a jugar con las meras palabras, acentuó todavía la cosa. Y así, en el mismo momento de nacer, los síntomas de vejez y de decrepitud eran innumerables. Salieron unos escritores prodigiosamente amaestrados que ofuscaron —sí, ofuscaron— a Ausiàs March. Pero la trascendencia social de este esplendor mortuorio fue nula, insignificante. Surgió como máximo un regimiento de pedantes.

Digo, pues, que llegar a escribir una página clara, tersa, unida, densa, matizada y divertida y conforme, claro está, al gusto general de una época, no puede ser objeto jamás de improvisación. Es una labor que requiere infinito esfuerzo y sobre todo un sentido de humildad y de sacrificio constante. Podrá aparecer un caso de gran fuerza individual, el hombre dotado hasta límites incomparablemente personales. Pero una flor no es el verano. En nuestro caso, la fórmula no saldrá nunca de un cenáculo. La fórmula la dio Verdaguer, cuando a través de la maravilla de su prosa impuso un orden y una claridad al lenguaje popular. Por el momento, si de lo que se trata es de arraigar un espíritu en un grupo social, no se puede hacer más. Y Verdaguer no provenía de una tradición de prosa madurada. En este punto, repito, no hay nada en este país que haya llegado a sazón. Verdaguer lo que tuvo fue un conocimiento de la lengua como un buen payés de la plana de Vic —conocimiento que Maragall, barcelonés, no llegó acaso a tener.

Rusiñol fue ante todo pintor. Él mismo proclamó la primacía de su vida, de la pintura sobre toda otra actividad. Sin embargo, escribió muchísimo y —digámoslo francamente— escribió mal, escribió, a veces espantosamente mal, de una manera descuidada, anárquica, en un estado constante de abandono y de incuria total. Escribió con una asombrosa facilidad, a caño libre. Sin tachar nada, luego, al leer las cuartillas a los amigos se daba cuenta de lo que faltaba o de lo que sobraba —generalmente de lo que sobraba—. Y entonces tachaba párrafos enteros, con una absoluta frialdad.

Esto ha de subrayarse. Así como frente a lo que pintaba era insensible a toda insinuación exterior, ante lo que escribía necesitaba casi el concurso externo. No gustando de cerrar lo que escribía en los cajones de su casa, leía sus escritos con suma facilidad. No se hacía rogar. Si, por ejemplo, durante la lectura llegaba un amigo y expresaba el deseo de conocer la obra desde el principio, volvía, como si nada, a empezar. Si de este diálogo nacía la necesidad de eliminar poco o mucho, lo hacía, como he dicho, con gran frialdad. Si, por el contrario, alguien sugería la necesidad de completar lo escrito o desviarlo en un sentido u otro, recogía, si le parecía bien, la sugestión, sin pestañear. En la obra literaria de Rusiñol ha colaborado muchísima gente sin darse cuenta. Y así han trabajado siempre los escritores, incluso los que han creído vivir en la torre de marfil más cerrada.

Estas lecturas de Rusiñol producían un efecto mágico. La voz de Santiago era tan agradable, su matización tan completa, el tono tan humano, que cuando leía sus escritos se producía un milagro: incluso sus trabajos más abandonados, los que contienen más escoria, los menos sensibles a la ortografía, a la sintaxis, y a la ilación lógica, se transfiguraban, se convertían en algo prodigioso. Todas las fallas desaparecían y quedaba solo flotando ante el auditorio lo que Rusiñol había puesto de espíritu, es decir: la delicuescencia sentimental o el humorismo amargo. Luego, trata uno de resucitar, con la lectura directa, la magia que con su voz Rusiñol había creado y la resurrección se hace difícil porque la escoria inútil pesa demasiado.

Así y todo, siempre quedará de Rusiñol una antología de trescientas páginas absolutamente adorable. Algunos de sus paisajes —ya lo veremos más adelante— son una maravilla de luz y de color. Pero la literatura de Rusiñol fue una literatura esencialmente hablada, una literatura más para ser escuchada que para ser leída y por esta razón, a la corta o la larga, había fatalmente de dedicarse a escribir para el teatro. Y digamos finalmente, para terminar con este aspecto de la personalidad de Rusiñol, que a pesar de todos los pesares hemos de estarle infinitamente agradecidos por haber tenido siempre presente la necesidad de dar a la literatura una trascendencia social —por haber pensado en el lector, en una palabra—. Esto, cierto, hubiera podido hacerse mejor. «El escritor que cuida demasiado el estilo es que no tiene nada que decir; el que no lo cuida valdría más que no dijese nada.» Si Rusiñol se hubiera atenido a esta máxima, su valor literario hubiera sido considerable. Pero repito: a pesar de todo, Rusiñol nos hizo un bien impagable.

Rusiñol empezó a escribir en *La Vanguardia* artículos sobre temas de arte, solicitados por Sánchez Ortiz. Luego, después del 88, con motivo de su estancia en París comenzó una serie de libros —que primero fueron crónicas— esencialmente autobiográficos. *Desde el Molino* es el libro de Montmartre. *Impresiones de arte* es el piso del quai Bourbon y el viaje a Italia. Mi tendencia al escribir esta biografía ha sido utilizar lo menos posible lo escrito sobre sí mismo por Rusiñol, para no caer en la redundancia y, por el contrario, completarlo con aportaciones nuevas o poco conocidas. Sin embargo, hay en *Impresiones de arte* unos párrafos que por constituir una verdadera profesión de fe y un autorretrato han de recogerse: «Compónese el personal de la casa —escribe refiriéndose al piso aludido— de cuatro personas distintas y cuatro naturalezas. Las cuatro están unidas por los vínculos del arte, por el afán de hallar en el trabajo un descanso que será definitivo y seguro según promesas de gentes que entienden de estas cosas, por la fe en los goces del espíritu y la profunda admiración por las cosas de la plástica, por una esperanza que raya en lo candoroso y también, aunque sea cursi hablar de patria en estos momentos no-históricos, para poder hablar nuestra lengua cuando el corazón nos lo demanda y acudan los entusiasmos con tal prisa que no es posible soltarlos en lengua ajena.

»Los cuatro... marchamos de acuerdo en un sinfín de detalles de la vida y estamos de acuerdo en muchos puntos importantes. En arte, sentimos profunda admiración por el pasado, tenemos algún escarmiento por el presente y en cuanto al porvenir ni lo vemos de un color de rosa claro, ni de negro turbio, creyendo que sea cual fuere el camino que el porvenir nos depare hay que seguir andando so pena de quedarnos sentados delante de la puerta de la casa; en política tenemos la de no tener ninguna; sabemos de cierto que no somos partidarios de los que mandan, que los que mandaron antes no responden tampoco a nuestro programa político y en este ramo sí que esperamos, aunque sin gran esperanza, que pase algún Gobierno, o lo que sea, que cuide un poco del prójimo, tan descuidado hasta ahora.

»En cuanto a bienes materiales deseamos un bienestar pasadero para alimentar nuestras manías, la inspiración de vez en cuando de un comprador de obras modestas y, suficientemente recatados, el arranque de hacerse retratar de alguna persona pudiente de facciones regulares que deponga en nosotros su confianza, venga provisto de una buena voluntad, el artículo de fe de algún prójimo bondadoso que estudie nuestro arte para seguir estudiando con encarnizamiento digno de mejor causa, digno de otro personal; y por fin tocante a bienes morales, la conservación intacta de un buen humor a prueba de contrariedades y disgustos y la alegría del alma como espléndido regalo de la que suele ser avara de otras cosas, la espléndida naturaleza».

En aquella época todo esto era inusitado y singular; hoy nos parece de un buen sentido bastante prosaico. A esta serie de libros autobiográficos, se añadirá enseguida *Anant pel món*, en el cual se recogen impresiones de Cataluña y de España, recuerdos de infancia y escenas y tipos de la vida de París, y *Fulls de la vida*, con ilustraciones de Pichot, que es un libro de la misma tendencia literaria. *Anant pel món* es el primer libro catalán de Rusiñol y constituye su entrada en el movimiento intelectual de este país. El libro fue editado por *L'Avenç*, curioso cenáculo naturalista-decadentista-simbolista-confusionista que recoge un curioso momento poético (Maragall), ortográfico (Fabra) y musical (Orfeó Català) y vive de una despierta curiosidad por el movimiento intelectual universal. *L'Avenç*, en una palabra, encarnará el modernismo en su aspecto literario, que tendrá también un fondo gótico como en la pintura, en la decoración y en general en todas las artes.

Inmediatamente después de este periodo, aparece el Rusiñol simbolista, el de *Els caminants de la terra* y el de *Oracions*. *Oracions* es la obra magna de este periodo. Volvamos un momento la vista atrás. Rusiñol quiere ser feliz, busca la felicidad. No la encuentra. ¿Por qué no podemos ser felices? Porque hay unas fuerzas que se oponen a ello. En la obra de Rusiñol estas fuerzas están reiteradamente enumeradas, son los pensamientos el *seny* del señor Esteve, el espíritu de la burguesía, la materia, el progreso moderno. En su obra hay una sátira constante, una crítica implacable de estas cosas importantísimas: ellas se oponen a la poesía, a la belleza, al logro de la felicidad.

Es muy posible que una de las mayores ilusiones de Rusiñol hubiese sido decirnos en qué consiste la felicidad y el ideal. Si no hubiera sido un hombre que pintó, escribió y habló siempre de primera intención, si hubiera tenido una mentalidad esotérica, se hubiera hecho la ilusión de que nos las describía. No habiendo sido esto posible, se contentó con rezar a las formas que el ideal adopta en la vida terrestre, a las formas intermedias entre el ideal inexplicable y la realidad vulgar. Estas formas son los símbolos. *Oracions* es un libro de rezos a los símbolos —«tomando ahora la palabra *oracions*», dice Utrillo, «en el sentido que se le da cuando lo que se dice, murmura o piensa es rezado»—. «Ante los símbolos —añade— Rusiñol tenía momentos en que se encontraba muy cerca de los éxtasis místicos, que místico lo fue siempre algo, aunque por falta de orgullo lo escondiese. En aquellos momentos parecía un caminante del desierto casi inconsciente, viendo el destello que le cautivaba, recordándolo, admirándolo, sin querer saber si era verdad o mentira.»

Este libro motivó dos cartas muy curiosas, la primera, del canónigo Collell. Don Jaume había conocido a Rusiñol niño porque había sido entrante de la casa de Manlleu. «He recibido —decía— la agradable visita de *Oracions* y podéis creer que si todo eso que llamáis *modernismo* fuera así, pronto haríamos las paces. Por un libro como ese merecéis que Dios os colme el alma con un rayo abundante de fe, de la fe verdadera y positiva, de la fe que, asegurándonos un mundo mejor, nos hace trabajar con ardor y perseverancia en esta vida. Sin que os deis cuenta, querido Santiago, añoráis la religión única, fuente inagotable de idealismo. Vuestro libro contiene páginas de una poesía mística de primera fuerza y cuando nos veamos os hablaré de ello detenidamente.»

Y don Joan Maragall le escribe: «He leído y vuelvo a leer tus *Oracions*. Es un libro saturado de esencia de poesía, lleno de tu personalidad artística. Debo decirte que mi sentimiento de la vida y del arte difiere del tuyo ("Al sol", "A la boira", "Als infants", "A la mort"), pero esto es igual: eres un poeta y por esto sientes las cosas seriamente y haces sentir aspectos de las cosas tan verdaderos como pueden verlos otros. Te diré que tu oración "Al amor" es poesía *summa*: es de las cosas más hermosas que he leído en mi vida y en ella está todo. Jamás habías llegado a tanto y difícilmente volverás a escribir una cosa como esa. Es un *crescendo* de alma de los que uno siente (quien tiene la suerte de sentirlo) pocas veces en la vida».

Alrededor de *Oracions* se produjo una cierta bambolla porque algunas personas influyeron para presentarlo como un libro de un panteísta —y, por lo tanto, de un incrédulo—. Algunas autoridades eclesiásticas trataron de servirse de don Albert Rusiñol para que el libro fuera retirado de las librerías. El libro es panteísta, cierto, pero a la manera poética del simbolismo; tiene aspectos verdaderamente típicos de la personalidad de Rusiñol, de su tendencia hacia las cosas indeterminadas e inaccesibles. Y como todo lo de su obra más íntimamente unido a su sensibilidad, *Oracions* es un libro triste.

Si *Oracions* es el libro del simbolismo de cenáculo y de la torre de marfil —esta clase de torres se están poniendo ahora muy de moda—, *L'alegria que passa* es el simbolismo acercado a la comprensión general, popularizado, el simbolismo de entrada general.

Casi simultáneamente a sus primeros ensayos literarios, Rusiñol escribe para el teatro. Son los monólogos. *L'home de l'orgue* fue estrenado en 1890 en el Teatro Novedades por el gran Fontova, cómico de una naturalidad genial. Fue un fracaso y Fontova murió pocos días después, por razones que no tuvieron nada que ver con la obra, claro. *El sarau de Llotja*, curiosa pintura de un baile de la época de juventud del artista, fue estrenada por Goula, sin mayor resultado. Rusiñol quedó un poco sorprendido, sin fundamento, a mi entender. ¿Cómo podía tener éxito un teatro tan sencillo y tan natural en el momento en que el gusto va detrás de los trucos y tiradas grandilocuentes de don José Echegaray? Pero en esto como en todo, Rusiñol tuvo suerte. Llegó cuando lo que se trataba de desplazar se caía ya de puro viejo y tronado. El aire fresco —aunque simbolista— de *L'alegria que passa* acabó con los dramones de Dumas hijo y de sus adláteres nacionales. Con esta obra, que tiene una frescura inmarcesible, escribió dos cosas más, bastante flojas: *El jardí abandonat* se estrenó en una sesión íntima en Venecia, traducida al italiano por Vittorio Pica. No se ha dado nunca aquí, pero hay una traducción francesa. *Cigales i formigues*, estrenada tímidamente por la entonces incipiente cantante Maria Gay, con música de Morera, fue un fuego de virutas sin importancia.

La primera obra de categoría, quizá lo mejor que Rusiñol ha escrito para el teatro, es su *L'alegria que passa*. Esta obra tiene una historia absolutamente santiaguesca, que voy brevemente a relatar. *L'alegria que passa* está relacionada con la presencia en Barcelona de monsieur Banquerel, que fue un tipazo.

No se sabe exactamente si monsieur Banquerel llegó a levantar pesos de cien kilos, como él afirmaba, pero es indudable que tuvo, después de la guerra del 70, una taberna abierta en Hamburgo, valiéndose del truco de hacerse pasar por español. Casi lo era: había nacido en el Rosellón y tenía pocas manías. Cuando cerraba la puerta que daba a la calle principal, entornaba la puerta escusada y así la juventud de la ciudad, rezumando cerveza, encontraba facilidades para cantar el

Meine liebe, meine liebe,
meine liebe, Hansa Stads

hasta las primeras luces del alba.

Ganó dinero, cambió los marcos en francos y compró un circo ambulante. Modesto, claro; una tienda con un palo central, barras y pesos, dos caballos, tres chicas jóvenes, dos señoras de edad, un orquestión y los maridos y hermanos de las feminidades. Esta tropa levantaba pesos, ponía y enrollaba alfombras, pasaba la cuerda, se columpiaba en los anillos, daba volteretas y hacía cabriolas, y en general ocultaba el hambre con sonrisas pálidas. En medio de ellos, Banquerel, hecho un brazo de mar, vestido con una gran casaca azul con botones de oro y unos altos zapatos de charol de montar, un tupé de cabellos considerable, daba órdenes y contraórdenes, hacía restallar el látigo y pagaba tarde y mal.

Hacia el año 90, Banquerel llegó a Barcelona. Estaba gordo, reluciente, era muy de buen ver y hablaba con una prosopopeya hinchada. Llevaba mangala. Instaló su circo y alquiló personal. Pronto se hizo amigo de los noctámbulos de la ciudad.

Banquerel decía conocer toda la funambulería universal y explicaba historias fantásticas. Conocía a los Rizzarelli, ases del trapecio, que acabaron teniendo un restaurante en la rue des Martyres, en Montmartre; a la familia Silbons; a la señorita Spalterini, que pasó el Niágara en bicicleta sobre una cuerda rígida; a Arsens, primer premio del Conservatorio de Madrid, auténtico fenómeno, que pasaba la maroma vestido de guerrero tocando dos cornetines a las vez. También había tratado al *clown* Charles Rozner, que hacía el salto mortal de la cabeza a la cola de una diligencia de las que hacían el trayecto entre Gerona y Perpiñán. Era amigo de Medrano, protagonista de una españolada que se había representado en París en la época de Édouard Manet y que se titulaba *Medrano le bandit*. Medrano llegó a tener en París una gran popularidad y en su honor fue bautizado un circo cuya resonancia ha sido considerable. Finalmente mostraba retratos dedicados y cartas de todo el mundo: de Tony Grice, de Mr. Loyal, de los Ferroni y hasta aseguraba conocer a los Alegría, sin saber que estos vivían en Barcelona, donde eran muy estimados.

Josep M. Jordà y Carles Costa hablaron de Banquerel a Rusiñol y lo presentaron como hombre prodigioso y de conversación agradable. Rusiñol y su tertulia del Prado de Sitges creyeron que sería muy divertido traer a la población un payaso pagado, que llegase a la estación ya pintado y vestido. Banquerel prometió un payaso magnífico, irresistible, y se cerró el trato sin que el funámbulo demostrara un excesivo interés en el precio.

El día señalado, Rusiñol y sus amigos lo esperaron en la fonda. De pronto se vio venir de la parte de la estación un grupo de chiquillos gritando: «*Ja ve! Ja ve!*». Los habitantes salieron a la calle intrigados. Algunos creyeron que volvían los carlistas y otros, los cipayos. Detrás de los chiquillos marchaba un hombre vestido de amarillo, con unos pantalones de moro y unos dibujos de trencilla negra encima. Era todo blanco de cara y de cabeza y del centro del cráneo le salía un gran tupé de cabellos negros, abombado e imponente. El payaso andaba con la cabeza lacia y triste, arrastraba los pies y parecía llevar un gran peso cuando en realidad no llevaba más que, colgado del brazo, un abrigo de entretiempo. Parecía presidir un entierro. Seguía la comisión organizadora, es decir, los amigos de Barcelona que habían de presentar el payaso a Rusiñol, entre los que destacaba monsieur Banquerel, orondo e imponente.

Llegado a la puerta de la fonda, se concentró ante él, formando un gran círculo, toda la chiquillería del pueblo. Los chiquillos, como una bandada de gorriones, habían abandonado la escuela. El payaso se situó en el umbral de la puerta e hizo unos saludos muy serio, como si despidiera un duelo. Luego entró dentro y en el comedor se dejó caer en una silla y con voz desfallecida preguntó si podían darle algún alimento. Tenía una mano en el estómago y con la otra se aguantaba la frente.

Se le preguntó si estaba cansado y contestó negativamente pero hizo al mismo tiempo un gesto con la cabeza para indicar que sí lo estaba. Le fue traído pan con tomate y comió con gran apetito y bebió dos petricones de vino. Tenía mucha hambre y mucha sed. Esto era evidente.

Cuando presentó síntomas de una cierta restauración Rusiñol y la *colla* decidieron ir a dar una vuelta por el pueblo. Con una condición, sin embargo, que el payaso no hiciera ninguna payasada y que el paseo transcurriera acompasado y serio. Salieron todos y empezaron a andar hacia la playa con una normalidad absoluta, perfecta. Habrían andado unos cien pasos cuando al ver el payaso que nadie le decía nada, ni se le hacía ninguna broma, ni se producía el menor síntoma de extrañeza, le dijo a Rusiñol esta cosa estupenda:

—¿Se ve que usted está muy de broma, verdad?

—¿Y usted, no está de broma? —preguntole Rusiñol.

—¿Yo? —contestó el pobre hombre—. Es la primera vez que hago el *ximple* de esta forma y para no volver a pasar el calvario que he pasado en el tren, primero me tiro de cabeza al mar.

Creyendo que toda su combinación se caía por los suelos, Banquerel palideció. Trató de dar una satisfacción, Rusiñol le rogó que se mantuviera quieto. Llevó el payaso aparte, le dio el jornal convenido, un sombrero para sustituir la peluca y unas pesetas para el tren y la taberna. Cuando se hubo quitado la ropa de payaso, su cara resplandecía de alegría. Se marchó contentísimo.

Banquerel presenció todas estas operaciones con un aire mustio y disgustado. Creía que Rusiñol se había contrariado. Pero Rusiñol le dio un abrazo y le felicitó por haberle traído un payaso original y auténtico. Luego se fueron todos a comer y Banquerel contó historias e improvisaciones de una grandiosidad europea.

En Sitges, la llegada del payaso produjo sensación y se habló durante mucho tiempo de la efeméride.

Pocos días después de lo sucedido, Rusiñol leyó, en una velada del Cau Ferrat, los primeros fragmentos de un cuadro representable que se desarrollaba en la pequeña plazuela del pueblo que cae sobre la carretera. El barbero y el cerrajero —el *manyà*— ya estaban en las cuartillas. Utrillo sugirió lo de la capilla. La canción de la calma, trenzada con los rezos y plegarias lejanas, daba la ilusión de un pueblo alejado del mundanal ruido. Entonces los automóviles estaban todavía en París y en las carreteras solitarias no había más que carros y tartanas. La idea del payaso-filósofo fue un compromiso entre el payaso de Banquerel y la psicología de un amigo de Rusiñol que estrenó el papel cuando don Adrià Gual dio la obra por primera vez en la segunda sesión del Teatre Íntim. El hijo del alcalde era un fiel retrato de otro amigo de Rusiñol, que tenía un padre que no quería que su hijo tuviera libros. Los otros personajes son ilusión del espíritu del autor. La obra fue un éxito esplendoroso al ser leída.

La música que puso Morera a *L'alegria que passa* la redondeó de calidad. La música de la entrada de los saltimbanquis en el pueblo da una impresión exacta de la llegada de la vida, de la esperanza y de la alegría en un pueblo carcomido por la pequeñez de la existencia y el pecado capital del país: la envidia. (En este punto Rusiñol aprovecha la ocasión, como siempre, para hacer su sátira del sistema burgués.) El vals, que sirve de melopea a lo que dice la chica, sugiere un circo, con caballos, bailarinas, anillos, trapecios, *clowns* y otras fantasías y a través de esta música se sienten los trallazos y se ve andar de una parte a otra, con sus botas de montar de charol y su casaca azul de botones dorados, su bigote engomado y su tupé a monsieur Banquerel, empresario de circo.

Reestrenada en italiano por la eminente Italia Vitaliani, la representó luego Loreto Prado y fue traducida y editada en francés.

Después de esta temporada de simbolismo teatral, durante la cual tuvo que hacer Rusiñol algunos esfuerzos para ver representar sus obras, entró en lo que había de ser su manera definitiva: basó su teatro en la vena satírica. La primera obra de este tipo, *Els Jocs Florals de Canprosa*, es una sátira feroz de la literatura de Guimerà y de sus discípulos, quiero decir, de la literatura de grano duro, de ruralismo espeso, de resonancia cavernosa.

Mallorca-Valencia. El pintor-poeta

Después del patio de los Arrayanes, de los jardines y cármenes granadinos, Rusiñol pintó los jardines del laberinto de los marqueses de Alfarràs. Parece estar ya en posesión de su fórmula definitiva: grandes manchas monocromas; verde esmeralda casi uniforme para las copas de los árboles; grandes extensiones de color canela, más o menos impregnadas de violeta, para la tierra; una estructuración formal rígida, basada en una concepción de la perspectiva absolutamente ortodoxa. Y sobre esto, el sentimentalismo, la melancolía dada a chorros. Cuando Rusiñol encuentra un jardín abandonado —pero no tan abandonado que haya perdido su forma— se entusiasma. Cuando el jardín es nuevo sabe darle la pátina de los años. El jardín se convierte en la forma de la naturaleza más adaptada a su sensibilidad crecientemente literaria. El jardín construye la figura del pintor-poeta.

Espiritual, hastiado de la realidad, soportándola estoicamente pero odiándola, sin sentir ninguna forma de curiosidad por sus formas externas, Rusiñol pinta un compromiso: pinta la realidad previamente embellecida, aliñada. No siente el paisaje abierto, aireado, sano, sino que busca el paisaje cerrado por la geometría, recluido, casi perfumado. Busca en el paisaje no la realidad, sino el artificio, lo que el vegetal, la tierra o la geometría pueden tener de excitante de las tendencias más tembleteantes del corazón humano. Y de los jardines, prefiere sobre todo los tristes, los melancólicos, los más dramáticos. El sentimentalismo, lo que vulgarmente se llama la literatura, le ahoga. Algunos de los jardines que pintó Rusiñol tienen una tristeza feroz, una lobreguez febricitante, enfermiza. Es una concepción de la belleza que, cuando no suspira, solloza. Es el cuadro de asunto íntimo sin figuras humanas: el drama íntimo mudo. Es la perspectiva rezumando lágrimas.

Rusiñol ha sido siempre presentado como un afrancesado exquisito. En las ideas, en los gustos, en su espíritu lo fue. Ahora, lo que finalmente hay que decir es que en la enorme masa de pintura que nos ha dejado Rusiñol, en la imponente masa de sus jardines, no hay sombra de afrancesamiento alguno, reminiscencia alguna de gusto francés. El *gaulois*, cuando pinta, cae generalmente en el linfatismo, como las mujeres del norte, pero el viejo Clouet, de Chantilly, pesa como el oro y Cézanne, como el granito. El *gaulois*, cuando está en la buena línea, tiene avideces realistas acordadas a su robusta complexión. El jardín, como tema pictórico, más que cosa francesa, parece provenir de los italianos. La pintura italiana, que ha tenido siempre un punto de fría artificialidad, encontró siempre en la teoría del jardín un tema permanente, constante. Así, Rusiñol, que siempre fue presentado como un pintor de París, es en realidad —hora es ya de decirlo— un pintor, si no italiano, al menos italianizante.

Si se relaciona el final de estas consideraciones con lo que dijimos al principio de este libro, resulta una curiosa paradoja. Rusiñol, que comenzó su carrera de pintor, de jefe de grupo iconoclasta contra los últimos residuos fortunyescos italianizantes —los pintores que anegaban su melancolía en los zumos de naranja de las lagunas pontinas y en la cartulina postal veneciana—, se convirtió, desde Granada, en el continuador de esta tendencia, en lo que esta tendencia tenía de más característico —el irrealismo— aunque naturalmente adaptando su pintura a un gusto más *up to date*.

Luego empezó la época de Mallorca. Como buen mediterráneo, Rusiñol tenía ante el mar un terror pánico. Se mareaba. Costó Dios y ayuda hacerle embarcar en el vapor de la Puerta de la Paz. ¡Si se pudiera ir en tartana!, decía cabizbajo. Al final, el charco fue pasado y el artista que fue a Mallorca por quince días se quedó seis meses ininterrumpidos. Luego volvió otra vez a Palma. Rusiñol adoraba Mallorca. Las formas de la vida antigua y parsimoniosa de la isla le encantaban. El libro que dedicó a Mallorca, *L'Illa de la calma*, que algunos creen que es una sátira, es el documento más tierno, más dulce, más encomiástico que nos ha dejado don Santiago.

Rusiñol llegó muy fresco a Palma. Desintoxicado de las drogas y operado de su vieja y crónica afección renal. Trabajó enormemente. Pintó y escribió con un ardor fantástico. Aparte de las pinturas que dejó vendidas en Mallorca y de los plafones que pintó en el comedor del Gran Hotel, hizo en Barcelona, al regresar, una rozagante exposición de treinta y seis grandes cuadros. Dejó a todo el mundo pasmado.

A los tres días de desembarcar, ya era el amo. La simpatía de Rusiñol fue siempre muy grande: en Mallorca fue una explosión de entusiasmo. Las criaturas le seguían. Los mayores le adoraban. Escribía sobre el mármol de las mesas de Can Tomeu. Se paseaba por el Borne, con Mir o los amigos —*un pam més alt que tots nosaltres*—. Al atardecer iba al Salón Beethoven, donde a su alrededor se reunían Joan Marquès, Antoni Noguera, Joan Alcover, Costa i Llobera, Gabriel Alomar, Joaquim Mir, Enric Alzamora, Joan B. Ensenyat, Miquel Sarmiento, Josep Socies, Joan Sureda, Miquel Capllonch, Joan Lluís Estelrich, Miquel Marquès, Miquel S. Oliver y otros muchos, es decir, toda la intelectualidad. Rusiñol fue el alma de aquel grupo verdaderamente notable. Aquello fue una verdadera *llar* mallorquina. «Cuando se apagó el fuego —ha escrito Joaquim Domènech— la nidada que había tenido allí su cobijo echó a volar en diversos caminos. Muchos de aquellos pájaros han batido las alas en el cielo luminoso de la Gloria. Pero la *llar* que encendió Rusiñol, epifanía del alma de Mallorca, continúa apagada.» Y si esto ha podido escribirse de las relaciones de Rusiñol con el grupo literario, ¡qué no podríamos decir del contacto del artista con los pintores! Con algunos, como Gelabert y Ferrà, llegó a tener una camaradería entrañable. Pero, además, Rusiñol, que no limitó nunca sus amistades, llegó a conocer a todo el mundo. Trabó estrecha amistad con la familia de don Antonio Maura y con uno de sus hijos, Antonio, que de joven fue una bala perdida y tiene ahora una gran situación en la Argentina, fue Rusiñol como un hermano... Con este Maura, solía Rusiñol disfrazarse de bandido de *Carmen* y salían al campo a dar sorpresas a los amigos, «asaltando» las tartanas, y hacían divertidas españoladas.

Rusiñol pintó en Palma, en Alfàbia, en Biniaraix, en Pollensa. Correteó naturalmente por la costa norte, pero por fortuna no limitó su pintura a los peñascales de la isla, sino que pintó también la media montaña, las hondonadas salientes y perfumadas de hierbas y los jardines románticos. Encontró temas incomparablemente adaptados a su sensibilidad. Hoy ya no puede discutirse que Rusiñol, Mir y Degouve de Nuncques fueron los descubridores de Mallorca como valor plástico. Rusiñol, de los tres, es el más completo. Mir quedó embrujado en la hojalatería mineral de la costa norte. Degouve acabó pintando las grutas y lo más escenográfico. Rusiñol hizo casi todo: el peñascal, la media montaña y los jardines. Le faltó el llano, que es lo más bello. El llano, en el que, decía Oliver,

L'aire és transparència
i la llum és or;
l'aire beu l'essència
*dels favars en flor.**

Hay en Mallorca un asunto que sume a Rusiñol en el puro melancólico deliquio: son las puestas de sol. Ya lo hizo notar Oliver en su libro-guía *La ciutat de Mallorques.* Don Llorenç Riber lo confirma. Estando en Pollensa, Rusiñol y Mir subían casi cada tarde al Castell del Rei. El castillo del rey don Jaime III de Mallorca. Esta gloriosa ruina tenía todavía entonces unos arcos ojivales —que más tarde cayeron—. Desde estos arcos se divisaba un enorme panorama. Se veía una grandiosa extensión de tierra y de mar. «Desde allí —escribe Riber— se puede contemplar uno de los más grandiosos espectácu-

* «El aire es transparencia / y la luz es oro; / el aire bebe la esencia / de las habas en flor.»

los que Dios haya dado a contemplar a ojos humanos: la puesta de sol sobre el mar.» Subían al castillo Rusiñol y Mir, ebrios de luz, en desorden el cabello y la barba, los ojos dilatados. Frente al espectáculo, aquellos dos hombres gesticulaban un rato. Luego quedaban sumidos en una inmovilidad extasiada, embebidos en la contemplación. La tierra quedaba envuelta en un vaho de color de miel transparente, rubia y dorada. El sol entraba en el mar en medio de una magnificencia soberana. El cielo y las aguas se afinaban, entraban en la palidez ligeramente azulada del desmayo, naufragaba en el crepúsculo con una delicuescencia que se iba, cada minuto, adelgazando... Un día que la puesta de sol no les gustó, la silbaron.

¡Cómo debía gozar Rusiñol del espectáculo! Lo panorámico es triste. La ilimitación es melancólica. Deja un vacío en el estómago y en el cerebro insondable. La dispersión externa, la sensación de infinitud, la grandiosidad cósmica desplazaban a Rusiñol a aquellos estados en que se complació tanto de vaguedad flotante e incierta, de desfibración sentimental, de ensoñación vegetal. A Mir este régimen de puesta de sol continuado le hizo rozar la locura y estuvo a punto de ser destrozado. Rubén Darío, cuando no le querían vender alcohol, se emborrachaba con ferroquina en las farmacias. Rubén es como la momia de un indio flotando en las aguas densas e inmóviles de un mar soñado. Canta desesperado y rígido, momificado:

> ¿Y esta claridad latina
> de qué me sirvió
> en la entrada de la mina
> del yo y del no yo?

Rusiñol no llegó a tanto. Combatió el vacío de su tristeza con sus medios habituales: con alcohol, con drogas, con tabaco. En el fondo de su desesperación exacerbada, quedó siempre un resquicio de buen sentido. No en vano don Santiago es el nieto de su abuelo, el Sr. Esteve. Esto resiste las puestas de sol, las cuevas de Artà y cosas mucho más graves. Esto es ser algo. Un día, en el valle de Esporles, en Banyalbufar, donde ha ido a beber la malvasía de aquellos viñedos que tocan casi las ondas amargas. La mañana es radiante. Los ruiseñores cantan.

—¿Qué me decís, Rusiñol, de este delirio de ruiseñores? —le pregunta mosén Riber, con su unción fina, mallorquina y eclesiástica.

—No estaría bien que alabara a la familia —le contesta con una sonrisa bondadosa don Santiago.

Rusiñol siempre se salva. El embrutecimiento que produce la tristeza no se notó, en él, hasta los últimos años de su vida. Su espíritu, su gracia, las formas de su humor —que el éxito mantuvo en un tono de ilusión constante— fueron sus defensas naturales. El peso de la amargura, el implacable tedio de la vida, fueron aligerados por su gracia, por la capacidad de superar con la ilusión la decepción inevitable. En el retrato literario que le hizo Alcover, esto está recogido y expresado de una manera elegante:

Tu, en la viventa flama del sol, aboques l'oli
*de l'íntima il·lusió...**

Además, el trabajo le salva también en los momentos difíciles. Después de las borracheras de luz, de la

* «Tú en la viviente llama del sol viertes el aceite / de la íntima ilusión.»

vaguedad enervante, de la pasividad contemplativa, se recluye en los jardines. En Mallorca hay bellísimos jardines, de estricto gusto italiano, que son los que Rusiñol más aprecia. La tristeza que emana de ellos es menos peligrosa, más de estar por casa, más habituada a su espíritu. Y entonces, la resonancia del viaje llega al punto álgido. Esta resonancia se la hacen los poetas y es como un prólogo a la que tuvieron los *Jardines de España*. Cuando los poetas observan que Rusiñol traslada al lienzo lo que ellos han cantado, lo que aman entrañablemente, vuelcan en su honor ditirambos exquisitos. Oliver, Alcover, Costa i Llobera, Alomar, han cantado una belleza que tuvo en la isla su eclosión más alta en los jardines de Raixa. Aquella poesía de las cosas viejas, de las entradas señoriales, de los cipreses, los mirtos y los surtidores llenos de musgo y de hierbas tristes, de los palacios vetustos y las calles solitarias, aquellos vestigios de una historia noble que va derrumbándose de día en día... esto que cantan los poetas es precisamente lo que Rusiñol pinta. La concordancia de Oliver y Alcover, sobre todo, con Rusiñol es de una impresionante exactitud. Rusiñol encontraba aquel jardín de Alcover:

Jasmilers, acàcies, caminals d'arena,
xiprer adormit
que amb la rama plena
d'ales invisibles passaves la nit
*i a l'alba semblaves torre d'harmonia...**

* «Jazmines, acacias, caminos de arena, / ciprés dormido / que con la rama llena / de alas invisibles pasabas la noche / y al alba parecías torre de harmonía...»

Y Rusiñol, qué había hecho sino recoger aquellas *lletanies d'enamorament* en las que M. S. Oliver había evocado la sombra de Julieta pasando por los jardines de la Mallorca señorial, pasando

per les ignorades
flors esfulladisses
dels nostres jardins
mortes de fa estona;
per les balconades
totes perfumades
de no sé de quins
torbadors i tràgics perfums de Verona;
per les balaustrades
totes ennoblides,
totes amarades
de sols i serenes,
d'aures exquisides,
de veus aflautades
i de lluna plena;
per l'hora radiant
de Julieta pura;
pel cor bategant
i el cel que fulgura;
per les grans parpelles
de passió mig closes;
pel cantar d'aloses
i les albes clares i les nits d'estrelles
*i el florir de roses!**

* «¡por las ignoradas / flores deshojadizas / de nuestros jardines / muertas hace rato; / por los balcones / todos perfumados / de no sé qué / turbadores y trágicos perfumes de Verona; / por las

¿Y no irá buscando Rusiñol toda la vida, en su larga y amarga peregrinación por los jardines de España —y de Italia—, aquel arquetipo de jardín que nos describió don Joan Alcover en la estupenda elegía de su vida? Aquella elegía que empieza así:

Faune mutilat,
brollador eixut,
jardí desolat
*de ma joventut...**

Rusiñol encontró, pues, en Mallorca, no solo temas pictóricos y literarios que sirvieron admirablemente a su sensibilidad, no solo el calor de una popularidad que su espíritu necesitaba como un excitante de su vida, sino una resonancia extremadamente matizada en un núcleo intelectual de primera categoría. Mallorca, tierra de poetas, ofrece a Rusiñol una comprensión exquisita que será seguida pocos años después de la exaltación cordial con que acogerán los intelectuales españoles sus jardines. Ahora no se trata ya del tópico periodístico y populachero de «Rusiñol el optimista», de «el alegre Rusiñol», de «Rusiñol arlequín» y otras zarandajas por el estilo. Ni siquiera se alude a aquellas rosas anacreónticas que crecieron en el jardín de Safo, que, por envidia

---

balaustradas / todas ennoblecidas, / todas impregnadas / de soles y serenas, / de auras exquisitas, / de voces aflautadas / y de luna llena; / por la hora radiante / de Julieta pura; / por el corazón palpitante / y el cielo que fulgura; / por los grandes párpados / entrecerrados de pasión; / por el cantar de alondras / y las albas claras y las noches de estrellas / y el florecer de rosas!»

* «Fauno mutilado, / seco surtidor, / jardín desolado / de mi juventud...»

de sus éxitos sentimentales, quisieron ofrecerle como corona sus más tenaces y conspicuos enemigos. Ahora trata de verse al artista en profundidad, se juzga de la calidad de sus medios expresivos y del resultado de sus afanes pictóricos y literarios. No se le exalta como un iconoclasta, sino como un captador de las luces y sombras de la época. ¿Es poco? ¡Beato Rusiñol! ¡Si todos al fin y a la postre pudiéramos decir lo mismo!

En Palma, Rusiñol encontró a don Antoni Gaudí. Era cuando el famoso arquitecto, brazo de cíclope como se le llamaba, estaba haciendo las obras de la catedral que han sido tan discutidas. En aquella época, era de ritual, cuando se encontraba a Gaudí, preguntarle:

—¿Cuándo cree usted que estará terminada la Sagrada Familia, don Antoni?

Rusiñol le hizo esta pregunta y Gaudí le contestó lo que en estos casos solía:

—Una catedral no es nunca la obra de la generación que la empezó.

»Una catedral no la ven nunca terminada los que iniciaron su construcción.

»Una catedral es la obra de dos o tres o cuatro generaciones, a veces de dos o tres siglos...

—Pero —atajó Rusiñol— ¿usted cree que dentro de tres o cuatro siglos habrá todavía religión?

Gaudí quedó mudo, estupefacto, yerto. Le sucedía siempre lo mismo cuando, en su presencia, alguien hablaba mal de la religión católica.

Pasaron muchos años y un día don Santiago acompañó a Carmen Cobeña y a su marido Federico Oliver a visitar la Sagrada Familia y con este motivo fueron presentados a Gaudí. Oliver le hizo al célebre arquitecto la consabida pregunta de cuándo terminarían las obras de la basílica. Rusiñol sirvió de intérprete.

—Dígale usted —dijo Gaudí— que la basílica estará terminada, gracias a Dios, dentro de trescientos o de cuatrocientos años, aunque haya personas que crean que entonces ya no habrá religión...

Ahora, el turno le tocó a Rusiñol de quedar mudo y sorprendido.

En Mallorca, Rusiñol trabajó muchísimo. Pictóricamente, esta es una de las épocas más felices de su vida. Los paisajes de la costa norte de Mallorca, como los que hizo Mir, son pura hojalatería, pero lo que pintó en el llano y en la media montaña tiene una calidad indiscutible. Su magnífico *Sóller* fue comprado por el Gobierno francés con destino al Museo del Luxemburgo. *Sa coma de Valldemossa* obtuvo primera medalla en la Exposición Internacional de Arte de Barcelona. Pero, además, escribió muchísimo. Aparte de *L'Illa de la calma*, que es uno de sus libros mejores por contener los trozos de prosa más sensibles que salieron de su pluma y por tener un pálpito de cordialidad y de admiración aderezado con un humorismo amable y levísimo. Escribió también en Palma *El pati blau*, *Els Jocs Florals de Canprosa*, *L'hèroe*, *El poble gris*, aparte de las vueltas que fue dando la obsesión de su vida: *L'auca del senyor Esteve*.

Desde el punto de vista cronológico, las primeras exploraciones de Rusiñol en Valencia se sincronizan casi con las de Mallorca. Como en todas partes donde Rusiñol pasó, su llegada a Valencia, que fue la de un desconocido, se trocó a los pocos días, gracias a su simpatía fabulosa, en una franca curiosidad cordialísima. En el momento de marchar dejó en Valencia amigos que lo fueron toda la vida. Y no solamente en el campo llamado intelectual —campo que a Rusiñol le hizo siempre mucha gracia— sino en todos los estamentos. El interés que tuvo siempre nuestro artista en buscar el jardín recóndito, íntimo, familiar, le abrió las puertas de innumerables casas y la amistad entrañable de muchísimas familias. Rusiñol, que es presentado como un bohemio situado en un suburbio remoto y marginal, fue el intelectual de su tiempo que conoció más «familias», que tuvo un *entregent* más denso y dilatado.

Rusiñol decía siempre que descubrir Valencia le había costado años y que sus sorpresas eran incesantes. Es cierto. Valencia es un mundo, una superposición de civilizaciones de la más alta calidad. Tiene rincones cerrados, casi secretos, de un encanto inefable. Rusiñol empezó pintando, en tierra valenciana, los calvarios —pintó entre otros, el de Sagunto—. Son paisajes de colores duros, blancos furiosos, cielos monótonos y desamueblados, de una botánica pobre y lineal, que tienen la particularidad de contener figuras —gente del país vestida de negro— en arrobo ante las piedras sagradas. Es una pintura un poco delgada, un esfuerzo para pintar lo impintable. Luego, entró en el género de los jardines particulares, más umbrosos, de una luz menos cruda, más potable. Como todos los temas de este tipo, los jardines cerrados de Valencia dieron a Rusiñol un gran rendimiento artístico y satisfacciones íntimas considerables. Rusiñol amó siempre a Valencia de un amor entrañable. Fue una de las ciudades que más le comprendieron y las formas de su humor, tan catalán, tan típico de la burguesía barcelonesa, tuvieron siempre, en la ciudad hermana, una repercusión entusiasta.

En esta Valencia arcaica, campesina y provincial, tan distinta de la actual, Rusiñol debió encontrarse a sus anchas. Como más tarde Gerona, la Valencia del fin de siglo, debió recordarle las formas de vida de la Barcelona de su adolescencia —de aquel barrio de Santa Maria que la Reforma destrozó para siempre—. En Valencia no había fábricas, ni huelgas, ni obreros industriales, ni progreso material. Había, en cambio, carros, payeses, cafés, noctámbulos y una vida lenta y sosegada. Es lo que siempre le gustó más. No es extraño, pues, que en sus viajes de Barcelona a Madrid y Aranjuez, su camino pasara tantas veces por Valencia y que en esta ciudad se detuviera a pintar o a escribir a veces temporadas largas.

«Rusiñol trajo a nuestro ambiente de arte —ha escrito Eduard L. Chávarri, valenciano— una palpitación nueva: pintores y literatos vieron removido profundamente su mundo estético y una nueva espiritualidad surgió en Valencia... Descubrió perspectivas, luces, asuntos y sobre todo "horas de paisaje" que hasta su llegada no habían sido sospechadas a pesar de que "estaban ahí". Levantó una inmensa simpatía y naturalmente una gran polémica. ¡Cómo recordamos las discusiones juveniles de que "el negro no existe", de las "sombras azules", de los "matices complementarios", de la "fusión de los colores en la retina, no en la paleta..."!» Eran los ecos valencianos de la discusión que Rusiñol levantó en toda España, es decir, el eco de la presencia del artista en la gran polémica artística europea.

Así, mientras iba pintando calvarios, acequias, pinares y jardines, fue realizando Rusiñol una labor de agitación espiritual incesante —que en esta labor fue incansable durante toda su vida—. En la redacción de

Las Provincias, este viejo y noble papel al que dio gloria don Teodoro Llorente, encontró Rusiñol un refugio donde escribió y leyó muchas cosas a sus amigos. «No pocas primicias de sus obras literarias fueron saboreadas entre nosotros y no pocas ovaciones sinceras —escribe siempre Chávarri— fueron el prólogo entusiasta de las que luego el público había de repetir. Luego, a última hora, noctámbulos impenitentes, nos íbamos a saludar los aldabones de San Martín y la portada románica de la Seo.»

El fin de siglo: Els Quatre Gats

Van pasando los años. Llegamos al fin de siglo. Astronómicamente el fin de siglo no fue nada. El siglo se terminó, sin pena ni gloria, como suelen terminar los siglos. Sin embargo, lo que se llama el «fin de siglo» fue en España un verdadero galimatías. En 1900, Rusiñol tiene 39 años. Ha nacido el 61. Treinta y nueve años absolutamente vividos. En la existencia del artista, el «fin de siglo» coincidió con la intervención quirúrgica que dio como resultado la eliminación de un riñón, lo que dio a su cuerpo como una vida nueva. Alomar dice entonces que con la intervención quirúrgica que le devolvió la salud, Rusiñol perdió las tristezas inútiles y las alegrías febriles. Y Utrillo sale radiante. «Gracias a Dios —escribe—, ya se podrá hablar de Rusiñol y de lo que hace sin aludir a la melancolía, a la morfina y a las drogas tan criticadas: por primera vez será posible ver en la obra de Rusiñol al hombre de espíritu, la elección rápida de los colores, una mayor alegría de los cielos, la hinchazón saludable de las nubes, es decir, la obra de un hombre que tiene salud y dicta cosas ponderadas... Pasaron los tiempos de las interesantes pinturas influidas por el estado del alma, como señoritas lánguidas paseando por bosques de lirios y de violetas, o con novicios abrasados de angustia y de torturas. Y todavía estamos más lejos de las parisinas transparentes, convulsas y de pupilas dilatadas. Todo el mundo está hoy convencido de la influencia que tuvieron las fases de malestar y de salud en la obra de Rusiñol.»

Estos fueron los ecos del efecto excepcional que produjo en Barcelona la exposición de los treinta y seis grandes cuadros que Rusiñol trajo de Mallorca. Esta exposición señala a mi entender la entrada triunfal del pintor en las colecciones particulares del tiempo. Es la primera exposición que Rusiñol hace de gran rendimiento económico. Rusiñol se convierte en el primer pintor del país. Esto, por sí solo, es suficiente para marear al más fuerte. Sin embargo, Rusiñol se carga con la cruz con una sonrisa. Y es que tiene salud, aunque menos de la que la gente cree, desde luego. Esto lo vieron los poetas mallorquines. Sin embargo, tiene más salud. Y la vida de Rusiñol entra en un torbellino —en el torbellino del llamado «fin de siglo»—. Para explicarlo con una cierta claridad me ha parecido que lo más eficaz era seguir un orden por materias —para decirlo pedantescamente—. Además, tenga en cuenta el lector que el «fin de siglo» no es una fecha estricta, sino un periodo que a mí me parece comprendido entre estos dos años topes: 1898-1902.

Desde el punto de vista local barcelonés el «fin de siglo» fue, en primer término, el café de Els Quatre Gats, que Pere Romeu, teniendo como mentores a Rusiñol y Utrillo, instaló en la calle de Montsió. Este fue un café modernista con telarañas, lejana reminiscencia del

Chat Noir de Montmartre, pero sin *chansonniers*. Els Quatre Gats fue la apoteosis del hombre vestido de artista, del hombre con melena, chambergo, chalina, pantalones a lo zuavo, higiene dudosa y pipa. Este café-restaurante tuvo dos curiosas atracciones: las sombras chinescas, en cuyo negocio estuvo siempre más o menos metido Utrillo, y los títeres, los estupendos *putxinel·lis* de Juli Pi.

Romeu era un hombre alto, flaco, huesudo como un Don Quijote, un poco caído, con una melena larga y flácida y un sombrero de alas anchas inmenso. Cuando se inclinaba le caían los cabellos sobre la cara y parecía un animal extraño. Romeu tenía un estupendo tipo de bohemio, pero en realidad era un *sportman*. Amaba el deporte. El florete, los primeros automóviles, el alpinismo, las bicicletas, el mar, la vela, el remo. Tomaba todo el año baños de mar, pero daba siempre la misma impresión de abandono, de suciedad y de miseria.

Els Quatre Gats no fue nunca un negocio. A Romeu no le importó jamás la parte administrativa del asunto: en cambio, presidió siempre la mesa en que se sentaban los artistas. Era cazador. Los días de pago, le entraba a Romeu una comezón irrefrenable por la caza y nada ni nadie hubiera podido retenerle. Con una escopeta y la canana, con perro o sin él, se iba al Vallès o a cualquier lado. Cuando sentía la seguridad de que la totalidad de los acreedores habían desfilado por la casa, llegaba satisfecho empuñando un medio conejo o un tres cuartos de conejo, que probablemente había comprado.

En el café había una mesa muy larga, con un sillón capitular en una de sus cabeceras. La mesa era para los artistas. El sillón lo ocupaba Romeu con una cierta prosopopeya afectada. Los demás se sentaban en las sillas y gracias. La mesa estaba vedada a lo que Romeu llamaba la «vulgaridad». Alrededor de esta mesa, se sentaron dos grupos netamente diferentes y en el fondo inconciliables. El primero, presidido por Rusiñol, teniendo como principales adláteres a Casas y Utrillo, reunía un grupo de artistas que socialmente, a su manera, había ya triunfado. El otro grupo, dirigido por Picasso, estaba formado por Manolo, Mir, Nonell, Canals y los jóvenes. Entre Rusiñol y Picasso había una diferencia de edad apreciable, pero había sobre todo diferencias estéticas unidas por abismos insondables. Rusiñol y Casas eran apreciados por los jóvenes por lo que habían traído de París de más sensible: las sinfonías en gris, de Whistler. Mir, que odiaba a Rusiñol, adoraba los grises de Santiago. Rusiñol en este momento es ya un artista absolutamente *placé*. Picasso, en cambio, da la impresión de un tigrezuelo fosforescente y electrizado. Los primeros están ya de vuelta de París. Los otros tratan de encaramarse al estribo y marchar. Ramon Pichot hacía la *navette* entre los dos grupos, renqueando.

El café estaba montado sobre este curiosísimo principio comercial: el desprecio olímpico del propietario por su clientela. Cuando un camarero le anunciaba a Romeu la llegada de unos clientes postulando la pretensión de cenar, hacía un gesto de dureza y no podía disimular su indignación:

—¿También estos quieren cenar? —decía—. ¡Qué animales! Esto no puede continuar ni un momento más...

Romeu solía ir a veces al mercado, a comprar. Compraba a base del dinero de que podía disponer por la mañana independientemente del cálculo prudencial de clientes que se le podían presentar. Compraba para treinta y se le presentaban cincuenta a comer. Romeu se encendía, despechado.

—¡Esto no puede ser! —gritaba en la cocina—. He comprado para media Barcelona y resulta que no hay nada. Esto no puede continuar...

Y claro: todo se arreglaba reduciendo las raciones. En Els Quatre Gats las raciones solían ser una pura ilusión del espíritu. A los clientes se les enseñaban las cosas, simplemente, sobre los platos. Más que un restaurante, era una escuela elemental. Las raciones eran ingrávidas, de una ligereza extremada.

Administrativamente el restaurante era un desastre; y Romeu, a pesar de ser un artista auténtico, cosa que suele ir muy ligada a las concepciones más positivas de la teneduría, no servía para el oficio.

Sin embargo, la gente iba al café y, los días de *putxinel·lis*, la mejor sociedad de Barcelona llenaba el local. Estos títeres eran magníficos y gustaban más a los grandes que a los pequeños. La mesa de los artistas constituía una atracción permanente considerable.

El público adoraba aquellos tipos sucios e hirsutos, de los que se contaban anécdotas que el público saboreaba a pesar de su insignificancia. El fondo antiburgués, rebelde e indisciplinado de aquellos hombres era muy apreciado. Sin embargo, no ha habido nada en Barcelona como Els Quatre Gats. Confieso que me gustaría encontrarme sentados en una mesa a Rusiñol y Utrillo, Manolo y Picasso.

El desprecio que Romeu sentía por su clientela contrastaba con el respeto infinito que tenía por las telarañas. Una telaraña era, para él, sobre todo si estaba cargada de polvo, algo sagrado e inviolable. A las mujeres de la limpieza, a los camareros, les decía:

—Piensen, actúen, maten, asesinen, roben, cásense, hagan lo que les parezca, pero no me toquen las telarañas...

Cuando veía andar por la casa a alguien con la escoba o el plumero, vigilaba sus movimientos con el rabillo del ojo y gruñía como un perro. El mero hecho de ver un plumero situado a dos o tres metros de una telaraña le ponía el alma en un hilo.

—¡Cuidado! —decía con un frenesí apenas disimulado—. No se acerquen demasiado. Tengan la bondad de alejarse. Estas bromas pueden costar caras...

Por este café con telarañas pasaron todas las corrientes renovadoras de la época que nutrieron las jóvenes generaciones artísticas y literarias. Los caricaturistas del tiempo, sobre todo Pellicer y Moliné —que a veces sangran—, representan a Romeu presidiendo la escena sobre un fondo de paisaje plantado de cebollas germinadas. A veces estas cebollas cuelgan de unas guirnaldas. ¡Es la época de la *ceba*! Frente al viejo Ateneo en el que las viejas *patums* forman el cuadro, Els Quatre Gats es una barricada revolucionaria. Es el movimiento modernista en su momento álgido, las inquietudes más estrafalarias y absurdas, la polémica más pedantescamente trascendental que puede imaginarse. La influencia social, artística y literaria de Els Quatre Gats fue inmensa, dilatada. Su influencia en el gusto —el modernismo— fue inenarrablemente perniciosa, una catástrofe.

Recordará, quizá, el lector que en el momento de resumir lo que representó aquel primer grupo intelectual que se reunía en el primitivo Cau de la calle Muntaner, dijimos que su característica fue una ansia cierta de inserción de las corrientes europeístas del momento. Aquellos primeros gérmenes dieron su floración completa en Els Quatre Gats y fue la revista *L'Avenç* quien recogió esta palpitación de una manera más prístina y clara. Encontramos allí la corriente de acracia intelectual que viene de París mezclada por las formas más sutiles de la poesía, la música y el arte en general —el decadentismo—. Notamos el acercamiento a las formas del folklore popular. La creciente influencia del escandinavismo en todo el ámbito europeo se refleja también en sus páginas. Ibsen, Strindberg —formidable escritor—, Bjørnson son trasplantados a estas latitudes soleadas. En cambio, grandes espíritus, más profundos, Kierkegaard, Ahugüist, Georg Brandes, son ignorados. El grupo alemán intimista del Báltico es también recogido y apreciado. Nietzsche, el espíritu del tiempo que escribió las cosas más agudas y al mismo tiempo las baluernas más groseras y vulgares, produce, por su iconoclastia, una admiración sin límites. En cambio, poetas como Stefan George y Hugo von Hofmannsthal son apenas mencionados. Los rusos apasionan, enloquecen. Tolstói y Dostoievski son muy grandes.

Toda esta balumba inmensa del espíritu nórdico dejó siempre a Rusiñol perfectamente sin cuidado. No hay traza alguna, en su obra, de influencia de este fárrago. Sin embargo, esta germinación se produjo en su contorno inmediato y bajo su sonrisa ligeramente fatigada. Escribe Daudet en sus *Memorias* que Santiago tenía una gracia inmensa contando la representación de una obra de Ibsen en Granada. «¡Queremos sol, más sol!...», gritaban los actores, mientras el público, literalmente achicharrado, se enjugaba el sudor que le inundaba.

En el aspecto artístico, una de las manifestaciones más extraordinarias del «fin de siglo» fue la revista *Pèl & Ploma*.

Inicialmente, *Pèl & Ploma* fue ideada por Utrillo para dar salida a las repletas carteras de dibujos que dormían en el taller de Ramon Casas. Lo que da el tono a *Pèl & Ploma* es Casas, pero la revista se convierte rápidamente en un magnífico pedestal de la obra pictórica, literaria y teatral de Rusiñol, cosa naturalísima dada su vitalidad enorme en este momento. Si la revista pudo subsistir, sin embargo, se debió a don Leandro Galcerán, que llevó la parte administrativa admirablemente. Queremos escribir aquí el nombre de Leandro Galcerán porque lo merece. En las revistas literarias y artísticas de vanguardia, iniciadas sin base alguna económica —la base económica de *Pèl & Ploma* fue la generosidad de Casas—, lo más importante, la base de su sustentación y duración, es la persona del administrador. Galcerán fue un administrador cuidadoso, activo, serio, que hizo posible superar los dos o tres primeros números consabidos. ¡Que Dios se lo pague!

Dibujada por Casas, escrita por Utrillo, *Pèl & Ploma* fue un pedestal elevado a la mayor gloria de Rusiñol, de proporciones realmente envidiables. La revista es magnífica, representó en su época una novedad que hoy apenas podemos sospechar y a pesar de los años transcurridos se mantiene en una juventud inmarcesible. Yo me atrevería a decir que *Pèl & Ploma* es la mejor revista de arte que ha visto la luz en Barcelona en todos los tiempos.

Casas la dibujaba. ¡Maravilloso Casas! Dotado de

todas las cualidades para llegar a ser un gran pintor, pocas veces se doblegó a las necesidades más profundas de su trabajo y casi siempre, cuando llegaba a la vista de la solución del problema que deseaba resolver, se paraba. En algunas de sus obras, por motivos que pesaron mucho en su ánimo, llegó a superar sus constantes ganas de terminar. Terminar, terminar cuanto antes..., esta fue la desgracia de Casas. Sin embargo, la obra de Casas, comprendida *grosso modo* entre los años 1890-1910, no hace más que ascender en la consideración general, porque hoy ya no cabe la menor duda: Casas es el pintor más considerable de este periodo en este país y puede, con los extraños, parangonarse con los más grandes.

Casas dijo un día al pintor Domènec Carles:

—Yo soy pintor, pero si de joven mi familia me hubiera colgado un látigo en el cuello, yo hubiera sido un arriero aceptable.

Estas palabras impresionan por su exactitud. Casas fue el artista que nace, el artista dotado. No creo que hiciera estudio serio alguno, daba la impresión constante de que no se fijaba en nada, de que no ponía atención en nada. A la legua se veía que Nonell era pintor. Pujols dice que Casas parecía un médico. Además era un hombre de una modestia incomparable. Dibujaba por gusto todo lo que se le ponía por delante. Tenía una pupila riquísima. Veía el aire; tenía la manía del *sport*. Casas trajo a Barcelona el primer automóvil y la visión del artefacto —o del cacharro, como se dice ahora— que producía un ruido espantoso y tenía una forma irrisoria produjo en la ciudad una sensación extraordinaria.

Casas era rico. Fue el primer artista de su tiempo

que tuvo en Barcelona un taller decente, nada pintoresco, sin miseria, sin panoplias, tresillos cochambrosos y estufas estropeadas. Se lo hizo construir en una de las casas que poseía en el paseo de Gracia y en él se dio una gran fiesta en honor de Vincent d'Indy, el célebre director de la entonces celebérrima Schola Cantorum de París, que representaba en Francia el vanguardismo musical —Wagner y César Franck—. Este taller fue muy frecuentado por Eleonora Duse, las tres veces que vino a Barcelona. Un día que esta excelsa señora trabajaba en Novedades, Sarasate daba un concierto en el Lírico. A última hora llegó al camerino de la Duse —que Rusiñol presidía— el pintor Modest Urgell, que venía del concierto de Sarasate. Urgell, que ganó dos millones de pesetas pintando cementerios, era un *poseur* insoportable.

—He estado oyendo a Sarasate... —dijo Urgell, poniendo los ojos en blanco—. Es un artista enorme. No se equivoca nunca.

Eleonora Duse miró al pintor fijamente y, con una leve y triste sonrisa, le preguntó:

—¿Usted cree que se puede ser un gran artista sin equivocarse?

En el momento de *Pèl & Ploma*, Casas había ya pintado sus obras más sensacionales. Según Utrillo, estas son cuatro: su autorretrato; el retrato de su hermana pequeña en gris; el *Moulin de la Galette*, célebre pintura que está en el Cau Ferrat, y el retrato famoso de Erik Satie que está en el museo de Boston (EE. UU.) Este último retrato suele ser comparado con los mejores de Édouard Manet. Estas pinturas las hizo Casas para deslumbrar a sus amigos de la Academia de Carolus-Duran en París; para responder a la afección más viva y de más larga duración que experimentó en su vida —la de su hermana menor— y para contentar a Rusiñol y a Utrillo, que constantemente le vigilaban.

El *Moulin de la Galette* está ligado con la historia íntima de Rusiñol y Casas. Este vivió de soltero como un buen chico y muchas veces, estando en París, era insuficiente el dinero que le mandaban. Cuando ciertas explicaciones eran difíciles de dar, Rusiñol, que le veía venir, echaba mano a la cartera y le ayudaba. Ya me lo devolverás cuando puedas..., le decía Santiago. Sin embargo, el día de hacer las paces no llegaba. Un día, en Sitges, el grupo celebraba no sé qué éxito oficial de Casas. Rusiñol, que estaba un poco frío, consideró que el momento de las cuentas se había presentado. Utrillo fue el encargado de otear el panorama.

—Tú le das el cuadro —dijo Utrillo— y la deuda queda cancelada.

Casas dio el *Moulin de la Galette* en el acto.

Durante toda su juventud creyó que era tuberculoso. Luego resultó que era artrítico. Murió de un ataque de apoplejía. Fue un bebedor imponente y en el terreno del *whisky* no tuvo rival. A pesar de las grandes cantidades de alcohol que ingirió y de tabaco que fumó, se mantuvo siempre imperturbable. El alcohol hizo daño a su cuerpo —cosa que es lo de menos— y a su pintura más. El alcohol hizo daño a Rusiñol y a Casas, a la sensibilidad de estos pintores porque el alcohol, de una manera insensible pero profunda, disocia al hombre de su realidad circundante. Esto que en un literato puede avivarle el seso y tener un sentido positivo —el alcohol ha creado la poesía mayor, la más aguda del siglo XIX— en un pintor es fatal porque le separa del plano de la realidad. Rusiñol y Casas fueron evadiéndose de la realidad, tomaron frente a la realidad una posición de neutralidad que fue fatal a su obra. A medida que el alcohol les fue corroyendo, fueron volviéndose irreales y se mediocrizaron.

Cuando pintaba, Casas se ponía nervioso y mascaba el puro con una avidez tembleteante. Su obsesión era terminar, terminar pronto, terminar cuanto antes. ¡Ah, si Casas hubiera podido trabajar con un poco más de calma! En cambio, ponía una gran prudencia, una concienzuda calma, al elaborar una ensalada. Su ilusión era hacer ensaladas, a la francesa, con mostaza. Tenía conocimientos profundos en esta materia y hubiera podido aliñar la ensalada de Su Santidad y las de las testas coronadas. A medida que fue haciéndose mayor puso un pelo muy fuerte, como cerdas de jabalí. Cuando manejaba, con sus manos velludas, la ternura tenue de la lechuga y del apio presentaba un contraste extraordinario.

En París y en todas partes, Zuloaga le reprochó siempre a Casas el que un hombre de sus condiciones se dedicara a pintar las frivolidades y las formas fugaces de la época.

—Tiene usted demasiado talento —le decía— para perder el tiempo dibujando y pintando la moda y lo insignificante.

Casas no contestó jamás. Sin embargo, la reflexión de Zuloaga no tiene fundamento. Lo que tiene más posibilidad de perdurar es lo que lleva en sí el reflejo de la época en que se ha producido. Entre la imitación de lo oficialmente eterno momificado y la adaptación de lo que tiene de permanente lo cotidiano, tiene más trazas de perdurar siempre lo segundo que lo primero. El porvenir de la pintura museística ha sido siempre escaso.

Casas fue un hombre de un buen gusto infalible,

espontáneo, de una naturalidad mágica. Su colaboración en *Pèl & Ploma* subraya estas sus condiciones en manera excelsa. Sus escenas callejeras son rebosantes de vida y de fantasía. Sus retratos de señora tienen una elegancia pasmosa. Sus retratos, en general, un parecido que nadie en su tiempo igualó. A veces, la profundidad psicológica —hombres y mujeres fatigados— está minuciosamente relatada. Es la época de los retratos al lápiz-carbón, serie celebérrima —que tiene, sin embargo, un defecto básico: la materia, el carbón del lápiz—. Estos retratos, construidos con materiales más nobles, hubieran podido poner a Casas en el punto más alto. Compartimos, en este punto, la opinión de Josep M. Junoy, que ha escrito en su reciente libro: «De la célebre serie de sus dibujos y sus retratos al lápiz-carbón —una de las formas más acertadas y brillantes del talento plástico de Ramon Casas—, ¡cuántas cosas buenas y cuántas menos buenas pudiéramos decir! Puestos estos dibujos en el lugar que les corresponde, merecen y ocupan un lugar de verdadera preeminencia. Constituyen un verdadero prodigio de destreza y un extraordinario dechado de semblanza. En un rápido y agudísimo reajuste de sombreado, conseguía el dibujante extraer lo más típico y personal de una actitud y de un gesto que permitía adivinar y traslucir, a su vez, toda la verdad de un carácter, toda la idiosincrasia de un temperamento. El lápiz-carbón de Ramon Casas no lleva nunca, sin embargo, esa sensación de plenitud incisiva, esa impresión solidísima de alma y de modelado que se impone en aquella serie de personajes enrique-octavescos dibujados por un Hans Holbein el Joven, ni alcanza tampoco la precisión lineal ni la lucidez extrema de conjunto de los retratos dibujados al lápiz plomo por un Dominique Ingres».[1]

Utrillo era un tipo muy distinto. Yo le conocí, ya demasiado tarde. Me pareció en todo momento un perfecto hombre de mundo, un animador constante y un erudito insaciable.

En este fin de siglo adorable, los artistas vivían todavía como los naturalistas dicen que viven los pájaros cuando no están poseídos por el celo. Los pájaros viven en grupos, haciendo una tertulia volante, muy parecida, a pesar de las alas, a una tertulia de café. Los artistas hacían lo mismo y el café de Els Quatre Gats los cobijaba. Pero estos grupos —y esto también es observable— contienen siempre un hombre de gran vitalidad, que suele ser más artista que los artistas mismos a pesar de ser muchas veces un artista fracasado, dotado de un gran sentido organizador y que además suele ser un gran erudito y un trabajador incansable. Este hombre es el animador, el elemento de integración del grupo. Es el más sociable, el más diplomático y el más escéptico. Esto fue Miquel Utrillo en su grupo. Para trazar un croquis de esta clase de personajes —verdaderos papas negros de las *coteries* artísticas— basta con pensar que sus enemigos más cordiales suelen ser los artistas solitarios, endiosados, engolados y pedantes, con la manía diabólica del refinamiento y de la torre de marfil que prometen durante toda su vida la obra cumbre, la obra definitiva, la obra que ha de arañar la eternidad y que acaba fallando. Estos hombres, los animadores, dan noticias a los artistas, les dicen hacia donde

1. *Elogio del arte español* («Nueva colección de estudios y monografías de Arte», MCMXLIII).

corren los vientos de la época, les ayudan a ver las cosas, porque los artistas suelen ser de una ignorancia impresionante, crasísima.

Estando Chesterton en Sitges, un día Junoy invitó a almorzar al grande y humano escritor inglés y a Utrillo. Cuando Utrillo entró en el comedor, Chesterton, siempre obsesionado por el problema religioso, le echó un vistazo y le dijo a Junoy:

—Con este no haremos nada. Es un escéptico de cuello frío.

Cuando Utrillo lanzó *Pèl & Ploma* estaba ya de vuelta de todo. Era un escéptico completo. Su prosa es ácida, descuidada, a veces ininteligible de puro sarcástica, llena de guiños, de muecas callejeras, de signos convencionales. Había sido pintor. Había sido ingeniero. Había estudiado agricultura. Había intentado el comercio. Venía de los Estados Unidos. Conocía tres o cuatro mil personas de primera categoría. Era un bohemio y un *sportman*, un empírico y un científico, un pobre que frecuentó las mejores mesas de su tiempo. Una vida tan rica de contenido humano, tan llena de curiosidades y de avidez, creó un tipo extraordinario, absolutamente sorprendente.

Con *Pèl & Ploma* hizo Utrillo una labor inmensa. No solo fue el *manager* que impuso a Casas y Rusiñol en la consideración general, sino que dio a conocer a una infinidad de autores nacionales y extranjeros desconocidos. Dio también, sobre arte, una infinidad de noticias. Sin embargo, he de decir que no me gusta la forma con que *Pèl & Ploma* está escrita. Está escrita anárquicamente, deprisa y corriendo, y tiene ya muchas páginas ilegibles. No he defendido jamás el academicismo y el engolamiento. El yeso me enfría y el cartón me molesta. He defendido siempre un estilo directo, vivo, rápido, que relate con la menor cantidad posible de palabras y poniendo detrás de cada una de ellas una cosa o un sentimiento cierto. Pero de aquí al estilo eruptivo y prácticamente inconexo, sin ilación ni matices, hay una gran diferencia.

Utrillo era un escéptico, pero sabía tantas cosas y generalmente tan bien sabidas, que no lo parecía. Su erudición era tan vasta y estaba entreverada de tanta socarronería, que yo sospeché siempre que jugaba un poco con la ignorancia ajena.

En la vida del grupo Rusiñol, que si no por otras razones pasará a la historia por su inmensa vitalidad, Utrillo tuvo un papel esencial. Aquellos hombres nos parecen hoy gigantescos, crearon el gusto de una época. Hicieron museos, libros, dramas, acumularon colecciones, organizaron una cantidad incontable de manifestaciones de tipo cultural —aunque la palabra moleste por su pedantería—, pasaron por sus manos inmensas obras de arte, crearon Sitges, cultivaron una cantidad sorprendente de amistades y de relaciones, intervinieron en la vida del país de una manera constante y decisiva. Personalmente, Utrillo fue el erudito español más grande de su tiempo en arte bizantino, al que se aficionó estando en Bulgaria. Era conocedor del Mediterráneo como pocos he conocido. Su biblioteca sobre el Mediterráneo era la mejor del país. En los últimos años de su vida concentró su curiosidad arqueológica sobre España, a la que llegó a conocer a fondo, no como un turista que ha visto las piezas principales y más o menos conocidas, sino como el erudito de las cosas ocultas y secretas. La creación del Pueblo Español de Montjuïc popularizó su personalidad. La de la Enciclopedia Espasa le dio una gran superficie social.

Cuando desapareció *Pèl & Ploma*, Utrillo creó *Forma*, que fue ya una revista más fría.

Pèl & Ploma —decíamos— fue un pedestal elevado a la mayor honra y gloria de Rusiñol. Y así fue en efecto. Allí están reproducidos quince años de actividad artística santiaguesca. Reproducidos, por cierto, admirablemente. Thomas hizo una labor tipográfica de una calidad excelsa. Fue la perfección del trabajo de Thomas y la admiración por Rusiñol lo que incitó a Utrillo a aprovechar las planchas de los grabados y a lanzar los *Jardines de España*, verdadera antología de la obra pictórica del artista. La iniciativa tuvo un gran éxito y para Rusiñol fue la consagración definitiva, el triunfo completo.

Pero ¡cuánta tristeza no hay en estas páginas que el tiempo empieza a tocar de un levísimo tono amarillento! ¡Cuánta melancolía no rezuman estos jardines! ¡Jardines en agonía! En el prólogo, Rusiñol vierte su personalidad sollozante sobre sus lúgubres pinturas. «*Quina agonia més hermosa!* —escribe—. *Quin desfullament més esplèndid, quina ampla majestat en la caiguda! En els estrets caminals teixits de boixos li va començar a créixer aquella herba, boja de verdor i d'ufania, que només es desborda en els fossars; de les esquerdes de les pedres varen traspuar les flors que havien viscut amagades; els arbres es van vestir de molsa, les fonts van callar i els estanys, quiets ja per sempre en la pau somniosa dels reflexes, es van anar cobrint d'amples fulles, tan planes a sobre el mirall de l'aigua que ni eren emmirallades. Els canals van semblar tombes que es destenyien poc a poc amb els salzes inclinats sobre els balcons; les figures anaren perdent la vida, els arbres les fulles i només els vells xiprers, impassibles, treien les vellutades fulles jardí* *amunt, per sobre les branques mortes, com fites de recordança!...»**

Los poetas —sobre todo los mallorquines— subrayan esta indecible, profunda, enfermiza sensación de melancolía que Rusiñol pone en las pinturas más ligadas a su personalidad. Así, Alomar:

Ells canten, tendrament, a cau d'orella
la cançó desmaiada de l'ensomni.
Fragments d'humanitat ploren en l'ombra
fresca de les tranquil·les enramades
la infinita tristor de l'existència,
plor de discretes llàgrimes, que tomben
dels brolladors agònics, amb un ritme
*planyívol d'elegia funerària...***

Y don Miquel dels Sants Oliver:

* «¡Qué agonía más hermosa! ¡Qué espléndida forma de deshojarse, qué amplia majestad en la caída! En los estrechos senderos tejidos de boj le empezó a crecer aquella hierba, loca de verdor y de ufanía, que sólo se desborda en las fosas; de las rendijas de las piedras rezumaron las flores que habían vivido escondidas; los árboles se vistieron de musgo, las fuentes se callaron y los estanques, quietos ya para siempre en la paz ensoñada de los reflejos, se fueron cubriendo de anchas hojas, tan planas encima del espejo del agua que ni tan siquiera se reflejaban. Los canales parecieron tumbas que se desteñían poco a poco con los sauces inclinados sobre los balcones; las figuras fueron perdiendo vida, los árboles las hojas y solo los viejos cipreses, impasibles, sacaban sus hojas aterciopeladas hacia arriba en el jardín, por encima de las ramas muertas, como hitos del recuerdo...»

** «Ellos cantan, tiernamente, al oído / la canción desmayada del ensueño. / Fragmentos de humanidad lloran a la sombra / fresca de las tranquilas enramadas / la infinita tristeza de la existencia, / llanto de lágrimas discretas, que caen / de los surtidores agónicos, con un ritmo / doliente de elegía funeraria...»

A dins d'aquests jardins hi ha un aire de tristor
que s'encomana arreu, a terra, a la verdor:
del reguerot humil a la fulla més alta
*tot té un adormiment com de cosa malalta...**

* «Dentro de estos jardines hay un aire de tristeza / que se contagia a todas partes, al suelo, al verdor: / del humilde reguero a la hoja más alta / todo tiene un adormecimiento como de cosa enferma...»

El fin de siglo: la generación del 98

El fin de siglo representó, pues, para Rusiñol, el triunfo de su pintura. El testimonio de este triunfo fue la edición, lujosamente presentada, de los *Jardines de España*. Los jardines, reproducidos a todo color, fueron precedidos de un conjunto de elogios, en verso y en prosa, de los más altos ingenios españoles. Estas prosas, estas poesías, formaron una corona —la corona de Meleagro de Rusiñol— que fue ceñida a sus sienes de una manera simbólica. Si el lector se toma la molestia —en cosas más inútiles podrá gastar su tiempo, desde luego— de dar una ojeada a estas páginas, encontrará los nombres de la literatura española contemporánea. De Icaza a Pérez de Ayala, de Azorín a Machado, de Marquina a Díez-Canedo. Los jardines de Rusiñol, aún los pintados con luz meridiana, son obras de crepúsculo; sus paisajes, aún los primaverales, son paisajes de otoño. Lo crepuscular, lo otoñal... son las dos características más acusadas de la sensibilidad del momento, de la sensibilidad más trabajada del momento. Rusiñol describía las obsesiones de su generación, de su tiempo, haciéndose entender de una manera perfecta. ¿Que estaban equivocados? ¿Que hubieran debido seguir otro camino? Posible. Sin embargo, los hechos son los hechos.

El retrato de don Santiago, trazado por don Ramón Pérez de Ayala, llega al fondo de la psicología. Unas líneas:

> El hombre no es su traza corporal,
> ni su palabra volandera,
> ni lo que haya hecho bien o haya hecho mal,
> ni nada externo ni por defuera.
> Todo él está en moradas interiores,
> más allá de la carne obscura;
> y nunca ojos habrá, salteadores,
> que profanen esta clausura.
> Selladas han de estar moradas tales.
> La soledad es su tributo
> y como en los jardines conventuales
> el silencio sazona el fruto.

Azorín, en «Jardín sobre la vía», dedica a Rusiñol una página perfecta, insuperablemente bella. «Santiago Rusiñol —dice— ha pintado los jardines de España; lo ha hecho con un arte delicado y amoroso. Ha pintado las alamedas de Aranjuez, por las que pasara, no mucho antes de morir, Espronceda, con su faz pálida, sus bucles de ébano y su ancha chorrera de encaje; los cármenes del Generalife, con su cielo translúcido, sus cipreses y al pie de los cipreses los rosales tupidos de los que en silencio, suavemente, caen los pétalos lacios; los viejos jardines de los caserones castellanos, jardines abandonados, que tienen, en el fondo, un palacio con los cristales rotos, con las puertas cerradas... De todos los jardines, huertos y cortinales de España, si en este momento de evocación trato de preferir alguno, a mi memoria acude la visión de un jardín situado junto a los rieles de un ferrocarril. Es en un rincón de Castilla, muy lejos de Madrid; desde un altozano se columbra la ciudad; dos o tres campanarios destacan en el azul. Al pie de la loma se levanta una casa rodeada de un extenso huerto. Cierran el huerto unos tapiales. De la ciudad solo llegan aquí las campanas lejanas, suaves, de sus iglesias. Dentro, en el jardín, los arriates y platabandas no han sido tocados ha largo tiempo. En una estancia de la casa todo está igual, con una cama deshecha, como hace ocho o diez años, cuando aquí acabó lentamente una vida. En el otoño, en la primavera, los rosales se cubren de flor; una dulce fragancia llena el ambiente. De tarde en tarde pasa, rozando las tapias del jardín, un tren. Unos marchan pesados, lentos; otros pasan raudos, vertiginosos. Si es de noche, un resplandor súbito se cuela por el varillaje de la puerta. Seres humanos cruzan en estos trenes arriba y abajo. Con ellos van afanes, tristezas, deseos, amarguras. Aquí todo está en silencio, todo reposa con una paz profunda. La casa se halla cerrada y desierta. Un silbido agudo rasga los aires; en el jardín silencioso, abandonado, de los rosales caen, ajados, los pétalos.

»¡Oh, Santiago Rusiñol, dilecto amigo! ¡Habéis pintado los jardines de España! Los de Granada, los de Aranjuez, los de Castilla... Un tinte de vaga melancolía hay en vuestros jardines. Pero ninguno de vuestros espléndidos jardines, tan triste, tan de nuestro pueblo castellano, como este jardín perdido entre las lomas de Castilla, todo reposo, todo silencio, todo muerte, junto a cuyas tapias pasa vertiginosa y febril la vida.»

Lo que Azorín bellamente insinúa, Eduardo Marquina lo ahonda francamente. Busca una explicación a la tristeza de los jardines de Rusiñol. Esta melancolía irreparable que Rusiñol bebe en los jardines españoles es el testimonio amargo de la decadencia de España. Estos jardines abandonados, muertos, fueron un día poblados de vida:

Silenciosos jardines, soñolientas arcadas,
inmóviles estanques y ventanas cerradas;
nada vive entre medio de la intensa verdura
para tus cuadros tristes, no queda una figura.
No queda una figura de las muchas que un día
prendieron como flores sus risas de alegría
en los ufanos árboles, buscando las arcadas
y huyendo en los kioscos de importunas miradas...

La estirpe ha decaído. Los jardines han sido abandonados. La vida ha huido:

Todo aquel mundo viejo, solitarios jardines
que bulliciosamente llenó vuestros confines
ha desaparecido sin darnos descendencia.
—¡Oh, abominados padres que no dejáis herencia!

El poeta invectiva:

Dormid, dormid en paz en vuestros mausoleos,
estirpe de gigantes y padres de pigmeos.
Dormid, dormid en paz, sin despertar de nuevo.
Fervorosa os lo pide mi lengua de mancebo.

Con gran naturalidad deduce el poeta la exégesis de la obra del pintor:

Lo hiciste bien, tú, ansioso de una patria grandiosa,
buscador de una tierra soñadora y gloriosa;
lo hiciste bien, debajo de la luz que los baña,
tus jardines de España son la vejez de España...

Estos cuatro versos del señor Marquina son importantes porque sitúan a Rusiñol en la corriente intelectual de su tiempo, insertándolo en el fondo mismo del espíritu de la llamada generación del 98. Rusiñol, aunque de más edad que los hombres representativos de esta generación, es un hombre típico del 98. Estamos siempre en el fin de siglo. Han acontecido en España efemérides históricas de una trascendencia reveladora, de un volumen tremendo. España ha perdido Cuba y Filipinas, los últimos florones de su vasto imperio. Ante el desastre, la reacción general del país es mínima. Se continúa viviendo frívolamente. Un afamado crítico taurino escribe en el instante mismo de la hecatombe que los cuatro momentos críticos más grandes que registra la historia han sido: Cervantes escribiendo el *Quijote*, Velázquez pintando *Las Meninas*, Alfonso X redactando las *Partidas* y la última faena de las fiestas de San Isidro. Esto es frivolidad primaria aldeana. Otra hay más peligrosa, más temible.

Frente a la catástrofe, un grupo de intelectuales queda como si le hubieran dado un mazazo en la cabeza. Pasado el doloroso estupor, estos hombres plantean el problema español en todos sus aspectos: social, político, económico, artístico, literario. La decadencia de España. La inmensa mayoría dice que España es un país en decadencia. Lo dicen como si se tratara de un fenómeno inevitable, de un eclipse, lo que les permite ir a dormir tranquilos. Pero si España es un país decadente, ¿cuáles son las causas, las raíces de esta decadencia? Para atajar un mal es indispensable conocer su causa. Para combatir sus efectos hay que considerar los orígenes. El problema español queda planteado en toda su vasta complejidad. La primera constatación es que la idea que tienen de España los españoles es una idea falsa, una idea de cartón. España es un país desconocido. Y estos intelectuales tratan de descubrir a España. La recorren, la estudian, la observan desde el punto de vista patriótico; la adopción de esta actitud es plausible y digna de los mayores elogios. Es una posición estoy por decir científica. Por el hecho de adoptarla surge una visión de España mucho más real, mucho más viva, mucho más auténtica que la que tuvieron las clases directoras de la época del desastre. La visión que tiene de España este grupo intelectual es completamente nueva, delicadamente sensible, absolutamente inesperada y quizá insuperable en muchísimos aspectos.

La actitud de la generación del 98 frente a España ha sido muy discutida. Las fuerzas capaces de luchar en España contra la tendencia humana al olvido son siempre escasas y debido a la pobreza del país, de una precariedad permanente. «En la escuela del 98 —ha escrito Azorín recientemente en su libro *Madrid*— había dos palabras fundamentales y compendiadoras de la tendencia. Estas dos palabras eran: *frivolidad*, *España*. Lo que nosotros hemos combatido con más tesón, con más denuedo, ha sido la frivolidad.» Frente a la frivolidad estos intelectuales levantaron la bandera de la seriedad, de la gravedad, de la gravedad española, esta actitud que si pocas veces triunfa en este país, no es raro de encontrar. Y la gravedad consiste en discernir lo adjetivo y lo sustancial, lo efímero de lo permanente, lo provechoso y lo desdeñable. Hablar sin estar enterado de un asunto es lo privativo de la frivolidad. Hablar sin ton ni son, obrar sin ton ni son: en las cosas políticas, sociales, económicas, artísticas, literarias... La generación del 98 reacciona contra el siglo XIX considerado como un todo —y salvando, desde luego, las personalidades aisladas positivas— el más frívolo y estéril de la historia de España. El siglo XIX fue un griterío estéril y de su congénita esterilidad arrancan quizá estos cuarenta años del siglo XX, malogrados y frenéticos.

Y la otra palabra fundamental, representativa, era esta: *España*. Azorín escribe a este propósito: «De nuestro amor a España responden nuestras obras. Los libros de Baroja, de Unamuno, de Maeztu y los míos. No creo que tenga yo un solo libro, de los cuarenta volúmenes publicados, ajeno a España». Añadiré que el ochenta por ciento, al menos, de la labor pictórica, literaria, coleccionista de Rusiñol estuvo dedicada —¡y con qué ardor!— al descubrimiento de España. «Nosotros hemos ampliado este descubrimiento —dice siempre Azorín con una ejemplar modestia— y dado entonación lírica y sentimental a hombres y cosas de España.» Las viejas ciudades, la vida provinciana, los pueblos, la vida del campo, la estrechez, la austeridad; la dignidad, el fondo trágico y pobre de nuestra existencia terrestre, las luces y sombras sobre las que se desenvuelve la vida española, ¿quién las ha dado mejor que los escritores, pintores, artistas del 98?

No se puede hablar de una generación orgánica. Todos y cada uno de sus componentes —individualistas como españoles al fin y al cabo— anduvieron por su cuenta. En el campo políticamente conservador, Azorín fue un subversivo. En el campo izquierdista, Baroja fue un francotirador inadaptado y suelto. Rusiñol, hombre burgués, contemporizador, amable, sonriente, fue un agitador intelectual permanente. La tradición española, lo que se dice la tradición española, fue examinada a fondo y este examen levantó bambollas llenas de maleficios. En realidad esta generación tuvo, sin embargo, un denominador común que yo concretaría en el rayadillo de los pobres repatriados del Pacífico y de las Antillas. «Lo que motiva el desdén de ciertas gentes, desdén fundado en un equívoco —escribe Azorín—, es el concepto que nosotros teníamos del patriotismo y el acento que poníamos en nuestro hablar. Acento pesimista, desalentador, se ha dicho. Falta de patriotismo, se ha repetido.» Y añade: «Lo que los escritores de 1898 querían no era un patriotismo bullanguero y aparatoso, sino serio, digno, sólido, perdurable. A ese patriotismo se llega por el conocimiento minucioso de España».

En la última década del pasado siglo, Rusiñol anduvo mucho por Madrid. Fue el centro natural de sus correrías en pos de los jardines de España. Ya contamos sus primeros viajes de tránsito por la capital de España que tanto trascendieron en su vida y sobre todo en su amor por el Greco, ídolo de la generación del 98. Pero ahora, sus viajes menudean. Forma en Fornos una peña que pronto se ve concurridísima. Aparentemente, las formas del humor de don Santiago, tan dulces, escépticas, barcelonesas, tolerantes —digámoslo claro, tan francesas—, habían de chocar con el humor de Madrid, tan ácido, violento, realista, bronco, tan directamente emanado de la novela picaresca. Rusiñol leyó poco en su vida. Sus lecturas no fueron ni sistemáticas ni serias. Pero de joven debió leer la picaresca. En su obra literaria hay resonancias constantes de la picaresca española.

Es curioso: el catalán aprecia, lee con deleite, la tremenda literatura realista española. La mística le deja frío, la picaresca le entusiasma. En el sistema del humor de Rusiñol, la desorbitación de las líneas de las cosas tiene un entronque directo con la literatura que él inicia. Sus novelas son, en realidad, novelas picarescas. Muchos de los artículos que escribió son capítulos de la novela picaresca. De todas formas, el humor de don Santiago, sobre todo su humor hablado, participa más del humor propiamente dicho que de la ferocidad de la sátira, es más sentimental que cerebral, más bondadoso que casuístico. Arniches está más cerca de Rusiñol que Muñoz Seca. Rara vez se percibe en su obra lo que es tan corriente en la sátira española: la mueca del ahorcado.

Rusiñol leyó su traducción de *El héroe* en los prados de la Bombilla. No fue una lectura banal como tantas hizo en su vida ante un grupo de admiradores *avant la lettre* o de indiferentes que escuchan complacidos como quien oye llover. Con esta obra parecía adoptar una posición combativa en el grupo intelectual de su tiempo. El auditorio era muy complejo: Joaquín Dicenta, Ramiro de Maeztu, Marià Benlliure, Joaquín Sorolla, Ramon Casas, Rafael Domènech, Palomero, los músicos Chueca y Chapí, autores de una marcha que era la música preferida del personaje de Rusiñol, Vilumara, Jordà, Capella, Utrillo, Carles Costa, Enric Borràs y Lhardy, propietario del famoso restaurante de Madrid. Lhardy era aguafuertista y muy amigo de los artistas.

La lectura se desarrolló en un ambiente un poco enrarecido y en medio de una expectación creciente. Desde un principio se oyeron aquellos pequeños ruidos precursores de imprecaciones que hasta que no se formulan pueden pasar por simples borborigmos. Rusiñol, con su simpatía, fue sorteando todos los obstáculos. Pero tiene, al parecer, un límite. Cuando leyó: «*¡Helos aquí! ¡Los del telar son los héroes!*», estalló una tempestad de observaciones, opiniones, dicterios, demandas de dilucidación, aplausos y protestas. Los sin embargo, no obstante, me parece, a mi entender, no es posible, quizá, puede ser, le diré, ya veremos... formaron una madeja de condicionales de un espesor denso. Borràs trató de resolver la cosa por el camino de la disolución. Alegando que tenía función de tarde —entonces dirigía la primera *tournée* de teatro catalán en Madrid— se despidió del encrespado grupo. Pero la discusión continuó durante todo el día y, habiéndose trasladado todos a Lhardy para comer, se siguió discutiendo hasta la madrugada. La contradicción acabó por fatiga.

L'hèroe se estrenó en el Romea de Barcelona la noche del 17 de abril de 1903. La discusión de Madrid, mantenida por la gracia y simpatía de Rusiñol en los límites de la corrección, hacía prever lo que sucedería. Y así sucedió en efecto. El estreno constituyó una de las explosiones contradictorias mayores que recuerdan los anales teatrales barceloneses. Fue un triunfo para Rusiñol y sus intérpretes. Pero la obra no se representó más que una vez. El gobernador del tiempo, don Carlos González Rothwos, pasó muchas fatigas. Rusiñol consideró prudente, para evitar molestias a unos y a otros y desde luego para evitárselas a sí mismo, pasar la frontera.

Son raras, en la obra de Rusiñol, las salidas al campo de lo que podríamos llamar la sociología polémica. Después de *L'hèroe* no consideró discreto reincidir. Esta aventura, según testigos irrecusables, aumentó de una manera visible su escepticismo. No han sido jamás los artistas las personas más indicadas para dilucidar esta clase de cuestiones. *L'hèroe* como obra teatral no tiene consistencia. Es una obra demasiado fácil, el dicterio es primario y esquemático. La historia, probablemente, es siempre más compleja. Además, un artista, cuando se encuentra en medio de estos desaforados torbellinos de la política, queda como flotante y desarmado, como una pluma al viento.

Si tuviéramos que enumerar todos los puntos de paralelismo observables entre las tendencias de la generación llamada del 98 y la personalidad de Rusiñol, haríamos esta biografía interminable. En algunos puntos, el artista avanza a la generación entera. El descubrimiento del Greco como formidable valor plástico es muy anterior al deliquio en que caen, ante las obras de este pintor, los hombres del 98. Frente a las formas artísticas, el antiacademismo de Rusiñol es precursor de toda una corriente. No digamos, por otra parte, lo que Rusiñol ha contribuido a dar a conocer a España y los valores artísticos españoles —y concretamente los de artesanía— en sus incesantes viajes y correrías por los lugares más remotos y a través de la enorme serie de sus paisajes españoles. En el campo literario, había de producirse también una correspondencia plena en la naturalidad y simplicidad del estilo y en amor a la realidad viva.

Rusiñol, que no es un escritor pulcro y fino como Azorín, ni intenso como Baroja, ni deslumbrador como Valle-Inclán, ni sobrio como Maeztu; que no puso en su teatro ambición de envergadura; que no proyectó sobre su pintura un ideal de creciente maestría, aportó, sin embargo, al grupo paralelo, esto: un hombre, un artista. Una personalidad polifacética, dotada de facilidades divinas, agitador intelectual, creador de vida, hombre de mundo, degustador de cosas bellas, humorista. El refuerzo era considerable sobre todo en un país en que la vida intelectual es tan mísera. Lo que enriquece el núcleo de una generación no son las unanimidades y repeticiones, sino la variedad de formas de riqueza de sus componentes. Los hombres de la generación del 98 son, entre sí, diversísimos. Rusiñol, extraño por todos conceptos a todos ellos, es, sin embargo, una de las personalidades mayores de la misma.

¿Pueden imaginarse dos hombres más distintos que Unamuno y Rusiñol, por ejemplo? Eran amigos. Habían viajado juntos muchas veces. Don Santiago quería a don Miguel. Solía decir que sus mayores respetos eran para las personas que no acababa de entender plenamente. Don Miguel, que era muy *gourmet* de cuentos y de historietas, estaba con Rusiñol como un chico con zapatos nuevos. Contando cosas, Rusiñol era larguísimo, interminable. Pero en casi todo lo demás diferían. Sus caracteres, sus ideologías eran distintas. Eran antípodas.

Un día, pues, viajaban juntos y el rector de Salamanca, que fue siempre ligeramente avaricioso, se dedicó durante el mismo a preguntarle a Rusiñol qué propina había que darles a las gentes en cada caso.

—¿Qué le damos al de las maletas? —preguntaba don Miguel.

—Dele usted una peseta... —decía Rusiñol.

—¡Pero, hombre! ¿Usted cree? —replicaba el rector—. Yo gano ochocientas pesetas al mes. Soy profesor. A este paso, el maletero ganará más, porque si capitaliza usted lo que me ha costado a mí llegar a la situación que tengo y lo que le ha costado a este hombre transportar maletas...

—¡Bueno! —atajaba Rusiñol un poco nervioso—, no capitalice usted más y dele una peseta.

Al poco rato en la terraza de un café.

—¿Al camarero, qué hay que darle, Rusiñol?

—Cuarenta céntimos. ¿Le parece?

—¡Es mucho! ¡Es enorme! Si piensa usted que yo...

—No piense usted más y dele cuarenta céntimos.

A regañadientes Unamuno daba treinta y cinco. Luego en el museo.

—Este de la gorra, el cicerone, cobrará sin duda del Estado. ¿No es esto?

—Sin embargo, habrá que darle algo —contestaba Rusiñol—, es la costumbre...

Unamuno bolsilleaba un rato y a escondidas de Rusiñol daba dos reales por detrás, con la mano en la nalga, a hurtadillas.

Pero Rusiñol se vengó. Un día Unamuno trató de cogerle en las mallas de uno de sus monólogos filosóficos —que, por otra parte, eran tan divertidos.

—Sobre la inmortalidad del alma, amigo Rusiñol —díjole—, habría mucho que hablar...

—Sí, claro —contestó Santiago distraído—, ya hablaremos cuando tengamos arreglado lo de las propinas. Cuando haya dos fiestas.

Rusiñol, dramaturgo

Hablando de teatro, Rusiñol decía siempre lo mismo.

—El teatro sirve para distraer a las gentes. Ha de hacer reír o ha de hacer llorar, pero ante todo ha de distraer.

Si otro mérito no tiene, esta opinión es obvia y sencilla. Es apenas útil para explicar el teatro en general, pero desde luego explica el teatro de Rusiñol perfectamente. Como dramaturgo, don Santiago estuvo siempre de acuerdo consigo mismo. El espíritu y la intención que puso en su obra teatral están perfectamente condensados en estas fórmulas. Teatro para distraer. Es decir, teatro elemental, primario. Entiéndase bien: ahora no usamos estos adjetivos en sentido despectivo, sino en sentido comprensivo. No tratamos de juzgar; tratamos de comprender.

El teatro para distraer... La fórmula tiene muchas ventajas, aparte de las económicas. En primer lugar, elimina, en la relación ante el público y el dramaturgo, esta cosa siempre espinosa que es un mal entendido, un equívoco. O sea, el posible fracaso. En posesión de semejante fórmula, el autor trata, por vía casi automática, que sus obras entren en comunicación directa con el público, con el gran público. Trata, como aspiración fundamental, de que sus obras tengan éxito. La demostración de que la gente ha quedado distraída es el éxito. Y, en la práctica, ¿cómo se logra este éxito? Pues, teóricamente, la cosa es muy sencilla: se trata de lograr que entre los personajes que salen a la escena y el espectador se establezca un diálogo lleno de afabilidad y de simpatía. En esta clase de teatro, los personajes dominantes han de ser simpáticos; han de decir cosas que sean del gusto de las gentes: han de triunfar los elementos que impliquen la encarnación de los matices morales más acusados de cada momento; los caracteres han de ser claros y sencillos y las intenciones desprovistas de complejo. En pintura, Rusiñol nos trajo el gris, que por definición es un color complejo; en el teatro, en cambio, nos retrajo a los colores más elementales, más sencillos.

Los personajes de Rusiñol tienen una psicología clara, radiante, de un perfil purísimo. Dicen lo que quieren decir y nada más que lo que quieren decir. El público entiende sus intenciones sin necesidad casi de obrar, sino puramente por lo que dicen. Son tan simpáticos, que el espectador les toma un gran aprecio. Los considera rápidamente de la familia. Estos personajes no solo son positivamente estimables, sino que saben hacerse estimar. Y los que no lo son, lo son por razones tan obvias que uno tiene la perfecta seguridad de que terminarán mal en la contienda. Los malos, los antipáticos, los inadaptados (a gusto del público, quiero decir) son una simple necesidad perentoria que será eliminada indefectiblemente en el momento conveniente. De todas las formas de personajes que pueden presentarse en las tablas, estos personajes que esquemáticamente acabamos de describir fueron considerados, por Rusiñol, los dotados de mayor capacidad de distracción; hecha la prueba, resultó que era cierta; el filón estaba descubierto.

Obsérvase un tipo que Rusiñol ha prodigado bastante en la escena: el del intelectual, el del artista inflamado y enfervorizado —el clásico *somiatruites*— polarizador del espíritu, da la impresión de lo que no es materia, el *anti-senyor Esteve*, por decirlo abreviadamente. Y bien: incluso estos personajes, meras creaciones del espíritu del dramaturgo inexistentes, simples ecos de su imaginación, eran fácilmente aceptados por el público —quiero decir por el público de buena fe, claro—. No eran personajes; eran artículos de periódico. No eran hombres de carne y hueso sino soflamas generalmente gratuitas. Pero el buen público adivinaba, detrás de discursos vagos, fumosos e inciertos, un elemento noble y heroico, desde luego indeterminado, pero directamente unido a la víscera más sensible. Y es que lo que tienen de personaje, de humanidad compleja y viva los de Rusiñol, es lo de menos; lo de más es que lo puedan tener de condensación de simpatía.

Si se examina el teatro de Rusiñol panorámicamente, ha de reconocerse que en su elaboración el autor tuvo momentos de mayor o menor fortuna, de mayor o menor acierto. A veces acertaba —en su fórmula, desde luego—, otras menos. En lo que no se equivocó jamás fue en el efecto contundente de sus obras sobre el público. Esto indica un instinto de hombre de teatro extraordinariamente perspicaz. Podemos dolernos de que esta sagacidad y perspicacia no hubiera sido empleada en problemas de mayor altura y más sustancia. Lo que no puede afirmarse es que en el teatro elemental, primario, que elaboró, existieran, para él, zonas de sombra y parajes desconocidos. No. No existieron.

Este instinto de hombre de teatro tan extraordinario y tan sólido lleva a Rusiñol, como en tantos otros aspectos de su personalidad, a abandonarse a la facilidad más incruenta —más amable y peligrosa al mismo tiempo—. Pintó con facilidad, escribió con facilidad, dramatizó facilísimamente. Y no con la falsa facilidad que ha de ponerse en el resultado de un esfuerzo mental o sensible, dado que toda obra de arte o del pensamiento implica la solución de un problema —un esfuerzo para pasar de lo oscuro a lo claro—. No. La facilidad de Rusiñol fue, diría, de carácter fisiológico, el funcionamiento perfecto de un órgano. Algunos órganos de su cuerpo funcionaron con menos soltura que su pluma o sus pinceles. Esto, desde luego.

La obra dramática de Rusiñol es vasta. Abarca más de cuarenta años de su vida. Los más diversos estados de espíritu se reflejan sobre ella. Cuando hoy se analiza esta obra, se hace difícil encontrar la impronta de un esfuerzo, el surco más o menos hondo de un propósito definitivo. Es raro encontrar un problema y más frecuente ver sortear los problemas. Cuando, a pesar de todo, hay que enfrentarse con una situación, se echa mano de la declamación, generalmente sentimental. Y el personaje que pronuncia las frases más simpáticas es el que gana la partida indefectiblemente. Como todas las personas profundamente sensatas y buenas, Rusiñol era enemigo declarado de los siete pecados capitales, del resto de los pecados y no digamos de los veniales. Odiaba el orgullo, la avaricia, la gula, etc., etc. No comprendía por qué los hombres y las mujeres no han de ser permanentemente correctos, ilustrados y buenos. Esta mentalidad de legislador doceañista estaba en él tan arraigada y consideraba su posición tan inatacable y fuerte que siempre creyó que para deshacer los entuertos —al menos en el teatro— bastaba con la declamación. Pedirle más hubiera sido poner en duda no solo su sensatez fundamental, sino la sensatez que atribuía a la humanidad entera. Pero dado que la vida plantea esta duda permanentemente, su teatro resultó ligeramente gratuito.

La prosa dramática de Rusiñol guarda una correspondencia perfecta con la facilidad de su forma teatral. Es fluente, llana, generalmente sonriente. En los momentos precisos se convierte en declamatoria —pero justo lo preciso—. Es inobservable en ella la media tinta, el matiz, la esfumatura como reflejo psicológico o como reflejo de una situación difícil que se ha intentado resolver o que se ha resuelto. A personajes claros y simples, correspondía una prosa clara y simple. No podía ser de otra manera. Los dramas, los mayores dramas de Rusiñol, están basados en el encuentro fortuito. Dan la impresión de que los personajes que encarnan, en un momento determinado, tendencias diversas se encuentran por casualidad y discuten un rato siempre sensatamente. Los arañazos son leves. La digitación superficial. La dialéctica muy tenue, pero clarísima. Una prosa más complicada hubiera roto la felicidad de la fórmula misma.

Esta simplicidad literaria es lo que da al público de este teatro la sensación de que los personajes que entran y salen están vivos. En la generalidad de los casos, la luminosidad de las palabras, la frescura de la literatura del diálogo —tan incorrecta y tan viva— daba a los elementos humanos del diálogo un aire de ser de carne y hueso, cuando en realidad, examinados con un poco de atención, su característica era una pobreza psicológica muy acentuada, casi alarmante. Los personajes de Rusiñol son en los juegos y rejuegos de la vida tan poco consistentes que si no hablaran un lenguaje sencillo, el mismo lenguaje de la calle, darían la impresión de ser irreales, absolutamente superfluos.

Estas consideraciones generales pueden aplicarse, me parece a mí y salvo mejor parecer, a los dramas. Los dramas de Rusiñol han envejecido mucho. Ya nacieron viejos. Aquí está *El Místic*, este drama escrito para Enric Borràs —para que Enric Borràs pusiera los ojos en blanco en casi todos los teatros de España y de América—. *El Místic* dio a Rusiñol una serie ininterrumpida de triunfos escénicos. Pero le dio también un gran disgusto. Fue la obra que los intelectuales catalanes de la generación posterior —los novecentistas de Eugenio d'Ors— tomaron como caballo de batalla para manifestar una disparidad que, a pesar de la blancura de los ojos de Borràs, no hubiera debido ponerse de manifiesto. ¡Los viejos! ¡Los jóvenes! Viejas historias infantiles... Desde este desvío, Rusiñol, que era muy sensible al cariño y al aplauso, se separó ostensiblemente de un esfuerzo que consideró vacuo y pedantesco y acentuó lo que Léon Daudet llamaba el estilo de la vida. Solo que Daudet aplicó esta fórmula a una lengua tan formada y cristalizada como la francesa y Rusiñol a una madeja poco trabajada y bastante informe, lo que aumentó el galimatías.

El Místic pretende ser una apología de mosén Cinto, nuestro gran poeta y mayor prosista, de quien se dijo que padeció persecución de parte de algunas autoridades eclesiásticas y de algunos devotos influyentes. Pero mosén Ramon de *El Místic* es una esquematización caprichosa de Verdaguer —cuyo caso es hoy mejor conocido que cuando Rusiñol escribió su drama— y desde luego es un personaje que nada tiene que ver con la mística. ¿Qué pretende mosén Ramon? ¿Qué clase de personaje es mosén Ramon? Es un personaje vago, entroncado con la vaguedad misma del pensamiento de Rusiñol. Desde luego, no parece ser un místico en el sentido que universalmente tiene esta palabra. En un ensayo luminoso de Ramiro de Maeztu sobre el teatro de Rusiñol publicado en *La Prensa* de Buenos Aires, se afirma que mosén Ramon es un temperamento enamoradizo, con más vocación para el matrimonio que para el sacerdocio. Si esto es así, la declaración de principio que pronuncia mosén Ramon en la obra obedece a una tendencia que podríamos llamar rasputiniana. Hela aquí —respetando la ortografía de don Santiago.

Si la vida no és més que un trist desterro
plau-me, senyor del cel, ser desterrat.
Si la vida és presó amb anells de ferro
a la vida vull viure encadenat.
Vull sufrir de la mort de sentir viure.
Vull no ser, mentre sia al món clavat.
Vull passar sense un auba ni un somriure.
Vull no viure, vivint de soletat.
Quan mes baix el meu cos aquí devalli
més amunt, oh, Jesús, remontaré.
Quan més fosc sia el món que m'amortalli
amb més gloria i més llum al cel viuré.
Conforta'm, mon Jesús, l'immens desfici
que em daleix d'apropar-me cap a Vós.

No em dexau, ací baix, en el suplici
d'anyorança, de pena i de dolors.
Que la mort em serà deslliuradora.
Qu'el morí m'omplirà de resplandor
si al tancar les parpelles de la vida
*a n'el cel puc pujar vers la claror.**

¿Cómo no había de tener *El Místic* la resonancia teatral que tuvo si el protagonista tiene unos sentimientos tan excelentes, habla un lenguaje tan elevado y simpático, tan elevado que no sabe exactamente lo que quiere? Pero ¿y si mosén Ramon fuera otra cosa? ¿Qué clase de hombre es mosén Ramon? ¿Qué pretende? ¡Quién sabe! Solo sabemos que mosén Ramon es un personaje profundamente simpático y esta es la clave de este teatro. *La Mare*, otro éxito de Rusiñol, está basada también en la sublimidad de sentimientos y en la simpatía de los personajes. De sus comedias sentimentales cabría decir lo mismo si se tuviera el cuidado de dosificar la simpatía con las gotas agridulces del humor santiaguesco.

* «Si la vida no es más que un triste destierro / pláceme, Señor del cielo, estar desterrado. / Si la vida es prisión con anillas de hierro / a la vida quiero vivir encadenado. / Quiero sufrir de la muerte de sentir vivir. / Quiero no ser mientras esté clavado al mundo. / Quiero pasar sin una alba ni una sonrisa. / Quiero no vivir, viviendo en soledad. / Cuanto más bajo descienda aquí mi cuerpo, / más arriba, oh Jesús, remontaré. / Cuanto más oscuro sea el mundo que me amortaje, / con más gloria y más luz en el cielo viviré. / Confórtame, Jesús mío, de la inmensa desazón / que me hace anhelar acercarme hacia Vos. / No me dejéis, aquí abajo, en el suplicio / de añoranza, de pena y de dolores. / Que la muerte será libertadora para mí. / Que el morir me llenará de resplandor / si al cerrar los párpados de la vida / puedo subir al cielo hacia la claridad.»

Es muy posible que Rusiñol haya escrito el teatro más profundamente acordado a su personalidad. No hubiera podido escribir otro aunque se lo hubiera propuesto. En la vastísima y diversa producción artística de este autor, su teatro responde, a mi entender, a una actividad casi inconsciente. Puede parecer una paradoja decir que en la formación de un drama o de una comedia, género que responde a las formas de la actividad mental más avivadas cerebralmente, más dialécticas, pueden entrar, preferentemente, los subconscientes. Sin embargo, en este caso la cosa parece bastante cierta. En su teatro, Rusiñol no crea personajes, sino que describe sus estados de espíritu. Este espíritu es el efecto de un hombre, de un país determinado, responde a una cultura general determinada, a unos gustos predominantes. La característica más notoria de este espíritu es un honor a los sentimientos profundos —que por serlo son oscuros casi necesariamente— y una tendencia constante a sustituirlos por digitaciones dialécticas someras, muy leves. Lo claro, aunque tenue, aunque irreal, es la cultura. Lo profundo, por misterioso, aunque real, es naturaleza. Rusiñol tendía inconscientemente a lo que imperativos ancestrales le comunicaban con vigor inexorable.

A nuestro modesto entender, el teatro cómico de Rusiñol es infinitamente superior a sus dramas y a sus comedias sentimentales. Lo que tiene su teatro de más originalidad, las agudezas más finas del hombre de teatro, su temperamento teatral indiscutible, se hace palmario en sus obras francamente humorísticas. El auténtico Rusiñol escritor dramático está en sus sainetes y en sus farsas. En *Llibertat!*, que tradujo al castellano Benavente, se pone en escena el contraste de determinado ambiente obrero, muy libertario, que no sabe tratar con liberalidad a un pobre negro que con él vive. Basta el enunciado del contraste para ver surgir el chorro de realismo y de humor que de él brota espontáneamente.

En las obras humorísticas, el instinto, la fuerza creadora del artista se proyectan libremente, sin traba alguna, con una naturalidad a veces prodigiosa, siempre picante y sabrosa. La declamación es inexistente. El escamoteo, eliminado. El realismo, vivísimo. En estas obras, Rusiñol, esencialmente, refleja. Son escenas vividas o vistas o construidas sobre hipótesis absolutamente plausibles. Cuando Rusiñol no se encuentra en la triste y penosa necesidad de pensar, generalmente acierta, es excelente. Incluso diría que entonces su vuelo es menos gallináceo y trasciende de su época. La atmósfera sentimental de sus dramas —a veces densísima, pesada— tiene la marca inconfundible de una moda, de una época. En sus farsas y sainetes la moda queda superada, y la época. La atmósfera sentimental de sus dramas colecta todo lo necesario del momento: así encontramos en ellos resabios de problemas pictóricos, de sucesos políticos y hasta de discusiones sociológicas —séame la palabra permitida—. En este sentido, hay obras teatrales de Rusiñol tan típicamente modernistas que murieron cuando esta modalidad del gusto feneció en una convulsión de hierros y cementos. En cambio, las obras estrictamente humorísticas se mantienen inmarcesibles; depasan el localismo y la estrechez de las formas de un determinado tiempo.

En ellas Rusiñol relata, simplemente. Describe lo que ha visto o lo que ha vivido. Siguiendo su costumbre deforma ligeramente hombres y cosas. Poco. Muy poco.

Generalmente la sonrisa nace —o la carcajada— de un exceso de sensatez y de buen sentido. Se ha dicho que estas obras no irradian su propia luminosidad sino que en ellas Rusiñol refracta las luces de su contorno. Se ha dicho bien. Y, sin embargo, en estas obras de luz refractada hay, a mi entender, mucha más originalidad que en las otras, más perennidad y más vida. Rusiñol, que por las formas de su sentimentalismo, sobre todo, es inseparable de un determinado tiempo porque vivió esclavizado voluntariamente a sí mismo, encontró, en sus farsas y *pochades*, una liberación de su espíritu. Por esto dio aquí —es natural— un mayor y más excelente rendimiento.

Generalmente estas obras son monólogos. Monólogos contrastados a veces por el sentido del ridículo. Otras veces por personajes que se alían con el sentido del ridículo o simplemente con el buen sentido. Y ya se comprenderá que, en este punto, Rusiñol encontró en la clase burguesa —sobre todo la enriquecida por arte de birlibirloque— una cantera de tipos inagotable, riquísima. Habiendo coincidido la vida del artista con el engrandecimiento de Cataluña en orden a su riqueza, hubo siempre en su contorno gentes que hubieron de llamarse «bien» para parecerlo y nuevos ricos. También encontró —otra característica de las épocas de prosperidad y de tranquilidad— tipos graciosos que tienen ideas personales sobre algunos aspectos de la vida. Escenificó a algunos de estos tipos y allí están, hablando de sus manías retrospectivas.

Rusiñol, se burló, se chanceó de la burguesía. Esto es evidente. A veces sangrientamente. Jamás con intenciones subversivas. Fue tan poco revolucionario Rusiñol en sus sátiras que es imposible encontrar en su obra entera una solución que oponer —pueril o seria, práctica o utópica— a lo que combate con tanta saña y tan tenazmente. Frente a lo que critica acerbamente, formula apelaciones vagas a la Bondad, a la Belleza y desde luego insinúa que los hombres y las mujeres debían de ser de otra manera. Rusiñol nos va diciendo, en el curso de su obra dramática:

—¿Ven ustedes? Esto que les pongo delante es absoluta y radicalmente grotesco... ¿No les parece? ¡Qué bello sería el mundo si las cosas fueran de otra manera!

Y nosotros hemos de convenir que lo que Rusiñol nos presenta como grotesco lo es realmente. Raras veces se equivoca. Su buen gusto intuitivo, su perfecta discreción, su hombría de bien, le permiten acertar infaliblemente. En vista de lo cual, nosotros agradecemos complacidos a Rusiñol sus fustigaciones y sus chanzas y encontramos tan plausible su intención que, por escasa que sea nuestra sensibilidad social, nos enmendamos en lo posible. Y a la larga hemos de convenir que con sus bromas y veras Rusiñol fue un activísimo valor educativo de enorme eficacia frente a una sociedad tan plástica y maleable como la nuestra.

Rusiñol criticó los excesos de la burguesía y a veces la burguesía misma, pero fue adorado por ella. Cuanto más sarcástica fue su opinión y a más hondura llegó su bisturí, más densas fueron las aclamaciones y más francos los vítores. ¿No es extraño? Lo que la producción dramática y novelística de Rusiñol tiene de más saliente es una constante caricatura de nuestras costumbres y, sin embargo, el caricaturista irreverente y burlón fue querido de todo el mundo. El fenómeno es más de admirar en esta tierra, sobre la que flota casi siempre un cierto chovinismo —que por otra parte, a mi entender y en el terreno de la relatividad en que siempre conviene colocarse, es generalmente justificado y comprensible—. Ello no obstante, Rusiñol fue siempre universalmente apreciado y pudo permitirse el lujo de ejercer el oficio de francotirador en cada momento. Ello se explica por las razones que implícitamente llevamos apuntadas. La sátira de Rusiñol es la más hiriente, tiene siempre un aspecto sonriente y una brillante simpatía. Es a veces honda pero justificada, jamás gratuita, y generalmente lleva consigo una postulación de indulgencia. Hiere, pero no devasta innecesariamente.

¿Y cómo hubiera podido ser la sátira de don Santiago diferente? Rusiñol fue un enfermo. Estuvo casi siempre enfermo en la vida, pero su equilibrio biológico se mantuvo lo suficientemente estable para que se considerara obligado a ejercer una forma u otra de crueldad —gratuita o deliberada—. Su tristeza fue de orden mental. Imbuido de la teoría del arte por el arte, creyendo que la finalidad de la vida es el cultivo de las sensaciones producidas por las formas bellas, su desilusión fue constante y la infelicidad persistente. No podía ser de otra manera. La finalidad de su vida no es la sensación estética sino el mantenimiento de un relativismo ético. Su melancolía mental contribuyó a su destrucción de manera cierta pero no le llevó a devastar su paisaje circundante —como se observa en la vida de tantos espíritus—. En todo lo demás —o en casi todo— Rusiñol fue un hijo de la fortuna que le trató soberbiamente. Cuando le llegó a su existencia el turno de los homenajes, tuvo siempre Rusiñol un cuidado especial en quitar de estos actos el tono de reparación, el espíritu de hacer justicia que en España suelen tener siempre.

—¡Cuidado, cuidado! —decía—. Aquí no se trata de reparar nada. Yo no he sido jamás un artista incomprendido. Yo no he sufrido nada. Todo lo que he hecho ha sido para divertirme. Nadie se considere en déficit conmigo. La vida no está en déficit conmigo. He tenido todo lo que he deseado, todo ha sido para mí asequible... Yo soy un hombre sin calvario.

El señor Esteve

Cuando apareció *L'auca del senyor Esteve*, *Las aleluyas del señor Esteve*, el público acogió la obra con un interés considerable. El libro, amasado en los recuerdos infantiles de Rusiñol, formado con la silueta del abuelo don Jaume, era un adiós a las teorías estéticas, al simbolismo, a las elucubraciones de la juventud, a la vaguedad de los primeros años. No puede hacerse un libro de recuerdos a base de subrayar teorías. Hay que trabajar con lo que existe, con el realismo. Y así resultó este el primer gran libro de Rusiñol, el mejor de todos los que ha escrito —siendo el segundo, quizá, *L'Illa de la calma*—. De las fórmulas estéticas se despidió Rusiñol, sin pena ni gloria. Coincidiendo con la aparición de *L'auca*, dijo Rusiñol en un artículo exaltando las poesías de don Joan Alcover: «Estas poesías demuestran que la mejor estética es no tenerla».

Los intelectuales recibieron el libro con menos entusiasmo que el público. En *La Il·lustració Catalana*, los críticos del grupo Matheu, o sea la flor y nata del país, sostuvieron que el libro era muy tenue, que adolecía de falta de información, que era una esquematización caprichosa y pueril de una época. Bueno. Posiblemente tuvieran razón. Decir que Rusiñol es tenue es abrir una puerta abierta. Además, tener razón, en teoría, ¿es tener algo? Aquellos buenos señores no se dieron cuenta de que la aparición del señor Esteve simplificó considerablemente el lenguaje psicológico de las gentes. Casi inmediatamente después de aparecer el libro, cuando alguien quiso describir al burgués catalán, ligeramente antipático, ordenador, práctico, realista, bajo de techo, prudente y ahorrativo, dijo:

—*És un senyor Esteve...*

Creyeron que *L'auca* era un libro más y no vieron que Rusiñol había creado una figura arquetípica, un símbolo psicológico que durará mientras nuestro pueblo, como grupo social, exista. Todo lo demás son pamplinas. El señor Esteve existe hoy con mucha más vitalidad que el día en que apareció el libro. En cada momento de la vida tenemos a nuestro alcance habitual un señor Esteve, como viviendo en Francia tratamos a cada instante a los personajes de Molière y viviendo en Inglaterra a los personajes de Dickens. Yo, tú, él... es un señor Esteve.

¿El señor Esteve? ¡Mucho gusto en conocerlo! ¿Qué clase de hombre es el señor Esteve? *Las aleluyas del señor Esteve* —se ha dicho— pueden ser las de todos los barceloneses, las de la ciudad de Barcelona, la historia de su progreso urbano —entiéndase de su progreso moderno—. Esto desde luego. Sin embargo, esta definición es tan general, que no compromete a nada. Hay que ahondar un poco más y... entonces surgen las diferencias. Surgen las diferencias porque el señor Esteve es algo tan presente en nuestro sistema mental que forma parte integrante, relevante, de la lucha política, es decir, de nuestra vida social misma.

Ha sido, me parece, don Gabriel Alomar quien, colocándose en un plano de detractor del señor Esteve, ha formulado una opinión de tipo maximalista —opinión que han compartido y comparten miles y miles de seres—. Porque hay que desengañarse: el señor Esteve no tiene simpatías. «Rusiñol —ha escrito Alomar— es la compensación y la excusa de los defectos de su raza. Sobre aquella mediocridad cautelosa y tímida que se ha llamado *seny*, o sea *cordura* en el peor de los sentidos, y que muchos ingenuos han querido presentar como la fundamental virtud catalana, Rusiñol ha dejado caer la risa purificadora, la burla sana, eternamente juvenil. Contra aquella personificación molieresca del señor Esteve, destinada a la inmortalidad, Rusiñol ha rehabilitado en Cataluña la lanza quijotesca, el amor por las bellas ilusiones y ha osado gritar jubilosamente el santo y seña de los escogidos: *¡Abajo el sentido común!*»

Este texto será siempre apto para figurar en el florilegio de nuestros mejores textos anarquistas. En el mismo se nos invita a echar por la borda la cantidad mayor o menor de cordura que podamos tener en cada momento, pero yo me pregunto: si a pesar de tener tanta cordura, hemos cometido, y cometemos a cada momento, tantas tonterías, ¿qué sería de nosotros si no la tuviéramos? ¿Qué será de nosotros el día que acordemos prescindir definitivamente de ella y nos entreguemos en brazos de las bellas ilusiones previa la abolición del sentido común? A través de la contemplación de la historia de los últimos años, cada vez que pienso en el porvenir simbolizado en la lanza quijotesca, me siento atrozmente mareado, deshecho.

Cuando Rusiñol escribió *L'auca*, tenía sobre el señor Esteve las ideas que Alomar postuló sobre el personaje —forzoso es reconocerlo—. La intención de Rusiñol era crítica. Nos quiso dar a conocer un tipo bastante ridículo y, en algunos aspectos, francamente grotesco. Un personaje representativo de lo que él fustigó con tanta insistencia: del orden burgués. Para elaborarlo, utilizó, según confesión propia, los recuerdos que tenía de don Jaume, su abuelo, el creador y continuador de La Puntual. Cuando la obra fue escrita, el nieto le tenía hincha al abuelo. «Mi abuelo —escribió don Santiago poco antes de morir— no me dejaba ir a la Lonja a aprender a dibujar porque decía que aquello era ir contra el espíritu de La Puntual, de manera que si satisfice mi afición al dibujo, fue sacrificando horas de descanso y diversiones, que no las podía distraer del despacho de mi abuelo. La intransigencia de mi abuelo me privó de pintar, leer y escribir otros asuntos que no fueran facturas, hasta que se fue de este mundo...» En lo que escribe un hombre sobre su vida siempre puede existir una tendencia a justificarse sobre las espaldas ajenas. En este sentido, el texto rezuma infantilismo, pero lo cierto es que contiene también un rencor, un rescoldo de rencor inextinguible.

Desde ningún punto de vista puede decirse que Rusiñol al escribir este libro tratara —como se ha escrito— de reivindicar al señor Esteve. No. Lo que hizo fue ridiculizarlo con sarcasmo evidente.

El libro es la historia de la ascensión de una familia. El señor Esteve vive con la ilusión del progreso menudo, insignificante, de cada día, familiar e íntimo. Su psicología es intrascendente, rutinaria, baja de techo. Los ideales que le alimentan son mezquinos: son los ideales de una tienda, La Puntual, que va desarrollándose de una manera mediocre y lenta pero positivamente. Hombre abnegado y trabajador, su afán mayor es ahorrar —ahorrar para los otros más que para sí mismo—, al objeto de dejar, en el momento de su muerte, unos herederos dignos de su nombre y de la tradición de la tienda.

Realmente: la cosa es insignificante. Todos los esnobs del tiempo lo proclaman *ex abundantia cordis* y en todos los terrenos. Resultó, sin embargo, que cuando fue examinada la obra seriamente, lo que Rusiñol había escrito sarcásticamente fue tomando un cuerpo de apología. Lo que a Rusiñol le había parecido risible resultaba ser la esencia misma de nuestra civilización, la condición indispensable del progreso en todos los aspectos, la historia de la incorporación de Cataluña a la vida moderna —o sea la vida burguesa—. El señor Esteve no es un héroe. De acuerdo. No habla jamás sin ton ni son. Su cultura profunda está en la moderación de sus pasiones y de sus ideas. Su vuelo es gallináceo. Su sensibilidad es coriácea y de alas cortísimas. Tampoco puede decirse que sea un caballero en el sentido etimológico de la palabra, que viene de caballo, como es obvio que viene. El señor Esteve no montó jamás a caballo y tenía un respeto innato por estos animales tan considerables y soberbios. El señor Esteve es un zafio, un poco ramplón, pero paga religiosamente sus deudas y las letras que el banco le presenta. No es un juerguista, ni un maldiciente, ni un aprovechado, ni un camelista. Es vulgar pero es serio. Es insignificante pero es positivo. No es genial pero es eficaz. Es grotesco pero es respetable. Es chabacano pero es bueno, etcétera. Sobre el señor Esteve se basan los progresos del país y el bienestar del pueblo. En una palabra: decir, describir lo que es este señor implica hacer una apología de las partes más sólidas y considerables de nuestra civilización moderna.

Rusiñol escribe, con su sonrisa burlona:

Es casen a Sant Cugat
*amb pau i tranquil·litat.**

Pero esta paz y tranquilidad, ¡quién la tuviera! ¡Qué envidia produce hoy su lejanía! Rusiñol quiso ridiculizarla y nos llegó, de tras cortina, una música como la de Mozart, la música de las esferas. Y del dístico que va a continuación:

Van a fer una costellada
*a la Muntanya pelada...***

¿No perciben ustedes hoy su intensa melancolía? ¡Cuántos recuerdos, cuántos años perdidos, devastados, muertos!

Mi idea, mi modestísima idea, es que Rusiñol no tuvo suficiente inteligencia para menoscabar en un milímetro la gigantesca figura del señor Esteve. ¡Se hubiera necesitado un genio y todavía! Cuando Bernard Shaw se ha encarado con alguno de los prototipos que ha tratado de destripar, ha hecho generalmente el ridículo. De Rusiñol lo menos que puede decirse es que el tiro le salió por la culata. Es ello tan cierto que no pueden examinarse hoy las *Aleluyas* sin que se imponga

* «Se casan en Sant Cugat / con paz y tranquilidad.»
** «Van a celebrar una parrillada / en la Montaña Pelada...»

instantáneamente la idea de que el libro es un recuerdo-homenaje a la memoria del abuelo, que con su virtuosa constancia en el trabajo ha creado la Barcelona, la Cataluña de hoy. Al resucitar episodios, fiestas, tendencias, pasiones, desvelos, tradiciones ya pasadas, Rusiñol vertió, casi inconscientemente, en su trabajo un interés cautivador, saturado de delicadeza emotiva, un trémulo vital, transido de sentimentalismo. Hay ironía, sátira, sarcasmo en las famosas *Aleluyas*, pero hay también observación y realidad, que es la forma más alta del respeto.

Con cuatro trazos seguros, aunque abocetados, Rusiñol evoca una época, mal conocida, generalmente despreciada: los albores de nuestra civilización industrial. Ahí es nada... Todo lo que somos, todo lo que Cataluña es, se debe a aquella generación gigantesca. El pequeño industrial, el tendero, no pueden tener los ideales —generalmente verbales— de los artistas. Pero tienen su ideal, un ideal de hormiga:

Per fer créixer la botiga,
*treballen com la formiga.**

(Rusiñol, como artista, cayó en el absurdo tópico de despreciar a las hormigas como símbolo) —pero en él palpita un destello de auténtico idealismo—. En el momento de morir, ve el señor Esteve, en su hijo —que será escultor—, un continuador (de otro tipo) de la perseverancia familiar, heredada de las generaciones anteriores, perfectamente digna. Todo el problema consiste en saber qué se hizo de este escultor y de aqui-

* «Para hacer crecer la tienda / trabajan como la hormiga.»

latar si en su profesión fue más o menos positivo que en la suya el señor Esteve. Hay, en este punto, una interrogación persistente. Lo que sí es cierto es que este artista pudo, gracias a los ahorros de los viejos, tener sensaciones, soñar tortillas y sentir la alegría de la tristeza, cosa que siempre es, por lo cómodo, de estimar, si uno no es un desagradecido. Y esto no quiere decir, desde luego, que Rusiñol, personalmente, lo fuese.

En ningún momento, la personificación santiaguesca del señor Esteve contiene trazos de saña o de dureza. Pero luego vinieron los anarquistas y dijeron: el burgués catalán, el señor Esteve, es el más duro, más implacable, más feroz de la tierra. Yo he oído manifestar esta opinión a personas cuyo peso fue, en ciertos momentos de la política española, decisivo. Y así se fue formando un señor Esteve filisteo, siniestro. El señor Esteve fue conocido en todo el ámbito nacional y sucedió —cosa que sucede siempre a los prototipos— que fue tanto más popular cuanto menos se fue leyendo el libro que lo presenta. Hasta que Rusiñol tuvo que tomar cartas en el asunto y decir, en unas declaraciones públicas, que el señor Esteve que presentaban no era el suyo, que no se parecía en nada al personaje de sus *Aleluyas*. Pero ello demostró precisamente que el señor Esteve entraba en la categoría de los prototipos literarios y psicológicos, porque la característica de ellos es su adaptación al paso de las generaciones sucesivas que transforman su forma y su color constantemente.

Si, pues, la personificación santiaguesca del señor Esteve no llega a contener trazos de dureza, responde sin embargo a un criterio opuesto. Rusiñol desenfoca la figura por romanticismo, por exceso de sentimentalismo. Ello falsea la presentación en vez de mantener la intuición estética en aquel punto de equilibrio en que la representación y el sentimiento son una misma cosa. Para un romántico, un ser humano es un mero obstáculo levantado en su campo visual, generalmente molesto. Pero los seres humanos son mucho más que eso y si los miramos con ojos profundos, con ojos que sepan ver lo que contiene de eterno su momento presente —en lo espacial, en lo temporal, en el devenir—, nos identificamos fatalmente con ellos. En el drama y en la novela, esta manera o método de trabajo es esencial. «Solo cuando en la visión de los seres —ha escrito Maeztu— entrevemos el horizonte a donde se encaminan, nacen al mismo tiempo la piedad fuerte y el sentido épico.»

Ha resultado, pues, que la figura del señor Esteve es considerablemente mayor que el libro de aleluyas que relatan su vida. Por exceso de romanticismo —por falta de caridad, diríamos— el libro de Rusiñol *L'auca* no ha podido llegar a ser el mejor libro catalán, quizá, de todos los tiempos. Es una lucecita que ilumina una figura que sabemos que está ahí y que entrevemos gigantesca. Después de todo lo que contra el señor Esteve se ha dicho, después de todo lo que se ha criticado al tendero, al comerciante, al industrial y su punto de vista del «debe» y del «haber» con que se le acusa de resolver todas las cuestiones, el señor Esteve resulta un Atlante. A Atlante, se le pinta, en la mitología, con la bola del mundo a la espalda. Para ser justos, al señor Esteve hay que imaginarlo con Barcelona al hombro, porque es él, sobre todo, quien la ha hecho. ¡Sí, sí, es él quien la ha hecho! ¿De dónde ha salido esta gran ciudad moderna, la concentración de vida más pujante del Mediterráneo actual, con tantos esplendores de virtud y tantos placeres sin cuento, sino de aquel pobre señor de la calle de la Princesa, tan estrecho, tan tacaño, tan irrisorio y miserable, tan previsor y laborioso al mismo tiempo? Gracias al señor Esteve, Rusiñol pudo pintar sus cuadros, levantarse cada día a las tres de la tarde, escribir sus novelas y comedias y darse la vidaza del bohemio rico. Gracias al señor Esteve, Rusiñol pudo estar triste toda la vida sin consecuencias, que era lo que le gustaba más en la tierra.

Cuando se establece la diferencia entre el Rusiñol pintor y el literato se clarean mucho, a mi entender, las consideraciones que estamos haciendo. A su obra literaria le faltó la intuición amorosa que puso siempre en la pintura de los paisajes y sobre todo de los jardines. Jamás creyó don Santiago que todo fuera igualmente digno de pintarse. Esta idea le separó profundamente de los impresionistas. Escogía, con atención aguda, los motivos. El encaje de la tela era, para él, problema esencialísimo. Tenía la obsesión de la simetría: la parte izquierda de la tela ha de ser igual o casi igual a la de la derecha; si ponía un naranjo y un ciprés a un lado, tenía que poner un naranjo y un ciprés en el otro; un objeto a un lado, otro objeto igual al otro, y agua, si la hubiese, en medio. A través de esta concepción rígida de la simetría, de su obsesión por la simetría y la perspectiva —típicas obsesiones de la pintura occidental— Rusiñol aspiraba a fundirse en la armonía universal. Consideraba que el perfecto encaje de la tela era el vehículo que permitía remontarse al sentimiento de la armonía. De este modo llegó muchas veces a rozar su ideal pictórico, que no era realista, como tantas veces hemos dicho, sino un esfuerzo para pintar lo inexpresable, lo inasequible. Más que pintar las cosas, lo que pretende el artista es pintar su tristeza, su melancolía reflejada en ellas, sus estados anímicos finitos e infinitos —y de cuyo contraste nace la melancolía.

El ejercicio de la pintura le producía a Rusiñol un estado de reposo. A Ramon Casas, le sucedía lo contrario. Rusiñol se separaba de sus telas con añoranza; hubiera deseado continuar siempre. Casas tenía la obsesión de terminar lo antes posible. El reposo a que la pintura inmergía a Rusiñol significa que al pintar se olvidaba de sí mismo para fundirse, sin reticencias, en lo que contemplaba. Se identificaba con ello, ante el paisaje, dejaba de ser un solitario, lo que le hacía superar, a cada momento, las sorpresas, generalmente desagradables, de la naturaleza.

Cuando escribía, era asunto muy distinto. Necesitaba generalmente un excitante de hostilidad social. Rusiñol vivió toda la vida en la desagradable sorpresa de descubrir que los hombres son distintos de lo que él hubiera querido que fuesen. Menudeó tanto este infantil descubrimiento que a la postre se convirtió en un cazador de ridiculeces ajenas. Al ojeo de ridiculeces y de posiciones grotescas. Y así, cuando empuñaba la pluma, restallaba el látigo. Si el lector se toma la molestia —que en todo caso será provechosa— de leer los escritos de Rusiñol, podrá constatar que muchos de ellos tienen una dosis, mayor o menor, de energumenismo. El reposo que encontraba en la pintura se trocaba, con una pluma en la mano, en frenesí más o menos contenido. Por esto hay tantos escritos de Rusiñol que son ya, en todo o en parte, bastante ilegibles.

Es posible que Rusiñol viera perfectamente claro todo esto. Algún tiempo después de haber publicado *L'auca del senyor Esteve*, el autor comenzó los trabajos para la escenificación de la misma. Alrededor de 1910 la adaptación teatral estaba terminada. Fue ofrecida a los empresarios del tiempo. Alegando los cuantiosos gastos que la representación requería, las empresas se reservaron. El famoso Franquesa, que tenía fama de ser hombre avisado, se lo quitó de delante. Franquesa no creyó en el éxito. La cosa quedó en un punto muerto. La obra de Rusiñol que logró un éxito más sincero fue la única que encontró dificultades para ser estrenada. Se intentaron, luego, algunas empresas colectivas para ponerla en escena. Finalmente en 1917, después de años y años de incertidumbre, cogieron por su cuenta el asunto dos empresarios desligados en absoluto del teatro catalán. La obra fue estrenada en el Teatro Victoria, en el Paralelo. A su alrededor se había formado una verdadera leyenda. Cuando se levantó el telón y apareció el Jardín del General, pintado por Vilumara, se sintió en la sala el rumor inconfundible que precede al estallido popular, el éxito arrollador. La obra se representó en el Victoria más de 125 veces seguidas, en medio de un *crescendo* triunfal. Luego se hizo en todas partes, con características idénticas.

Pero lo importante, ahora, es esto: comparando las aleluyas teatrales del señor Esteve con la madeja novelística que le sirvió de cantera, resulta que la obra de teatro es mucho más humana, más benigna, más comprensiva: esta fue la clave de su éxito. Para dar una idea del mismo, diremos que don Santiago salió literalmente estrujado de los abrazos que recibió. Durante una semana, las ilusiones del triunfo le ayudaron a soportar la sobrecarga de tristeza. Bueno. Lo cierto es que lo que el público apreció en la obra fueron las viejas, desteñidas escenas de la Barcelona antigua: la evocación de unos episodios, de unas fiestas, de un ambiente, como la silueta de un personaje humanísimo. Era el abuelo, don Jaume, el que llenaba la escena, el ambiente de Santa Maria del Mar, la considerable, ilustrada, buena, arcaica ciudadanía barcelonesa. Corrigiendo, en lo posible, la tradición anarquista, pudo escribirse entonces que la obra era «el homenaje más conmovedor que Rusiñol podía dedicar a su ascendiente». Y es que Rusiñol, cuando escribiendo lograba humanizarse, era irresistible.

Otro aspecto tiene, y grande, esta obra y en general todo lo que escribió don Santiago, y es el de separar en dos partes la literatura catalana contemporánea: antes y después de Rusiñol, entendiéndose que este pertenece por entero a su generación y a los modos que estaban en boga a fines de siglo. «El humorismo de Rusiñol —ha escrito don Josep Escofet— contiene escasa literatura, es inelegante, no se ha afinado ni con el estudio ni con el dolor; obedece tan solo a una alegría espontánea y no persiguió otro fin que divertir a un auditorio y al público que busca, en la lectura, un pasatiempo.» Este juicio no responde, a mi juicio, a mi criterio de exacta comprensión, pero con las modificaciones que al mismo podrá hacer el lector de este libro, puede darse como tendencialmente bueno. Pero lo mejor que a mi entender contiene este texto es lo que lleva implícito, es decir: la constatación de que Rusiñol fue, esencialmente, un reflejo del pueblo de su tiempo, una emanación de su época. Después de Rusiñol, nuestra literatura se separa, se distancia del pueblo. Aspira a una intemporalidad muy ambiciosa y a mi entender inasequible. No sigue paralelamente la vida de la época; deliberadamente aspira a suprimir la espontaneidad, a vivir al margen de tradiciones ancestrales de la máxima fuerza. Prefiere el enrarecimiento de la cátedra y de la biblioteca a la calle tumultuaria, grosera y diversa; se convierte en doctoral, erudita y pedantesca. Yo usé siempre una palabra para significar esta tendencia: la literatura se provenzaliza, se refina verbalmente, sus venas se mineralizan. Afortunadamente, después de los novecentistas salió otra generación, que trató de salvar, en lo posible, una tradición vitalizada, existente.

... Y luego llega la muerte del señor Esteve y su entierro en un nicho del cementerio viejo. Dice el dístico de las *Aleluyas*:

I aquí s'acaba la història!
*Nostre Senyor el tinga en glòria!**

* «¡Y aquí termina la historia! / ¡Nuestro Señor lo tenga en gloria!»

Rusiñol, coleccionista. El Cau Ferrat

«Donde Rusiñol reclama la unánime admiración —ha escrito Joan Sacs— es en su actividad como coleccionista. Fue el primer coleccionista español y el primer coleccionista del mundo de obras del Greco. Fue el descubridor y el vindicador de este pintor... Pero su gran pasión fueron los hierros y los vidrios. En este aspecto que le apasionó más que nada, logró reunir un conjunto famosísimo. Tiene tanto valor este conjunto que ni los especialistas que lo han puesto en las estrellas han podido llegar a articular todo el elogio que merece.»

En esta labor de coleccionista puso Rusiñol una voluntad, una tenacidad inflexible —que contrasta con el punto de ligero abandono, de facilidad deshuesada, que dio a su literatura y a su pintura—. La cohesión de sus ideas fue, en este punto, tan fuerte como la firmeza de sus propósitos. Cuando deseaba una cosa la quería enseguida, hacía toda clase de esfuerzos para hacerla suya, costase lo que costase, estuviere donde estuviere. Hábil y tolerante —débil— frente a todas las cosas de la vida, era inflexible para aumentar su colección, no cedía ni a razonamientos, ni a sugestiones, ni a presiones, ni a halagos. Estoico, hombre que resistió el dolor, el cansancio, las privaciones momentáneas y toda clase de incomodidades más que por dureza interna, por voluntad acomodaticia de pasar el mal momento lo antes posible, cuando se trataba de una pieza de su colección, se convertía en un impaciente.

Su pasión por los hierros le colocó en el centro del mercado de estos objetos durante veinte o veinticinco años —es decir, hasta que las piezas se agotaron sensiblemente—. Ello le llevó a entrar en la vieja forja catalana del Pirineo, que es de donde han salido las mejores piezas. Rusiñol recorrió a pie, innumerables veces, las comarcas pirenaicas, que llegó a conocer admirablemente. Tuvo en este aspecto de sus actividades dos excelentes colaboradores: Utrillo y Riquer. Utrillo, para el aspecto técnico, Riquer, como conocedor de la geografía. Utrillo vio todavía en su juventud las forjas de Caldes de Boí, Corsavy, Arlés-sur-Tech y Bagnères-de-Luchon. Utrillo tenía, además, en este punto como en casi todo, una gran erudición y había leído los viejos papeles. Riquer, que había hecho la segunda guerra civil con los carlistas, conocía la montaña catalana como un guerrillero. Han existido forjas en ambas vertientes del Pirineo. En las forjas se hacían las armas para los pueblos principales y los castillos.

En el verano del 87, Rusiñol, Utrillo y Riquer hicieron el trayecto de la Seu d'Urgell a Berga por los senderos de la montaña, a pie, naturalmente. Anduvieron dieciséis horas seguidas. Luego fueron de Berga a Solsona en nueve horas, también a pie. El descubrimiento del viejo monasterio benedictino de Santa Maria de Serrateix, cuya escritura de fundación lleva la fecha del año 977, les puso sobre la pista de los famosos candelabros flordelisados de Serrateix, que constituyen la pieza de hierro forjado más bella del mundo y forman la obra maestra del Cau Ferrat en hierros. Utrillo siguió, en los documentos, las vicisitudes de estos objetos, que fueron encontrados, después de grandes pesquisas, en el almacén lóbrego de un anticuario, que ignoraba, claro está, lo que tenía. La alegría de Rusiñol fue indescriptible.

Estos candelabros, que en el inventario del museo de Sitges están catalogados como una obra del XIV-XV, son muy bellos y de grandes dimensiones. Su volumen va aparejado y está realzado por la firmeza de los tallos de hierro. La fuerza de inserción de las ramas, forjadas hirviendo el hierro y soldadas sin dejar que se enfríen, las calidades de la forja, dan a estas piezas un valor inmenso. «Son obras de arte perfectas —escribe Utrillo— elaboradas sin proyecto previo, las piezas ajustadas maravillosamente, y con un sentido de la inspiración que hoy nos parece incomprensible. El artista forjador da, a ojo, a los talles floreales, la languidez y curvatura precisas para infundir, al hierro, un punto de elegancia. Cuando en las puntas de los tallos se clavaba la cera de los hachones y de los cónicos cirios encendidos, el hierro parecía volver a hervir, como en las manos convulsas del artista.»

Con los candelabros de Serrateix, fue adquirida también una reja que la *Guía sumaria* del museo califica de «muy fina». Lo es evidentemente. Sin embargo, la obra cumbre del Cau en hierros son los candelabros a que hacemos referencia. Rusiñol y Utrillo están enamorados de estas piezas. «Su tallo básico es grande, de una anchura de árbol fuerte. De él brotan las llamas secundarias que serían monótonas si las nudosidades no las enriquecieran. Las flores terminan tan naturalmente los tallos que parecen sutiles membranas vegetales auténticas. Estos lirios de hierro son ligeros, aéreos, casi diría espirituales...» Estas líneas de Utrillo son importantes porque a través de ellas se entrevé la influencia que tuvieron los hierros de forja en la forma del modernismo.

Nos hemos detenido un poco en los candelabros de Serrateix para dar una idea al lector de cómo se fue formando el Cau Ferrat. Este museo es fruto de las correrías de Rusiñol, que fueron muy fecundas a este respecto. Rusiñol fue comprando cuadros, objetos de talla, cerámica, piezas de excavación, dibujos, vidrios. En un momento determinado, los hierros escasearon notoriamente.

Un día del mes de diciembre de 1902, Rusiñol y Utrillo toman el aperitivo en el Continental. Hablan del museo y Utrillo dice que la impresión que produce a los cada día más numerosos visitantes es de un creciente interés. Le pregunta de pronto si entra en su intención continuar comprando hierros.

—*Es que no en surten!* —le contestó Rusiñol riendo.

—Pero entonces, si lo duro se está acabando, ¿por qué no compras frágil?

—¿Hay algo a la vista?

—La colección de vidrios de Riquer —dijo Utrillo.

El día 30 de diciembre del mismo año, se encontraron, en el café ya citado, Rusiñol, Utrillo y Alejandro de Riquer.

—¿Cuánto quieres por tus vidrios? —le preguntó Rusiñol a Riquer.

—Ocho mil.

—Aquí van.

Alexandre de Riquer, conde de Benavent, elaboró un recibo con una caligrafía modernista, admirablemente escrito. De este trato, se habló en Barcelona, copiosamente. Transportadas sus incidencias con mala intención, sin benevolencia, dio pretexto para que Rusiñol cogiera fama de avaro. Rusiñol *és un rata!*, dijeron las innumerables personas que pretendieron haber asistido a la corta escena. Sin embargo, el único testigo de ella fue Utrillo.

Riquer fue un gran tipo. Era un hombre vital y fuerte, que desde casi su infancia tuvo que actuar como un hombre hecho y derecho. De noble familia, acostumbrado de niño a una gran posición social, tenía ideas carlistas. Hizo la segunda guerra civil en los *requetès de minyons* con gran arrojo y valentía. Artista de gustos refinados, ávido de suntuosidades, tendiendo a un decorativismo complicadísimo —la quintaesencia del modernismo—, «fue al mismo tiempo un hombre de trabajo duro, incansable, difícil —casi nunca solucionado claramente—».[1] Artista a veces afortunado, la suerte se le disolvía con la misma facilidad con que le había venido. Pocos hombres de arte trabajaron en su tiempo tanto como Alexandre de Riquer, pero su obra, más frustrada que desafortunada, ha quedado en unos esgrafiados borrosos y en unas piezas de cerámica poco cocidas. Sin duda la fragilidad de la fortuna le inclinó hacia los vidrios. Llegó a reunir más de doscientos ejemplares variados, notables, curiosos, algunos de marca explícitamente catalana, otros venecianos y muchos de incierta procedencia.

Posteriormente a la compra de esta colección, Utri-

1. Utrillo, «Notas inéditas».

llo realizó algunas investigaciones eruditas sobre la misma y se puso en relación con el señor Urbani de Setholt, director del museo vitrario de Murano, y con los expertos italianos Erculei y Miceli. Se examinaron las piezas y se aportaron documentos.

Desde Carlos V, vinieron a España obreros de Murano a fabricar piezas de vidrio. Aquel monarca y sus sucesores trajeron artesanos venecianos, como trajeron artesanos de Flandes para las telas. No fueron muchos, desde luego, pero los pocos que aquí se establecieron en el curso de los años crearon y mantuvieron una tradición notabilísima. De esta tradición —como de la similar que se había producido en algunas ciudades alemanas— llegó a preocuparse la República de Venecia, la cual aplicó al asunto un criterio proteccionista de una ferocidad tremenda. En 1780, la Señoría mandó dos *bravi* a Valencia con el encargo de matar a unos vidrieros de Murano establecidos en la ciudad levantina. Les envenenaron los alimentos y los artesanos murieron. Venecia llevó el proteccionismo vitrario a términos inconcebibles. Se llegó a publicar un edicto invitando a los obreros de Murano desperdigados por Europa a regresar a su patria, estableciéndose, en caso de negativa, que se tomarían represalias contra sus familias y anunciando que se mandarían emisarios para su exterminación.[2] Venecia llegó a comunicar, a los comerciantes catalanes que osaran sacar artesanos de Murano, que les serían cerrados los puertos de la Señoría. La seguridad de que muchas piezas de la colección Riquer eran auténticas quedó demostrada por Utrillo de manera inequívoca y clara.

2. Decreto del Consejo de los Diez, Venecia, 27 de octubre de 1547.

Sin embargo, se equivocaría profundamente quien creyera que el maravilloso museo creado por Rusiñol contiene solamente el fruto de su actividad de coleccionista frío y estricto. No. El Cau Ferrat contiene además una gran cantidad de recuerdos íntimos, de objetos inseparables con su vida sentimental. Cuando Rusiñol vagaba por su delicioso refugio de Sitges se le aparecía a cada paso algún recuerdo de su vida pasada: horas agradables, momentos de intensa vida, peregrinaciones artísticas, paisajes lejanos, amigos, ideas, anécdotas, intimidades. Aquí están los retratos. Son los amigos a quienes Rusiñol amó más: Yxart, Casellas, Eleonora Duse, Casas, Utrillo, Galdós, Morales Pareja... Aquí están los dibujos de su hija Maria, el amor básico y más profundo de su vida entera. ¿Y esta vitrina que aparentemente desentona? Esta vitrina contiene numerosos objetos de excavación encontrados o adquiridos por Rusiñol en Andalucía, Mallorca, Empúries. Sea cual fuere el verdadero origen primitivo de una gran parte de estos objetos, su interés proviene en primer lugar de haber sido todos encontrados en España —esta es la vitrina más estrictamente española de la casa— y luego, de ser todos y cada uno de estos objetos mudos testimonios de momentos sucesivos de la vida de un hombre que existió con auténtica cordialidad.

El Cau Ferrat es una síntesis de la vida sentimental de Rusiñol. Estos cuadros —mejores o peores, es igual— evocan sus estancias en Valencia, París, Granada y Sitges; las obras de Ramon Casas y de Gustave Violet son la esencia de amistades entrañables; las admirables tallas germánicas y castellanas, las esculturas, la cerámica, son testimonios de preferencias, de gustos, de inclinaciones —más o menos fugaces— que llenaron, a través del tiempo, la sensibilidad de una figura humana.

Pero hay una cosa en el delicioso museo de Sitges que resume todo, en el sentido de haber imantado la atención, activa o pasiva, de Rusiñol durante un número ingente de horas: es el pequeño surtidor octogonal, de color verdoso, que el artista encontró en el huerto de la vieja ermita del Vinyet de Sitges y que colocó en su casa por el efecto que le produjo la lectura de los cuentos de *Las mil y una noches*, que su amigo el doctor Mardrus había traducido al francés con una dignidad insuperable. Unas pequeñas gotas menudas, lentas caen sobre el pequeño espejo del agua. Una planta acuática, la capillera, pone un minúsculo y concentrado misterio vegetal sobre el agua. La capillera no es una planta medicinal pero con sus diminutas hojas se puede hacer una infusión que en invierno es confortable —sobre todo si se le ponen unas gotas de curasao—. Cuando se visita el Cau Ferrat por primera vez, superada la sorpresa que se recibe al entrar, la habitación del surtidor es la que da, de una manera más completa, el ambiente de la casa —el ambiente sentimental de la casa—. Desde la habitación se ve una gran extensión de mar... Rusiñol amaba pasar las horas en este rincón adorable. Alternaba la visión del horizonte lejano con la contemplación del surtidor cubierto por las hojas ligeramente vibrátiles de la planta, oyendo caer las levísimas irisadas gotas de agua. Es un contraste extraño, de un interés casi morboso, de una fisiología recóndita y vaga. En esta habitación está el microcosmos de Rusiñol, su visión del mundo, reducida a términos concentrados. «A través de las pequeñas hojas planas, abiertas como minúsculos abanicos —ha escrito Utrillo—, veía los jardines que tanto amaba, las avenidas cubiertas por arcos de verdura, los bosques llenos de rincones de una contextura insospechada, la luz filtrándose por el espesor del verde sobre el agua...» Luego, fatigado un poco quizá de esta visión micrográfica, el vasto horizonte del mar le suscitaba aquella «sed de ilusiones infinitas» que a pesar de tantas tentativas frustradas soñó, como Darío, toda la vida. En este rincón suave y trágico, Rusiñol fumó un número indeterminado de cigarros, una cantidad insospechada de pipas, bebió una cantidad de absintios innumerables. Mudo y absorto, sumido en un profundo sopor vegetal, el espíritu flotante entre el cielo y la tierra, los ojos entornados —*el pensament s'acluca*—, su vista pasaba del horizonte a las suscitaciones vagas del agua mansa y la botánica.

A medida que voy avanzando en la elaboración de este libro, siento que la figura de Rusiñol que al principio entreví —la del epicúreo, tomando esta palabra en su sentido moderno, que nada tiene que ver con su sentido antiguo—, es decir, la figura de Rusiñol sibarita, se me va diluyendo y alejando día por día, y se me aparece, en cambio, un Rusiñol artista hasta la médula, imaginativo, místico. Rusiñol amaba comparar las nubes con las fugitivas apariencias de las formas humanas; veía en los árboles las figuraciones carnales ovidianas y en la capillera del pequeño surtidor de Sitges, su obra entera reducida a proporciones microscópicas pero perfectas. No creo que buscara en las nubes, en los árboles, en las formas de la planta acuática, ningún inconfesable misterio. «Los estados de contemplación de Rusiñol —ha escrito Utrillo— eran mudos, pero no eran cínicos.» Lo que buscaba en estas situaciones contemplativas era la clave del arte, siempre próxima y siempre inasequible. Es en la permanencia en estos estados que el artista se aproxima al máximo de lo que quisiera representar o decir... sin que logre jamás llegar a decir y a representar lo que quisiera. Ni pintando, ni escribiendo, ni esculpiendo, ni componiendo se puede llegar a dar una forma exacta a lo que el espíritu sensible ha imaginado en forma más o menos lúcida. Cuando se acierta, el genio está presente, pero el acierto es tan excepcional que empeñarse en perseguirlo es engolfarse en la raíz de la locura humana más profunda y más siniestra. En este sentido, el artista es un fracasado sistemático y perpetuo y por esto socialmente puede ser nocivo (el fracaso crea el despecho), sobre todo si la naturaleza del artista no tiene tendencia a caer en la inanidad contemplativa y en el sopor dubitativo, fumoso e incierto.

Concebir una obra de arte es soñar una parte —grande o pequeña— de cosas imprecisas, vagas, difusas, a veces maravillosas, a veces dolorosamente concretas. Es entrar en un arcano inenarrable, de geografía desconocida. En este salón del surtidor quedan flotando las obras de Rusiñol más perfectas, las que soñó activa o pasivamente sin que pudiera llevarlas a la práctica. Aquí trató de desentrañar la clave misteriosa de su vida sensible. El salón tiene una suavidad que en este país es casi insospechada. El surtidor es de un verde lánguido. Los recuerdos más íntimos cuelgan de las paredes. La luz es mate. El rincón es un campo de calma en que los ojos y el espíritu reposan por la imprecisión de las formas, de los relieves, de las tonalidades. Y lo curioso es esto: este salón, que en la vida del artista fue trágico y probablemente demoníaco —porque arte y demonio están fundidos—, es, para el visitante, el más acogedor, el que más ha gustado del museo y el que más gustará siempre. Las apariencias apasionadas se han desvanecido y ha quedado, dentro de estas cuatro paredes, un reposo profundo que la capillera esponjosa y las pequeñas gotas de agua al caer matizan... Esta es la habitación más alegre, clara y admirada del Cau. ¡Que Dios conserve la leyenda!

La capillera es la planta que en el Empordà y en los manuales de la farmacopea de las hierbas catalanas se llama *falguera*. En castellano es el culantrillo de pozo y en provenzal la *capilenco-capileira*. A través de esta planta, la luz del sol da a las aguas inmóviles un color verde vítreo —un seráfico éxtasis verde—. El poeta Mistral, con su mano divina, gustaba acariciar la *capilenco-capileira*.

¿Se hará algún día la historia de la formación del Cau Ferrat? Es de lamentar que Utrillo no nos haya dejado un documento claro y preciso sobre ello. No cabe en estos límites. Allí se podrán explicar las negociaciones del difunto ministro Osma con Rusiñol para cambiar armas de panoplia por hierros de forja castellana; se ponderará la aportación de don Rafael Puget al museo, aportación entusiasta por la amistad que por las raíces comunes de Manlleu tuvieron siempre; se sabrán muchas y sabrosas cosas y, desde luego, el camino realizado por muchos variados objetos de gran valor para llegar a la paz del museo —las historias de anticuarios son siempre divertidísimas—, amén de otras muchas noticias, algunas de las cuales —por ejemplo, las que hacen referencia a la genealogía de algunos objetos— no fortalecen precisamente la fe en el juicio de los técnicos. El busto-relicario de la gran vitrina del lado del mar, por ejemplo,[3] fue comprado por Rusiñol en Mallorca, por tres

3. *Guía sumaria*, págs. 60, 63 y 69.

mil pesetas, a pesar de que una nube de traficantes daban por él cincuenta mil. Es una obra enigmática: es una obra catalana o catalano-valenciana para los catalanes; francesa para los franceses; italiana para los italianos y provenzal para los felibres, Joaquim Folch i Torres llamó a este busto *Miss* Cau Ferrat.

En el Cau Ferrat han sucedido muchas cosas. Esto se siente dentro de sus muros. Ha pasado por el museo mucha gente. Gente humilde, personajes empingorotados de toda clase y categorías. La casa —y esta es una de las cosas más divertidas que en ella han sucedido— sirvió de marco a los amores fugaces y desde luego angélicos sucedidos entre la señora Pardo Bazán y Guimerà. ¡Hace ya tantos años! La señora María Guerrero era todavía novia de don Fernando. Ambos representaban en Novedades el *Don Álvaro*. En un entreacto tuvieron lugar las presentaciones. Se produjeron diversos equívocos ocasionados por la fama que tenía una doncella de doña María, que era monísima. Utrillo confundió a la doncella con la célebre artista y Rusiñol, que se presentó vestido a la francesa, con un enorme chaqué hasta la rodilla, como se estilaban para ir a la Comedia, la confundió con doña Emilia. Desde entonces, la célebre escritora gallega le llamó «el cigarrón», sin duda por lo del chaqué. Guimerà pidió a Rusiñol la clásica excursión a Sitges.

Al día siguiente fueron al Cau doña Emilia con su hijo Jaime, Guimerà con uno o dos de aquellos oscuros adláteres que siempre le acompañaban y que no hablaban jamás, sin duda para dar más desahogo a don Àngel, y Rusiñol con Utrillo, y los periodistas Costa y Jordà. Tres horas en un coche de segunda de los que obligaban a hincar la rodilla en el ciudadano sentado enfrente. Era el atardecer. El Llobregat, hoy tan agrario, era entonces más romántico. El Mediterráneo, apenas entrevisto desde el coche, fue descubierto en toda su amplitud en Sitges. Fueron a cenar y luego acordaron, como era costumbre en la casa, esperar, sin acostarse, la salida del sol, saliera a la hora que fuese.

Doña Emilia y don Àngel subieron a la torre y quedaron sentados frente a frente. Solos. Les trajeron una botella de Anís del Mono y unas copitas. Bebieron con esfuerzo. Ni el dramaturgo ni la escritora fueron jamás bebedores. La noche era estrellada. El mar misterioso y tranquilo. Las blancas paredes de Sitges, tocadas por la luna, tenían una suavidad irreal. Doña Emilia y don Àngel hablaron más o menos. Don Àngel a su manera susurrante y grisácea. Doña Emilia con el natural abandono que las mujeres suelen adoptar ante la naturaleza. Salió el sol y continuaron hablando. Alrededor de las diez de la mañana la botella de Anís del Mono había sido vaciada totalmente. El retorno en el tren matutino pareció una huida.

Pocos días después se encontró en la playa de Vilanova una botella lacrada con un papel dentro en el que se decía que en Sitges se había producido un naufragio pocos días antes. Rusiñol pasó días muy amargos. Luego se recibió una carta con una letra menuda y clara, tan clara que podía leerse en ella perfectamente: «no olvide que me ha ofrecido un cuadro...». Lo que positivamente quedó de la noche en la torre del museo fue un deseo explícito de doña Emilia de conocer a don Joan Maragall, a quien llamaba el «Maragato». ¿Trató la excelente escritora de conocer a fondo las bellas mentes de aquí?

La condesa de Pardo Bazán era una señora de gran

vitalidad, de verbosidad esplendorosa, ancha, monumental, la más masculina de las feministas. Utrillo decía que estaba tan al corriente de lo que se escribía fuera de aquí que cuando miraba a España no veía nada.

En el Cau Ferrat han pasado muchas cosas. Ha sido visitado por toda clase de gentes: por grandes de la tierra y por humildes seres humanos. En los últimos cincuenta años los mejores espíritus del país han descansado en el refugio que Rusiñol creó con tanto entusiasmo. Esto se siente en estas piedras nobles y antiguas. A veces todavía llega gente a la puerta preguntando dónde está el comedor del restaurante.

El viajero

A pesar del horror que siempre le produjeron las comunicaciones terrestres y marítimas, Rusiñol viajó bastante y con gran frecuencia. Era la manera más cómoda de evadirse. El cuerpo siempre dolorido, febricitante e inquieto, persiguiendo un ideal —el arte por el arte, la creencia en que la finalidad de la vida es la belleza— absolutamente negativo, Rusiñol encontró, en sus constantes cambios de paisaje, momentáneos y engañosos alivios.

Uno de sus primeros viajes largos fue el que hizo a Holanda, viviendo en Montmartre, con Utrillo. La finalidad del mismo era ir a pintar. El viaje acabó mal. Duró tres días. A la vuelta Rusiñol dijo que no habían podido hacer nada porque los chicos holandeses les habían apedreado. ¿Qué capricho les movió a regresar de Holanda con tanta premura? Este viaje permanece en el misterio más completo y yo no he podido sacar de él nada en limpio a pesar de mi vieja convicción de que la reacción de un artista ante los holandeses puede ser una clave esencial de psicología. Me permito opinar, sin embargo, que el magnífico, sabroso, magistral realismo de los holandeses no hubiera podido jamás ser santo de su devoción. El arte holandés es sólido, continuado, burgués. El lacrimógeno humorismo de Rusiñol era demasiado histérico.

Por esta misma época, otro día se encontró el artista pendiente (en París) del resultado de una votación sobre las telas que había mandado al Champ de Mars. Estaba nerviosísimo. Para salir de la angustia decidió, con Utrillo y Ramon Pichot, tomar el primer tren que saliera de la estación del Norte. Eran las diez de la noche. En el vestíbulo les dijeron que el primer tren iba a Londres. Lo desecharon y tomaron el siguiente que iba a Ruan, la vieja y maravillosa ciudad de Normandía. Se embarcaron vestidos con el uniforme artístico de la época: pantalones de pintar, chaqueta de pana corta y sombrero de copa de alas anchas. Instalados en un coche de tercera, Rusiñol se durmió en el acto. El traqueteo del tren le desvaneció las inquietudes. Pichot, desde que se había roto el pie derecho, tenía en la pierna un movimiento incesante, pudo también, rápidamente, conciliar el sueño. Utrillo se quedó fumando, en la ventana, mirando las lucecitas.

Cuando el tren llegó a Ruan, Utrillo les despertó y se fueron otra vez a la cama del primer hotel que encontraron. Utrillo, que estaba muy desvelado, tomó pasaje en uno de los remolcadores que navegaban hacia abajo del Sena. Amanecía. Todo era fresco, verde y rosa. El aire era suavísimo. De pronto apareció ante su vista un pueblo precioso, que parecía recién pintado, perdidos sus tejados rojizos en las frondas de los castaños verdes. La Bouille. Estaba en una altura, sobre el río de color de plata oxidada, sobre las hondonadas de curva dulce, cubiertas de bosque, que cerraban el paisaje. El pueblo era una delicia. Utrillo se apeó del remolcador y anduvo por el pueblo. Pronto descubrió un gran restaurante, no grande por sus dimensiones, sino por la calidad de los alimentos que presentaban. Flotaba en el aire una ligera, leve, brisilla marítima. La especialidad de la casa era doble: los mariscos y el tocinillo *au vin blanc.* Dio aviso a sus amigos, que se acercaron a La Bouille rápidamente. Se instalaron y recorrieron los alrededores. Pronto descubrieron las ruinas de la abadía románica, tan famosa, de Jumièges. Nada mejor, para una buena digestión, que una vieja ruina. La importante fábrica les impresionó. Rusiñol, como buen romántico, siempre prefirió las ruinas a las cosas derechas. Siempre lo viejo. Jumièges, el célebre centro benedictino, pasó más tarde a la historia sensacionalista por haber servido de refugio a los amores de Carlos VII y de Inés Sorel.

El viaje a Ruan, iniciado a consecuencia de una situación de nervios insostenible, se terminó en la mansedumbre de la arqueología románica y de los amores pretéritos. Estuvieron muchos días. Utrillo tuvo ocasión de lucirse. Para pagar el restaurante, los mariscos y las chuletas de cerdo, embadurnaron la casa de elucubraciones pictóricas. Rusiñol se defendió con el flamenco. Todo el mundo quedó contentísimo.

El viaje a Provenza fue también obra de la casualidad. En uno de los viajes hechos por los tres amigos arriba mencionados, de París a Barcelona, se dieron cuenta en Tarascón de que los equipajes que traían facturados habían desaparecido. Reclamaron fuerte y ponderaron en gran manera las valiosas obras de arte perdidas. El representante de la compañía se espantó, les aseguró que todo se encontraría, les rogó que se quedaran mientras se hacían los trámites y les dio, para que se distrajeran, un billete para circular por los alrededores. Fueron a Aviñón, que Utrillo conocía de chico. Sus padres se habían refugiado allí después de la Revolución de Septiembre y en Aviñón aprendió el francés con Stéphane Mallarmé, el gran poeta, que era profesor de inglés en el Liceo. Utrillo conocía a Roumanille y a Aubanel. Se acercaron al poeta Roumieux, que tenía un restaurante, y en Villeneuve-lès-Avignon trabaron amistad con el célebre político y felibre Félix Gras. Había elementos para formar una gran banda... Los equipajes fueron olvidados. Pasaron días. Gras les llevó al palacio de los Papas, que conocía profundamente, y se mostró gran partidario del Papa Luna de Peñíscola. Gras era ateo y librepensador y tenía gran admiración por el pontífice del cisma. Gras era un hombre retraído y violento —como Luna mismo—. La banda vivía en los efluvios del Pernod más exquisito y sorteaba con éxito los escollos de las liebres y las perdices. Cuando se despidieron, Gras les recomendó que hicieran alto en Narbona y visitaran la abadía de Fontfroide.

En Arlés, los tres expedicionarios presidieron una corrida de toros —corrida de muerte, como dicen allí— y, a pesar de ser los tres bastante antitaurinos, quedaron bastante bien. Impusieron las banderillas de fuego, cosa inusitada y que produjo un jaleo tremendo y protestas muy serias de las sociedades humanitarias. Tuvo que intervenir el prefecto. La amistad con los Daudet les abrió todas las puertas. Rusiñol, por otra parte, se llevaba a la gente de calle siempre que quería. Rusiñol, en Provenza, dejó un recuerdo de legendaria simpatía y un grupo de amigos que conservaron su memoria hasta la muerte. Tuvo siempre muchos lectores en el mediodía francés y *L'Éclair*, de Montpellier, periódico vinculado con la familia Mistral, publicó varios de sus escritos.

En el camino de retorno se pararon en Fontfroide, monasterio cisterciense, casa madre de Poblet. Fontfroide dista de Narbona dieciocho kilómetros y está situado en un lugar en que la naturaleza incita al reposo. Hicieron las horas de carruaje para llegar al monasterio en medio de una polvareda que fue heroicamente resistida. Fontfroide, más que la madre de Poblet, parece su hija. La abadía es prodigiosa pero el palacio-hospedería es un cuartel Luis XIII, que hace añorar el gótico de Poblet, maravilla de nuestra arquitectura civil. El monasterio, que está construido sobre unos arcos que cubren un torrente, está perfectamente conservado a base de una reparación discreta. Su propietario, un viñatero multimillonario, monsieur Fayet, lo llenó más tarde de pinturas de Gauguin y de Odilon Redon.

Rusiñol hizo varios viajes a Italia. El primero con Zuloaga, ya lo dijimos. Su itinerario solía ser siempre el mismo: Marsella, Génova, Pisa, Roma, Tívoli. Adoraba este viaje, que le permitía atravesar lo que él llamaba el país de los cipreses. Cuando en el mediodía de Francia aparecían ante su vista las primeras grandes vallas de cipreses contra la tramontana, su vista quedaba extasiada en ellos. Los cipreses iban *in crescendo* y en Tívoli se producía la apoteosis de los cipreses, en los jardines de la Villa d'Este.

Rusiñol adoraba los cipreses. Escribió sobre este árbol páginas muy finas. No comprendía por qué en España se considera al ciprés un árbol de cementerio, un árbol necrofílico. No podía sobre todo compaginar el que España fuera el país que ha pensado más en la muerte y el odio que tienen los españoles a este árbol que se supone necrofílico. Por los cipreses italianos sentía un amor intenso. «En Italia —escribía en *Coses viscudes*— cuando los cipreses hunden sus raíces en la tierra encuentran trozos de estatuas y pedazos de capiteles; en lugar de capas geológicas, encuentran capas de tiempo pasado y de civilizaciones caídas; por eso se enfilan largos y esbeltos como las columnas que les dan la vida.»

Los jardines de la Villa d'Este, en Tívoli, son considerados por Rusiñol los más monumentales de Europa, los que contienen los cipreses más gigantescos. «Estos cipreses de la Villa d'Este no tienen ponderación. Son campanarios de terciopelo oscuro, fantasmas inmensos de jardín, obeliscos de verdura, monstruos de simetría, de proporción, de amplia belleza. Son los cipreses seculares de la Italia bellísima.»[1]

El poeta amaba la vida soñolienta de Tívoli. Vagaba por los grandes jardines. Escuchaba el rumor apagado y secreto de las cien fuentes. Acariciaba los laureles y los mirtos. A veces se perdía en las estancias abandonadas del gran palacio mudo y vacío. «Las salas son grandes y desoladas —escribe—. Los frescos de los muros y de los techos, aunque un poco apagados por el tiempo, conservan un dibujo perfecto, una entonación maravillosa... La quietud es tan grande y absoluta, que se pueden oír desde el palacio, las fuentes del jardín, el gotear del agua y el vago rumor de los cipreses bajo las escalinatas decrépitas.»

Por las tardes, pinta en los jardines. Luego, al atardecer, se recoge en la incierta y turbia *trattoria*. Veladas largas, interminables, entre el frasco de Chianti y la

1. *Coses viscudes.*

pipa. «A las nueve —escribe— las mujeres acuestan a las criaturas y de paso ellas se quedan también dormidas. El amo no duerme porque ya ha dormido. Yo me duermo porque no tengo sueño. Al poco rato llegan unos hombres, beben un vaso de vino y se van a dormir. El camarero, que parece un pianista, apaga unas cuantas luces para preparar el sueño del amo. Llegan dos con una guitarra y cuando parece que van a tocar, entra el comisario y les prohíbe que toquen para no despertar a la gente. A las once hay un silencio tal que las casas del pueblo parecen vacías y que han trasladado los enfermos al último piso. Cierran la puerta vidriera para indicarnos la conveniencia de ir a dormir a otra parte más apropiada.»

Y añade: «El cuarto es grande y muy alto de techo. Es uno de aquellos cuartazos al estilo Lorenzo de Médicis en que el plafón se encuentra tan arriba que se necesita tener buena vista para adivinar su estructura. De una a otra pared hay media hora y todo es tan espacioso que las camas parecen tapones de corcho nadando en una cisterna. Las sillas parecen taburetes y para encontrar el lavabo (porque incluso hay lavabo muy bien disimulado detrás de un biombo) hay que orientarse convenientemente. Uno se pierde. Se ve bajar una lucecita del techo como de la nave de San Pedro y la claridad es tan vaga que para pillar la cama hay que guiarse siguiendo las paredes. Cuando uno choca con un mueble es que la cama está cerca. Entonces hay que aprovechar la ocasión y meterse dentro rápidamente. Desde la cama, oigo un ruido funerario: son los cipreses de la Villa d'Este. Los cipreses y las cascadas del jardín. Escucho. No puedo dormir... Envidio el sueño del pueblo».

En el viaje de ida o de vuelta de Tívoli, Rusiñol se paraba indefectiblemente en Pisa. ¿Hay algo más delicado —casi diría más morboso— que sentir el paso del tiempo en el campo santo de Pisa? El *Triunfo de la muerte*, fresco del Orcagna en el campo santo le obsesionaba. Esta pintura demuestra —escribe— «lo poco que somos, lo poco que valemos y lo poco que iremos valiendo». «El tormento más grande del mundo lo pintó Orcagna, en el campo santo de Pisa: una mujer ciega delante de un espejo.»

Pero el viaje más largo realizado por Rusiñol fue el que hizo a Buenos Aires, como director artístico de la compañía de Enric Borràs, la segunda vez que este señor fue al Plata. Viajaron en el *Italia* y su compañero de viaje fue el célebre actor italiano Sainati —del cual existe un retrato magnífico por Casas—. Durante la travesía se ocupó de algunos asuntos teatrales, organizó dos corridas de toros sobre cubierta y toda clase de espectáculos grotescos para el pasaje. Luego, en Buenos Aires, lo que hizo en realidad fue organizar una exposición de sus pinturas —cuarenta grandes cuadros—, que vendió muy bien, con éxito incomparable.

Borràs ha contado que Rusiñol fue un director artístico meramente honorario. No iba casi nunca al teatro. Al cabo de un mes de actuación de la compañía se le ocurrió ir una noche y el portero no le dejó entrar hasta que hubo identificado su personalidad.

—¿Cómo va ser usted el director si en la casa no le conoce nadie? —le decía el portero con acento lánguido.

Se hizo el amo de Buenos Aires. Su exposición fue un verdadero triunfo. No tuvo tiempo de pintar nada. Envuelto en un hálito de popularidad —de la que era goloso—, sus ocupaciones principales fueron organizar facecias y asistir a los homenajes innumerables que se le dedicaron. Farras y homenajes. Un hombre como Rusiñol, tan gracioso y simpático, había, fatalmente, de gustar en Buenos Aires. Oí decir un día a Keyserling que Buenos Aires es un ambiente muy apropiado para disolver en ráfagas de sociabilidad los sentimientos a presión de los solitarios. Esto es quizá la explicación del frenesí social de que fue atacado Rusiñol en la ciudad del Plata.

La facecia fue grande. Se reunía, en las madrugadas, con varios autores argentinos —Sánchez Gardel, Laferrère y otros varios— con Sainati y con un actor español, Cantalapiedra, que era un bohemio fantástico. Se enteraron, una noche, de que al día siguiente iba a ser inaugurada una estatua a un gran personaje cívico del país y Rusiñol propuso un simulacro de inauguración antes de la fiesta anunciada. Fueron en grupo a una encrucijada urbana y vieron una gran baluerna cubierta con unas lonas blancas. Alrededor estaban las tribunas y las sillas para los invitados. El monumento era todavía virgen e inmaculado.

Rusiñol fue el primer orador oficial. Hizo un discurso engolado y enfático exaltando las virtudes y los méritos del personaje monumentalizado —y totalmente desconocido para él—. Articuló todos los tópicos que suelen usarse en circunstancias semejantes. Rusiñol siempre tuvo una gran receptividad para el tópico. Su humorismo no es casi nunca un juego mental. Generalmente se basa en esto tan sencillo: en subrayar, por hinchazón, caricaturescamente, el lugar común, el tópico que la gente repite de una manera maquinal, sin darse cuenta. El discurso que pronunció exaltando las virtudes de aquel ciudadano insigne fue el mismo discurso que al día siguiente pronunciaron las autoridades auténticas —solo que ligeramente hinchado—. Luego discursearon sus amigos, que tampoco sabían nada del homenajeado. Finalmente, Rusiñol tiró del cordón y cayeron las lonas que cubrían la estatua. Apareció un señor muy serio de mármol blanco.

Cuando, pocas horas después, llegaron al lugar del suceso las autoridades y el público especial que asiste a esta clase de ceremonias —que suele ser igual en todas partes— se encontraron con el trabajo hecho. No hubo más remedio que matizar la ceremonia auténtica de sonrisas amables. El escándalo fue grande pero de buena ley. Al día siguiente, los chiquillos seguían a Rusiñol por las calles.

Pero vino, como siempre, el ataque de gota providencial, que fue aprovechado, naturalmente, para volver a casa. Fue una despedida lúgubre, de las que auguran, en el caso hipotético de una vuelta, una llegada con discursos, vítores y músicas. ¡Tantos amigos! Pero Rusiñol no volvió jamás a América y —cosa rara— al cabo de algunos años se notó que no quería hablar de su viaje a la Argentina. ¿Por qué? Yo lo ignoro. ¡Quién sabe! De estos avatares nos ha dejado un libro, que tiene un título que es una *trouvaille*: *Del Born al Plata*. El interior está, sin embargo, ligeramente desamueblado. Es una expansión sentimental intranscendente y muy característicamente catalana, si es que mi definición del catalán —un animal que *s'enyora*— es exacta.

Si tuviéramos ahora que hacer mención de los viajes que podríamos llamar cortos de Rusiñol, no acabaríamos jamás. En los primeros años de su carrera artística, fue varias veces a Andalucía —vía Madrid—. Ya relatamos, por su importancia biográfica, su primer viaje a

Granada. Luego, más tarde, acortó este trayecto y no pasó de La Granja y Aranjuez. Recorrió, además, todos los parajes españoles en posesión de algún jardín pintable. Llegó a conocer muy bien España y a mi entender tendría un positivo interés recoger los artículos dispersos en la prensa sobre sus andanzas españolas. Ya en la madurez estableció en su vida una especie de circuito anual que realizó durante muchos años. El circuito fue este: Barcelona-Madrid-Aranjuez (en cuya población llegó a tener casa, residiendo en ella largas temporadas)-Valencia-Barcelona-Gerona. Este fue el ruedo ibérico de don Santiago. De este circuito sacó la mayor parte de telas que nutrieron las cuarenta y dos exposiciones consecutivas que realizó con Casas y Clarasó en la Sala Parés de la calle Petritxol durante un número igual de años.

Este relato sería incompleto si no añadiéramos que sus viajes a París fueron incontables. Sus estancias en la capital de Francia en la época de su juventud las tenemos ampliamente descritas. Luego, estos viajes se espaciaron un poco. Durante la guerra del 14 al 18 adquirieron un ritmo más acelerado. Después de aquellos años, volvieron a espaciarse. Es de advertir, sin embargo, que, dejado el piso del quai Bourbon en la isla de San Luis, ya no tuvo Rusiñol habitación estable en la capital de Francia. Vivió en hoteles de familia del centro y de los bulevares.

Es en el curso de sus viajes, me parece, donde se ve con más claridad uno de los aspectos más típicos de la personalidad de don Santiago: su simpatía. Rusiñol dejó amigos activos, entusiastas, en todas partes por donde pasó. Aparte de los lazos del amor y de la amistad, fue en el curso de su vida el centro de atracciones movidas por la estimación, por la benevolencia y la admiración. Su vida puede compararse, a pesar del ligero desorden romántico que la informó, a los movimientos de un astro, siempre de primera magnitud pero variable en sus apariencias.

El conjunto de sus obras —de periodista, literato, dramaturgo, pintor, coleccionista, agitador— y el relieve de su personalidad le dieron una posición central. A su alrededor se movieron muchos hombres. Cuando estos tenían luz propia, parecían estrellas dobles. Esto fue claramente visible cuando coincidieron en su órbita personajes como Zuloaga o Casas, o jóvenes astros en formación que después llegaron a ser soles con sistema propio. Se le acercaron incluso nebulosas enteras que luego desaparecieron como desaparecieron de sus contornos Yxart, Casellas, Sánchez Ortiz, Ganivet, Casagemas y tantos espíritus de primera fuerza.

A su alrededor se movieron también muchos satélites —o personas que al menos representaron este papel— tímidamente. A veces, sacaban una lucecita que no era más que un destello reflejado. Se podía conocer a las personas a que hacemos referencia observando que su tendencia era llamar a Rusiñol Santiago. No todos estos personajes tuvieron una idea clara de su posición. Muchos cotillearon a su alrededor por casualidad, otros por elección.

Para que en este sistema sideral no faltara nada se observó la presencia de cometas fugaces que movieron su cola luminosa ante el amigo brillante. Tal fue el caso de Rubén Darío, que tuvo con Rusiñol una amistad grande, sincera y de corta duración, y de otros poetas e intelectuales cuyos nombres el tiempo ha desviado o devorado.

Dejando al margen estas comparaciones e imágenes y apeando un poco la cosa, diremos que todos los testimonios están conformes en afirmar que de Rusiñol, de su persona, emanaba una simpatía tan sutil que hasta sus contrarios, los celosos de sus éxitos o sus enemigos declarados, le respetaban, le escuchaban y a veces se dejaban convencer o no tenían más remedio que aparentarlo. Esto explica la inmensa popularidad del artista en Barcelona y en Sitges, en Tarragona, Granada, Aranjuez, París, Buenos Aires, Gerona, Valencia y Madrid. En un lugar de reunión cualquiera —casino o café, escuela o academia— donde nadie le conocía, sucedía muchas veces que en poco tiempo, de un modo fulminante, casi sin palabras y con exclusión de toda clase de artificio pasaba a ser el centro sin darse cuenta. Hablaba y era escuchado, exponía sus ideas o reflexionaba en voz alta y si necesitaba partidarios, oyentes o simplemente un público atento, lo encontraba en el acto. Cuando se marchaba lo hacía con pena y se comentaba largamente lo que había dicho o lo que había supuesto.

Y esto sucedía en todas partes: en los lugares más escogidos como en los más pobres, entre la gente de más saber como ante el grupo de peones más ignorados de la Pampa argentina. No podemos extendernos más. Recordaremos que la hegemonía espiritual que ejerció en Sitges se convirtió con los años en un verdadero culto. Y este otro hecho. Una noche en París, asistió Rusiñol con unos amigos a la primera audición de una pobre chica fea y desmirriada, mal vestida, con unos brazos flacos y largos y unos guantes hasta el codo, ridículos. La escena sucedía en un café-concierto semidesierto llamado Le Divan Japonais. La aparición de la chica produjo en el público un bramido feroz. Rusiñol se indignó. Saltó al escenario e hizo tantas cosas ingeniosas que la gente, creyéndole un número más, aplaudió: en lugar de saludar solo o de marcharse, cogió la chica por el brazo, la avanzó, la hizo saludar y cantar. La chica se rehízo y cantó con firmeza. Y este fue el debut de la después famosísima Ivette Gilbert.

La vida de siempre. Gerona

Dentro del sistema general de una existencia ligeramente desencuadernada, Rusiñol hizo una vida bastante metódica. Se levantaba tarde. No gustó jamás de las delicias áureas de la mañana. A veces tomaba, antes de almorzar, un aperitivo. Generalmente pasaba de la cama al comedor, sin solución de continuidad, un poco abotargado. «La higiene —decía— es el arte de alargar la vida haciéndola insoportable.» Comía poco y prefería, claro está, comer bien que comer mal. Pero no tuvo jamás la obsesión de la comida y aceptaba, con filosofía, todo lo que le echaban. Como todas las personas construidas señorialmente, sabía poner al mal tiempo buena cara y convertir las cosas desagradables en chanzas.

Por las tardes, podían suceder dos cosas: que hiciera buen tiempo y, entonces, indefectiblemente salía a pintar. Si estaba fuera de Barcelona —cosa que le sucedía la mayor parte del año— recalaba, antes de ir al motivo, en el café donde se reunía su adventicia tertulia. A media tarde, salía solo o acompañado —generalmente solo— a pintar. Casi toda la pintura de Rusiñol es de media tarde, tirando a crepuscular. Es el momento que los colores y las formas de las cosas es más suave, más dulce, más triste. Así pudo mantenerse en los grises, que amaba tanto. Rusiñol es un pintor de tardes, de aquella hora en que, siempre calladamente, el crepúsculo y el día se desmayan en medio —en primavera y en verano— del chirriar de las golondrinas. La hora triste, decía Rusiñol encantado. Digo «encantado» porque el artista se complació tanto en los estados de melancolía mórbida, que esto constituye el fondo indefectible de su arte.

Podía suceder, sin embargo, que hiciera mal tiempo y que salir al aire libre fuera imposible, o que no se sintiera bien de salud, aquejado de una u otra dolencia de las innumerables que tan dolorosamente le minaron. Entonces, en el primer caso, alargada un poco la tertulia, aprovechaba el final de la tarde para escribir. Escribía en cualquier parte: en los escritorios de las fondas, en los cafés, en las terrazas, en las tabernas. Si se encontraba mal y no podía salir del cuarto, también escribía o fumaba. Rusiñol fue un enfermo bastante crónico y por esto escribió tanto. Lo que escribió sobre las enfermedades y los médicos tiene un gran fondo de verdad. No creo que dentro de lo posible humano fuera un enemigo irreconciliable de las enfermedades. Negoció con ellas siempre y le sirvieron para evadirse de un mundo que le pesaba. El dolor le avivó la sensibilidad para lo relativo, su tendencia al escepticismo absoluto. ¡Cuántas cosas graciosas no dijo a este respecto! «Las aguas minerales solo curan cuando están de moda.» «Cuando un médico cae enfermo y necesita un consejo de confianza, no se llama jamás a sí mismo.» Lo cierto es que Rusiñol tuvo esto de bueno para sí mismo: tenía resuelto el problema de pasar la tarde haciendo siempre lo que más le gustó. Por la tarde, no se aburrió jamás. De aquí el rendimiento de trabajo que dio y el que su obra sea, en tantos aspectos, tan vasta.

Cuando anochecía, iniciaba la tanda de aperitivos, afición que aguantó hasta que su cuerpo no pudo resistir más, destrozado. Se intoxicaba sin timidez, convencido de que era el mal menor. Luego, a la hora de la cena, tomaba un bocado. Y entonces, en el momento de plantear el problema de cómo pasar la noche, podían también suceder dos cosas: si se encontraba en Barcelona o en alguna población con espectáculo, iba al teatro. No a ver las obras desde el patio de butacas, sino a charlar en los camerinos con los cómicos. Rusiñol fue un degustador apasionado de la tristeza irreparable que el teatro tiene por dentro, entre los bastidores. Era una manera de vivir, permanente, con el payaso de M. Banquerel, de *L'alegria que passa*. Además, su avecindamiento en el mundo teatral le dio mucho dinero. Tristeza y dinero. Para don Santiago, el teatro fue casi la felicidad.

Cuando no podía disponer de un espectáculo, trasladaba su espíritu a una tertulia de café. Allí peroraba, con su voz ligeramente nasal, un poco gangosa, arrastrando un poco las palabras. No le vio nunca nadie en público leer un periódico. (Los leía en la madrugada cuando salían, al acostarse.) No dio jamás a entender que tuviera alguna preocupación religiosa, social o política. Cuando se hablaba de estas cosas, hacía un calambur, decía una gracia y la conversación cambiaba. Tenía unas gotas de vitriolo para estas circunstancias. «Para las beatas, rezar es como hacer el solitario.» «Los obreros se alaban dignamente de serlo, pero todos tratan de cambiar de estado.» «Los políticos deben de tener el corazón reglamentado: solo pueden compadecer a los que son de su partido.» En todo caso, era un conversador formidable. A los cincuenta años, había vivido enormemente, hasta la saciedad. Había tratado a cinco mil personas con una personalidad definida y clara. Sabía una cantidad de anécdotas interminable y tenía una memoria privilegiada. No repetía nunca las anécdotas. En sus palabras había —incluso en las historias más desgarradas— un pálpito humano constante.

A su alrededor, la gente se encontraba bien. Era un creador de ambiente. Al conjuro de su presencia, la gente cobraba confianza en sí misma. Los pintores pintaban, los escultores esculpían, los cómicos salían de su habitual estado de desmayo, los amigos del café estaban radiantes. Todo el mundo, a su lado, se agitaba. Irradiaba simpatía, emulaba, vitalizaba. Él vivía una vida generalmente artificial, con el absintio como excitante, pero su presencia daba a los demás una vitalización natural. En las tertulias leía con suma facilidad lo que paso a paso iba escribiendo. Cuando alguien hacía una observación, la recogía en el acto.

A pesar de los miles y miles de personas que Rusiñol trató, daba siempre la impresión de no tener ningún amigo íntimo. ¿Lo fue Utrillo en algún momento de su vida? ¿Enric Borràs, quizá? Por esto dio siempre la sensación de ser un hombre un poco flotante, errabundo, desraizado. No habló jamás mal de nadie. Conscientemente, no hizo jamás ningún esfuerzo para aumentar el número de sus enemigos, y esto sí que es una característica poco común. Parece que vivió rodeado de un hálito sensual. Las mujeres se lo comían con la mirada. De joven había sido bello como un dios antiguo. En París, en los cafés de los bulevares, las mujeres se extasiaban a su paso. Tenía la cara y las manos de una palidez luminosa. Decía: «Cuando uno ha sufrido del hígado, se tienen estas pequeñas ventajas».

Era por las noches, sobre todo, cuando Rusiñol tenía que allanarse a las amenidades de la popularidad. Era un mueble indispensable en los estrenos, en los festivales, en las inauguraciones, en los actos de uno u otro carácter. Para la gente, *tener* a Rusiñol era el éxito asegurado. Él sabía que era popular y le gustaba. Rusiñol conoció la gloria en vida. En Barcelona, después de la muerte de Guimerà, pasó al lugar más alto de la estimación popular. ¡La gloria! «La gloria —escribió— viene a ser el interés que paga el prójimo al infeliz que le ha divertido un rato.»

Cuando el artista tenía la suerte de caer en una de estas tertulias nocturnas que se prorrogan hasta las primeras luces de la mañana, era feliz. Pero estas tertulias eran y son raras. Hoy, prácticamente, han desaparecido. Por esto Rusiñol tuvo que resolver, muchas veces, el problema de las madrugadas. Tuvo que buscar siempre para pasar las últimas horas del día —o sea de la noche— la compañía de los noctámbulos más recalcitrantes. En un pueblo, los noctámbulos eran monárquicos y entonces Rusiñol se reunía con los monárquicos. En otro pueblo, los federales eran los últimos en acostarse y entonces don Santiago se agarraba a los federales. En el pueblo de más allá eran los clericales los noctámbulos y entonces se iba con los clericales. Esta ductilidad de Rusiñol frente a las ideas ajenas fue difícilmente comprendida por la gente. «A mí no me interesa la política ni la posición de las personas —solía decir—. A mí me interesa acostarme tarde...» Si cerraban el establecimiento antes de la hora en que solía acostarse —en Barcelona sus últimas tertulias del paseo de Gracia se disolvían a las cinco y media de la mañana— le entraban una melancolía y un desasosiego extraños. Sus ideas sobre el noctambulismo estaban impregnadas de tradicionalismo cerrado.

Antes de acostarse compraba la prensa de la mañana y se desvanecía en la media luz amoratada del alba, incierto y vago.

En la vida de Rusiñol, las noches fueron el indicio más claro de su superficie humana. He subrayado la absoluta falta de prejuicios que presidió siempre la elección de sus tertulias. Añadiré que la necesidad de acompañarse con los noctámbulos le llevó a tratarse con toda clase de especímenes humanos. A base de acostarse tarde, lo mismo apreciaba la compañía de un intelectual que la de un zapatero, la de un chófer que la de un periodista, la de un concejal que la de un torero. Cuando no encontraba a nadie, los serenos y vigilantes eran su providencia. Se sentía, frente al noctámbulo, como hermanado.

Rusiñol fue a Gerona en los años de la primera decena del siglo. Llegó solo. Se instaló en el hotel de los Italianos. Gerona le gustó de entrada. Había jardines y todo era viejo, decrépito y tronado. Había también mucha calma. Cuarenta años atrás, Gerona era la ciudad lenta, levítica, provinciana. Esto le encantaba. Dijo: «Gerona es una ciudad tres veces inmortal donde se pueden hacer unas siestas formidables. El grupo intelectual de la ciudad, que entonces era bastante brillante (Monsalvatje, Palol, Rahola, Bertrana, Dídac Ruiz, J. B. Coromina y algunos artistas locales más) le acogió con gran entusiasmo. Este era un grupo iconoclasta. Rusiñol se reunía con él por la tarde y por la noche. Pero dio la casualidad de que algunos socios del club monárquico se acostaban más tarde que los del grupo opuesto y esto hizo que don Santiago pasara a ser un puntal del club monárquico. Las luchas políticas eran feroces. A Rusiñol no le interesaron jamás estos pequeños detalles.

Por las tardes, salía a pintar. Pepet Gitano, un gitanazo imponente y bobalicón, arcaico, vestido de chaqué, con el chaleco y los pantalones blancos, el sombrero hongo, que se parecía mucho a Disraeli, le transportaba las telas, la caja de pinturas y la silla. Pintó los jardines de la Devesa, el barrio de Galligants y algunos maravillosos recónditos jardines particulares. Pintaba como siempre, a ojo, a si lo acierto, *ex abundantia cordis*. Un día que un cuadro le salió mal, le dijo a Palol:

—Eso lo regalaremos a los Juegos Florales...

Luego, pocos días después, en la fonda, dio a la tela unos toques de verde y de amarillo calabaza y se dio cuenta de que el cuadro había mejorado. Se sentó ante la tela, la contempló largamente y una cierta satisfacción se reflejó en su cara. A Palol:

—Bueno. El cuadro no está mal. Ya no lo regalaremos a los Juegos Florales...

Mientras pintaba en el barrio de Galligants caían a veces cuatro gotas o un chubasco que le interrumpía el trabajo. Gerona quedaba un poco lejos. Subía entonces a casa de la Celia, detrás de la catedral. Se instalaba en la primera habitación que encontraba.

—Súbame usted un absintio cada media hora y cierre usted la puerta con llave.

Pasaba una hora o dos tendido en la cama, con sus

zapatos, contemplando el techo en un estado de abandono lúgubre, de profundo letargo.

Como siempre, su vida se veía atravesada por ráfagas intermitentes de frenesí dionisíaco. Entonces se iba con los amigos a recorrer los figones equívocos y los locales espantosos de la *debauche* provinciana. Un día, entró el grupo en una taberna. Había un organillo y cuatro o cinco mujeres desmirriadas. Rusiñol hizo mucha broma: simuló un papel de chulo a la francesa y produjo escenas inimitables. Bailó, bebió, cantó, se divirtió como un chiquillo. Aquella noche se había añadido al grupo un señor de aspecto respetable, un tipo aburridísimo, uno de estos tipos que cuando encuentran a un personaje no le dejan ni a sol ni a sombra durante una temporada. Al salir del local, sin duda por la influencia del aire fresco, aquel señor se dispuso a deliberar sobre el asunto colocándose en un punto de vista moral. Dijo:

—Mire usted, Santiago, que verle a usted y a estos señores con mujerzuelas de tres pesetas...

—¡Alto! ¡Hasta aquí hemos llegado! —le atajó rápido Rusiñol—. La mía era de cuatro...

Cuando terminaba de pintar se ponía a escribir con un absintio delante. Cualquier sitio le era favorable. En Gerona escribió mucho: *En Josepet de Sant Celoni*, *La niña gorda*, etc., etc., son obras de sus etapas gerundenses.

Rusiñol vivió siempre con la población de Sitges en términos de gran cordialidad. Pero sucedió, sin embargo, que a medida que fueron tomando forma las cosas de Maricel de Mr. Deering y lograron ser reunidas en la mansión del multimillonario americano las grandes colecciones que muchos recordarán, Rusiñol observó una cierta frialdad de los suburenses por su obra, deslumbrados por el esplendor de la casa de al lado. Cuando se inauguró el hotel Subur, Rusiñol fue naturalmente invitado y en el discurso que hizo, que fue una maravilla de humor, de gracia y de melancolía, expresó claramente el disgusto que sentía por la frialdad de Sitges. Rusiñol era demasiado señor para tirar un cubo de agua fría en medio de la alegría de una fiesta, pero su dominio de la palabra y del gesto era tal, su maestría en el juego de la ironía y de la afabilidad era tan considerable, que pudo perfectamente descubrir su estado de ánimo.

Esta aparente improvisación de sobremesa es uno de los documentos de don Santiago más saturados de ternura por Sitges. Hay una luminosa, graciosísima descripción de Sitges y de sus adorables alrededores. Luego, un relato de lo que era el hostal en los tiempos antiguos, antes de transformarse en el hotel que se estaba inaugurando. «Dabais una palmada —dijo— y os subían un cubo de agua; dos palmadas y aparecía una toalla; tres palmadas era el desayuno; tres palmadas y *repicó* y era el fondista... ¡Cómo han cambiado los tiempos!» Aludió después al esplendor presente y al entusiasmo que Sitges despertaba en personas de todos los países. Con gestos y palabras de profunda melancolía, insistió en la modestia de su obra comparada con la de Maricel, subrayando que lo que en todo caso daba una cierta importancia a su obra no era el valor de las colecciones reunidas, sino el amor, el afán de rebusca, la emoción que había puesto en la creación de su museo.

La cosa fue bastante seria porque lo que probablemente no sabe la gente es que Rusiñol llegó a tener el decidido propósito de trasladar el Cau Ferrat a Gerona, exactamente en el estupendo edificio románico de las serrerías de Sant Nicolau, junto al templo de la abadía benedictina del siglo x de Sant Pere de Galligans. En Gerona, hace treinta años, hacían estas filigranas: había unas serrerías instaladas en un edificio milenario. Luego esta fábrica, a consecuencia de las últimas inundaciones, se derrumbó en gran parte y ahora se está reconstruyendo lentamente. Rusiñol y sus amigos de Gerona hicieron unas gestiones con el ayuntamiento. Rusiñol estaba dispuesto a dejar el museo a Gerona en las mismas condiciones que lo hizo luego a Sitges; exigía solamente que la corporación municipal pagara el embalaje de los objetos y su traslado. El ayuntamiento no pareció entusiasmarse en ningún momento y la cosa quedó en un punto muerto. Gerona perdió el Cau Ferrat de Sitges por no haber querido adelantar las dos mil o dos mil quinientas pesetas que hubiera costado su desplazamiento.

Estando en Barcelona, bajaba casi cada tarde, al atardecer, a la Librería Española de López, en la Rambla del Centro. Cuando pasaba por las Ramblas a pie, arrastrando un poco los zapatos, metido en invierno en un ancho gabán reteñido o, en el buen tiempo, las manos en los bolsillos del pantalón, al aire el puro o la pipa, era, sobre todo después de la muerte de Guimerà, todo un triunfo, tantas eran las personas que le saludaban o le sonreían. Más tarde, venía en su automóvil a la librería. Se sentaba en el taburete, en aquel célebre taburete en el que colocaron sus posaderas tantos hombres y mujeres célebres. Descansaba el codo en la barandilla metálica del mostrador, sobre una hilera de lomos de libros. En este rincón la figura, un poco fatigada, tomaba un aire un poco senil y melancólico. El pelo largo y revuelto, ya muy blanco, le caía sobre las sienes, cubría el cuello de la americana o del abrigo. Los ojos eran irónicos y literarios, bellísimos. La nariz grande caía sobre el bigote, separado de la barba fluente por un labio sensual, carnoso, de un rojo de fuego que se va apagando. La mano colgaba, plácida, el dedo sutil y torcido, hemipléjico. El sombrero, polvoriento, grasiento, de cualquier manera. La pipa que se apaga y se enciende a cada momento. El pantalón cae sin doblez alguna, también de cualquier manera. Las botinas son grandes, desabrochadas en sus últimos ojales. Por la manga del abrigo asoma la de la americana, el puño arrugado de la camisa y el aro de la camiseta...

El viejo López está detrás de la ventanilla, repasando sus cuentas. Su cabeza aplastada y astuta está unida sin solución de continuidad a sus espaldas paquidérmicas. A veces se asoma a la tienda para vender un libro. Tiene el cráneo rapado y luciente, una chalina de seda negra y una barba en forma de perilla. La gente entra y sale. Detrás de los cristales pasa la baraúnda de la Rambla. Cuando se cierra la puerta, el ruido sordo parece amortiguado un momento. Cuando se encienden las luces en otoño, mientras flotan todavía en el aire los oros del crepúsculo, la Rambla es un sueño. Sentado en su taburete, Rusiñol fuma en silencio, los ojos y el pensamiento inmersos en una indefinible lejanía. Sopor vegetal, engollamiento contemplativo. López es el editor de Rusiñol. Publicó casi todos sus libros. Estos dos viejos personajes están unidos por muchos y variados vínculos.

Un día Rusiñol llega al café y constata que le han robado la cartera. Queda un momento perplejo, pensativo.

—Has estado con López, seguro... —salta Moles sarcástico, rapidísimo.

Por la tienda pasan toda clase de gentes. No solo es una librería, sino que aquí está en realidad la redacción de *L'Esquella* y de *La Campana*. Desde la ventanilla, López recibe los originales y da un duro o dos a los autores de los papeles, previa la elaboración del correspondiente recibo. Rusiñol parece estar al margen de todo. A veces charla con mosén Pedragosa, este cura de sotana verde y de alma angélica que recoge a la juventud abandonada. Otras veces se le ve con Pestaña, a quien escucha con un arrobo ligeramente irónico y una reserva de hombre de mundo bien disimulada. O con aquel hombre, que le divirtió tanto, que tenía los «artículos numerados». Y con tantos otros. Perdonen estos señores que no estampe su nombre. Es para no hacer este libro interminable.

En la librería de López, siendo yo estudiante, vi muchas veces hablar a don Santiago con Ramon Raventós. El alcohol producía a ambos efectos contradictorios. A Rusiñol le inmovilizaba, le patriarcalizaba, le producía un sobrecargo de pesadumbre, aun a riesgo de que, de improviso, saltara las vallas. A Ramon, que era un tipo flaco y ganchudo, como una gárgola, le producía un frenesí y una movilidad mercurial, alocada. Después de una larga pausa decía, por ejemplo, Rusiñol:

—Es claro...

—Sí, sí... —contestaba Ramon, rápido.

—Iremos al cinematógrafo.

—Me lo impiden mis creencias.

—¿Lloverá? ¿No lloverá?

—En agosto, granizará...

—¡Qué obispazo presentamos!... ¡Y qué día glorioso hemos tenido!

—Día-bético, como su nombre indica...

Etc., etc. Era un juego de disparates. Ramon Raventós había conocido mucho a Rusiñol. Él hubiese debido escribir este libro. Lo hubiera hecho verde y ácido como era su costumbre, pero mucho más sagaz. La muerte de Ramon Raventós es uno de los misterios de mi juventud. Sus papeles no se han recogido todavía. Gárgola crispada, garabato agudo, frenético, borracho, ¡qué solos nos has dejado!

La librería se cerraba a la hora del comercio en general. En esto, López era de una rigidez privilegiada. Rusiñol andaba unos pasos y entraba en el Lyon d'Or a tomar un aperitivo o dos. Comenzaba aquí otra tertulia que era como todas las demás: una cosa abigarrada y vaga. A veces, antes de ir al café, pasaba un momento por el estanco de la calle de Sant Pau para charlar con Vilumara, que con sus patillas parecía un inglés de *The belle of New York*. Ya en posesión del automóvil, siguió el ritmo natural de Barcelona y sus puntos de recalada estuvieron en los altos del paseo de Gracia. A muchas gentes y sobre todo a una determinada clase de literatos, a los llamados cronistas especialmente, Rusiñol producía una ilusión extraordinaria. «El café, donde lo tomábamos —escribió uno de estos cronistas de la época del paseo de Gracia—, se transformaba, por obra y gracia de don Santiago, en uno de aquellos cafés parisinos del Barrio Latino que inmortalizó la pluma de Henri Murger.» La magia, suele ser casi siempre desorbitada. ¡Y Henri Murger hasta las heces, hasta el final!

En las madrugadas, Rusiñol, siempre tan bondadoso, era «utilizado» en la inauguración de «cabarets» y en el relleno de fiestas extravagantes. Insúa asistió a una de estas mascaradas y nos la ha descrito. Utilizo su texto. Yo no estaba. «Andaluzada —escribe Insúa con frase corta—, olor a manzanilla y a pescado frito. Una tauromaquia (no a lo Goya, a lo Roberto Domingo) en las paredes, rojo, verde y azul. Las bailaoras. El bailarín femíneo, con la chaquetilla de terciopelo escarlata. Guitarras. Jaleo. Y ahora, en lugar tan profano, lo que parece Rusiñol es un apóstol. Un apóstol que viene a comprender, a perdonar, a sonreír. Las mujeres lo besan. Los hombres lo abrazan. Surge el fotógrafo. Se forma un grupo, otro, otro, que el magnesio va fusilando. Después el vino, las tapas, la guitarra, los bailes. Rusiñol ya no bebe. Hay una conjura y un combate para "permitirle" media caña al maestro. Dos sorbos de manzanilla, al fin. Y Rusiñol sonríe, sonríe, aplaude y aplaude hasta las cuatro de la mañana. Ahora se retira temprano. Tiene que cuidarse.»

Escepticismo

El retrato de Marquina es ya un retrato otoñal avanzado. Han pasado los años. Han amanecido muchas noches. Las canas platean su cabeza.

> Iconoclasta y personal
> suaviza tu gesto heresiarca
> la cortesía provenzal
> de tu dulce mirada zarca.
> Se acogieron al matorral
> de tu melena de patriarca
> la cigarra azul de Mistral
> y la paloma del Petrarca.

El año 1914, cuando estalla la penúltima gran guerra, Rusiñol tiene cincuenta y tres años. Recordémoslo: don Santiago nació en 1861. En 1917, estrena en el Victoria, del Paralelo, la escenificación de *Las aleluyas del señor Esteve*. Este acontecimiento, según los testigos del tiempo, cerró el periodo activo de su desarrollo literario. Publica todavía algunos libros que llevaba prendidos desde hacía tiempo en la cabeza. Colabora en revistas frívolas y divertidas y comenta los excesos de la burguesía en cortas farsas y sainetes. En realidad, su obra grande ha terminado. Instalado en el taburete de la librería de López o en su mesa de La Punyalada, contempla, con ánimo meramente expectativo, el espectáculo de las luchas y de las pasiones humanas. Tiene una sonrisa patriarcal y fatigada en los labios. Por la noche frecuenta los camerinos de los teatros. Y luego, como siempre, ejerce el noctambulismo de manera sistemática. Al levantarse a las tres de la tarde suele preguntar a los que le rodean: ¿qué me dicen ustedes de la actividad catalana?

¡Cincuenta y cinco años! Un soplo. ¡Pero se han muerto ya tantos amigos! Estrictamente hablando, Rusiñol es joven pero lleva en su cuerpo una sobrecarga de existencia que le pesa de una manera visible. Uno se puede fatigar —dicen los médicos inteligentes— mientras el cansancio de los órganos sea recuperable. Jamás tuvo Rusiñol en cuenta este precepto. Fumó, bebió, se intoxicó, trabajó hasta que no pudo más. «Se había de levantar un monumento al que inventó el alcohol: a los tristes les vuelve alegres y a los malos, idiotas.» Lo que no dejó en ningún momento fue la pintura. Siguió pintando hasta los últimos días de su vida. La pintura le reposaba. Se fundía en los paisajes y jardines que tenía delante. Se olvidaba de sí mismo. Dejaba oír la vocecilla irónica, sarcástica, de su personalidad consciente, que el espectáculo del mundo excitaba. Fue dando vueltas, para ir pintando, a su ruedo ibérico: Barcelona-Madrid-Aranjuez-Valencia-Gerona... La exposición anual en la Sala Parés, con Casas y Clarasó. Alguna que otra escapada, rara, a París. El saludo de Léon Daudet en *L'Action Française* habitual. La vida se monotoniza, siempre igual.

A medida que va pasando su existencia, el escepticismo va en aumento. No es solo esto una fórmula mental. Es también una posición de impavidez, de impasibilidad, ante los contactos con el mundo exterior. Su cuerpo se va, paulatinamente, insensibilizando. Los apetitos disminuyen. Las reacciones son débiles, hasta que se hacen inexistentes. Es el nirvana contemplativo, el sopor vegetal, la indiferencia completa. La anécdota es poco conocida. Rusiñol con Casas y Gregorio Martínez Sierra —traductor de tantas obras suyas al castellano— andan de excursión por los Picos de Europa. De pronto, Rusiñol cae. Queda hundido en la nieve hasta el cuello. Casas y Martínez Sierra se agitan. ¿Cómo sacarle del apuro? Rusiñol está a diez o doce pasos, inmerso en un blanco colchón de nieve, sin moverse. Llaman a los guías. Mientras tanto, Rusiñol dice:

—Oye, Ramon, tengo la pipa apagada. ¿Quieres tirarme las cerillas?

Ni Casas ni Martínez Sierra eran lo que se puede llamar alpinistas. Hay que esperar que los guías monten unas cuerdas. Rusiñol contempla sin pestañear el panorama, con un estoicismo absoluto, casi sonriente. Durante mucho rato, braceando, trata de encender la pipa. Los fósforos se han mojado. La caja es inservible. Media hora después, al poner pie en tierra, calado hasta los huesos, le dice a Casas:

—Pero ¿por qué os habéis molestado? Si todo es igual, ¿comprendes?

Felipe Sassone ha contado el siguiente sucedido: «Veníamos de Barcelona a Madrid en automóvil y en una revuelta del camino chocamos de refilón con una camioneta y nuestro coche se salió de la carretera y se empotró en la tierra de un campo. Íbamos varios amigos, Enric Borràs entre ellos, y nos precipitamos a las portezuelas. Rusiñol, que iba junto a mí, me asió de un brazo y no me dejó bajar.

»—¡No te muevas, *noi*! —me dijo—. Estate quieto. ¿O es que pretendes trabajar?

»Me quedé inmóvil en el asiento y mientras todos se ajetreaban durante tres horas inflando las ruedas dándole vueltas al *gato*, apretando tuercas y repasando el motor, Santiago, sonriente e imperturbable, había sacado un cuadernillo de notas y escribió tres escenas de un sainete».

Las mejores anécdotas de Rusiñol son de esta época del escepticismo. La de los toros, a mi entender, es magnífica. A pesar de haber andado mucho por Andalucía, de tener amistad con el sublime Gallo, de haber presidido concursos de cante y baile flamencos y haber logrado en Granada un diploma de honor nombrándole «El Niño de la Rambla», don Santiago no solía frecuentar las plazas de toros.

—Los toros —decía— no los entiendo. Cuando tenía menos años me gustaba ir a las corridas a alborotar. Gritaba: ¡Otro toro, otro toro!, sin venir a cuento. Me sucedía como a aquel buen padre de familia que un día llevó al tendido a su hijo pequeño y empezó a pedir, muy excitado, banderillas de fuego.

—Pero ¿por qué pide usted banderillas de fuego? —le preguntaron los aficionados de la vecindad inmediata—. El toro es muy bravo, excelente, ¿no le parece?

—Sí, claro; desde luego... —contestó un poco cortado y mustio el buen señor—. Pero es que el niño no lo ha visto nunca, ¿ustedes me comprenden?

Las mejores anécdotas relacionadas con los médicos —anécdotas que son innumerables— son de este periodo. Don Santiago está acostado. Aparece doña Lluïsa.

—Santiago...

—¿Qué hay? —contesta como si despertara de un sueño, quitándose la pipa de la boca.

—Que está el médico...

—¿Cómo?

—Que está el médico...

Después de una ligera pausa, durante la cual pasa por su cara una imperceptible nerviosidad, Rusiñol dice:

—Pero ¿no hemos quedado que yo estoy enfermo?

A don Santiago le gustó siempre disfrazarse. Lo hemos dicho reiteradamente. Tenía un fondo báquico. Cuando llegaba el Carnaval sentía en el aire una comezón dionisíaca. De joven, fue a los bailes y a los espectáculos carnavalescos. La agitación alocada le gustaba. Se ponía una careta o una nariz grotesca, rota, atarotada. Un año por Carnaval se puso enfermo y tuvo que guardar cama. A doña Lluïsa:

—Cómprame una nariz muy grande...

Doña Lluïsa no hizo caso. Rusiñol insistió:

—Cómprame una nariz... te digo que me compres una nariz.

Se la compraron, se la puso y, cerrado bien el balcón, se dispuso a dormir un rato. En estas vino el médico. Cuando entró en el cuarto, abrieron un poco la luz y quedó flotando una media oscuridad. El médico vio un destello rojizo en la cara del enfermo y dijo con notoria precipitación:

—Vamos, veo que ha mejorado algo.

Cuando el pobre hombre vio que el destello era una nariz postiza y grotesca, quedó yerto.

Esta anécdota molieresca la contaba Rusiñol con una gracia inimitable.

Cuando Rusiñol se ponía enfermo, y la noticia circulaba, se producía en la casa un trajín inusitado. Parecía una fiesta. El desfile, las entradas y salidas eran incesantes. Le visitaban una enorme cantidad de personas, desde Su Ilustrísima a los limpiabotas de La Punyalada. Ante la avalancha de gente, la familia quedaba como arrinconada. Rusiñol comentaba, con un ligero punto de sarcasmo:

—Casi tengo más éxito cuando estoy enfermo que cuando estoy sano.

En la mesilla de noche solía tener, siempre abierto, un bote de leche condensada. Era para tranquilizar a los familiares y a los amigos: dentro del bote había un ajenjo denso y turbio, que Rusiñol adoraba. Cuando doña Lluïsa le veía sorber el líquido, le decía:

—La leche te hará bien, Santiago.

—¡Ah, claro! —contestaba.

El escepticismo le llevó a ser, sin afectación, un hombre galante. Si de joven fue un poco esquivo y a veces, por exceso de vida interior, ligeramente esquinado, ya mayor, hizo elogios inusitados. A una señora que le había presentado un *civet* de liebre con una salsa exquisita, muy perfumada, le dijo con una ligera inclinación de cabeza:

—La salsa, magnífica. Luego me dará usted unas gotas para el pañuelo si no es molestarla.

En el transcurso de la otra gran guerra, Rusiñol sufrió en sus fibras más íntimas. A pesar de ser un pintor tan poco francés y un escritor tan poco francés —especialmente por lo descuidado—, lo más agudo de su espíritu, el agridulce de su ironía, fue un reflejo parisino de las dos últimas decenas del siglo pasado. Rusiñol amaba intensamente Francia. Adoraba París. Cuando vinieron la guerra y la invasión, su dolor fue considerable. Fue en aquella época cuando concurrió más asiduamente a la tertulia vespertina de la librería de López en la Rambla. Cuando las noticias no eran agradables, reinaba en la casa una lobreguez profunda. Cariacontecido, alicaído, Rusiñol se sumía en un mutismo inviolable. Recuerdo que llevaba entonces un abrigo de color de tórtola y un sombrero polvoriento y gacho. El abrigo, que era muy ancho y afelpado, parecía envolver, como una nube, un Rusiñol encogido y lleno de espanto. Escribió entonces algunas cosas sobre la guerra —no muchas—. Cosa superficial —la misma extrañeza de siempre ante el hecho de ser los hombres como son y no como se figuraba que hubieran debido ser—. Don Santiago hizo varios viajes a Francia, llenos de emoción entrañable. Viajes de propaganda. Cuando se produjo lo de Caporetto estuvo a punto de enfermar seriamente. Tuvo que meterse en cama. Pero ya luego pasó todo. Vino el armisticio y fue como si le hubieran quitado un peso de encima. Los vítores fueron interminables y la alegría muy grande.

En aquella Barcelona de la inmediata posguerra, tan enormemente próspera, cosmopolita, brillante, deslumbradora, Rusiñol fue la máxima personalidad de la Rambla. Tuvo una gran intervención en las revistas que montó Ferran Bayés, en el Principal Palace, tan mentoladas. Fue el momento de su más desbordante popularidad. Se le permitió todo y se le aplaudió todo. Su producción literaria —en gran parte anónima— fue en este periodo, de escasa calidad. Un testigo presencial describe la situación de Rusiñol ante el país, en este momento, con estas exactas palabras. Dice don Josep Escofet: «Escribe un melodrama y el público se conmueve; lanza una *boutade* y el público ríe; igual se festejan sus frases ingeniosas que sus chistes vulgares, sus gracias burdas y sus sátiras crueles; si se pone sentimental, nadie le encuentra cursi; si deforma la vida en un sainete semejante a una caricatura, estalla estrepitosa la hilaridad y se cansa la gente de aplaudir. Es el único que aún se permite buscar un efecto cómico haciendo hablar a sus personajes un castellano grotesco, deformado por nuestro acento y nuestra sintaxis, procedimiento del que se ha hecho abuso desde los tiempos de Pitarra. Se mete con el rico y con el pobre, con el ignorante y con el sabio y no hay quien se ofenda ni le replica nadie».

Se burla de todo. Se burla de todo como en ninguna época de su vida, prueba evidente de que su escepticismo ha llegado a su fase más densa y más oscura. Ante los miembros de la Asociación de la Prensa de Valencia, dice: «Yo me paso la vida burlándome de todo, haciendo resaltar el lado grotesco y ridículo de las cosas». Y sucede que este hombre que no respeta nada vive en un ambiente saturado de una cordialidad sin límites, de un cariño envolvente. Porque se produce ahora esta paradoja: se produce la coincidencia de la exacerbación de su ironía con la frondosidad de homenajes de que es objeto durante el transcurso de este periodo.

Rusiñol ha escrito: «A quien le hacen un homenaje ya puede preparar el nicho». Y sin embargo, don Santiago fue el hombre de su tiempo que fue objeto de más homenajes en vida. Fue el personaje de su época a quien se le dieron más banquetes. Fue el artista de su generación que fue más exaltado por sus contemporáneos. En sentido literal puede decirse que conoció la gloria en vida.

En parte ello se explica porque la figura de Rusiñol era tan poliédrica que se prestaba a ser homenajeado como nadie en su tiempo. Rusiñol fue objeto de homenajes genéricos —como Santiago Rusiñol— y de homenajes monográficos, para decirlo de una manera inteligible; quiero decir que al lado de los homenajes globales implicando una exaltación de su personalidad entera, fue homenajeado como pintor y como escritor y como dramaturgo y como humorista y como coleccionista y como periodista y como bohemio y como traductor y como *vaudevillista* y como orfeonista y como anticuario y como francófilo, etc., etc. Se le llegó a dar un banquete por el mero hecho de llamarse Rusiñol. Ya comprenderá el lector que cuando aparece en un país una personalidad tan acusada y tan diversa vale la pena de aprovecharla para dar salida a la riquísima ambición apologética que el hombre posee. Por esto sin duda no solo recibió don Santiago homenajes individuales, sino que los recibió a dúo y, a veces, a trío, como aquellos famosos homenajes que fueron tributados a Guimerà, Rusiñol e Iglesias al unísono, en algunas poblaciones comarcales y sensibles. Diremos, pues, sin temor a equivocarnos que Rusiñol presentó siempre el aspecto de ser el homenajeado tipo y además que tantos cuantos homenajes se le tributaron fueron merecidos.

Para recibir estos cálidos movimientos, para agradecer, entre la pera y el queso, estos banquetes, Rusiñol tenía una oratoria precisa, maravillosamente natural, desprovista de afectación alguna, graciosa, sabia, de efectos infalibles. La oratoria de sobremesa está ligada, en Europa, a las mejores tradiciones de civilidad y de cultura. Don Santiago fue, en su tiempo en este país, el que dominó el género de una manera más perfecta. Rusiñol no fue lo que un universitario llama un hombre de cultura; fue, por el mero hecho de existir, de respirar, la cultura misma. Porque la cultura no es, en definitiva, un almacenaje más o menos copioso de opiniones ajenas; es un modo de existir. En estos discursos, generalmente muy cortos, de sobremesa, que improvisaba raramente, Rusiñol aguzaba todos sus sentidos. Sabía dosificar en ellos el vinagrillo de la causticidad con el trémolo de la más auténtica emoción. De toda esta considerable cantidad de discursos —los que he leído, los que me han contado, los que he oído— uno de los que me parece más típico es el que pronunció en el homenaje de la Asociación de la Prensa de Valencia. En realidad no lo pronunció. Fue un homenaje que se celebró sin asistencia del homenajeado, por imposibilidad física. Era el 21 de enero de 1926. La señora Xirgu leyó el siguiente papel: «¿También vosotros? ¿También vosotros, periodistas valencianos, me queréis tributar un homenaje? —pregunta don Santiago—. ¿Pero es que entre todos os habéis propuesto convencerme de que la humanidad es buena? Uno se ha pasado la vida, uno se pasa la vida burlándose de todo, haciendo resaltar el lado grotesco y ridículo de las cosas y al final de la jornada se encuentra con que en lugar de enemigos tiene amigos, con que en vez de odios ha sembrado amores. Estoy verdaderamente consternado... Ya veis... ¡Yo aceptando homenajes! Y llorando enternecido en ellos ante las conmovedoras demostraciones de afecto. Sincero era cuando sonreía; sincero ahora cuando mis ojos se llenan de lágrimas. La vida... la vida... *Ep, Tiago!* No tengo derecho a ponerme serio. No tengo derecho a tomar la vida en serio...».

Don Santiago no pudo asistir al homenaje de Valencia porque al día siguiente de la fecha que hemos dado se le tributó en Sitges el mayor homenaje que recibió en su vida. Este no fue un acto monográfico sino un homenaje completo. La iniciativa del acto la tuvo Màrius Aguilar y Josep M. de Sagarra fue el encargado de ofrecerlo. Fue una manifestación imponente de simpatía a la que se asociaron los innumerables amigos y admiradores de Rusiñol esparcidos por el mundo. Don Santiago empezó diciendo: «Casi siempre que don Víctor Balaguer hablaba en actos semejantes comenzaba su discurso diciendo: "Profundamente conmovido, como ya he dicho otras veces...". Yo no digo que esté profundamente conmovido porque si lo estuviera ya no podría estar aquí; estoy emocionado y agradecido a todos...».

Es el *Ep, Tiago!* del discurso de Valencia, dado al principio, sin duda porque la grandiosidad del acto lo hacía más peligroso. Y el *Ep, Tiago!*, como las palabras que Rusiñol cita de don Víctor, son una manifestación casi mecánica, el tope que a estas expansiones pone su sentido del ridículo. Rusiñol acepta homenajes, innumerables homenajes, todos los que se le presentan. Sin duda le placen. Le satisfacen indudablemente. Se emociona en ellos, sí, se emociona en ellos. Pero al mismo tiempo posee esta cosa terrible, dolorosa y al mismo tiempo indispensable, que se llama «sentido del ridículo», la vocecilla interna que le dice: no se pueden trasponer estos límites porque más allá de ellos está lo grotesco, lo sentimentalmente falso, la autenticidad dudosa. Rusiñol poseyó en grado avivado el sentido de los límites y es por esta razón que ni uno solo de los homenajes que se le tributaron resultó, por su intervención, grotesco. Salvó estos actos, tan propensos a la irrisoriedad y al desvarío, con su gracia, con su *Ep, Tiago!* infalible. En Sitges le llegaron a poner sobre las sienes una corona de frescos laureles. Pero la frase de don Víctor, oportunamente transportada, sorteó el riesgo. Quiero decir que los laureles fueron de una inocuidad bastante cierta.

Ante la avalancha de homenajes ofrecidos y aceptados por Rusiñol, algunos espíritus creyeron que con el paso de los años había cambiado su psicología. Las explicaciones que acabamos de dar, basadas en la historia misma, pueden contribuir a desvanecer estas extemporáneas ilusiones. Rusiñol no evolucionó hacia una concepción satisfactoria y panglosiana de su persona y de la humanidad entera. Fue siempre un escéptico y el transcurso del tiempo acentuó esta misión básica de su vida. La concepción que tenía de los homenajes estaba corregida —ya lo hemos visto— por su agudizado sentido del ridículo. Sobre ninguno de los que se le tributaron dejó de rociar el vinagrillo de su causticidad y de su humorismo. Ahora, suponer que fue capaz de proyectar al exterior su devastación interna, su infinita tristeza, implica imaginar un Rusiñol que no ha existido. Era demasiado elegante para ir enseñando las vergüenzas en público y para no respetar la vida que a su alrededor se movía. No quiso cómplices ni pretendió sacar consecuencias concretas.

Lo que sí hubo, y sería un puro infantilismo quererlo soslayar, fue esto: en la literatura catalana, Rusiñol representó un momento —el momento Rusiñol— que fue superado rápidamente. Los escritores jóvenes, más cultos, más alambicados, más precisos, más correctos, se desviaron de su senda. En nuestro movimiento literario, Rusiñol cogió justamente el momento ascensional y, por las mismas razones que le permitieron depasar lo de su tiempo, fue depasado inexorablemente. El novecentismo le dio a don Santiago varios disgustos que le condenaron a hablar burlonamente, toda la vida, de la literatura posterior a la de su primera época. En pintura le sucedió lo propio: su forma pictórica fue superada por la generación posterior, lo que tampoco fue de su gusto, naturalmente. En Aranjuez, en 1931, me dijo: «Ahora se pinta en broma». Me quedé mirándole pero no consideré necesario contradecirle. Donde, guardando todas las proporciones, quedó Rusiñol menos desarbolado fue en su obra de dramaturgo, porque a pesar de tener su obra teatral el valor que tiene —que en los dramas es escaso y excelente en las farsas y sainetes— no ha aparecido posteriormente nadie que le sombreara lo elaborado por su ingenio.

Sin embargo, en términos generales puede decirse —haciendo la excepción de su teatro— que Rusiñol quedó un poco desplazado desde los primeros años del siglo. Desde 1905, aproximadamente, don Santiago vivió de sus rentas, sin aportar capital nuevo. Existió, pues, un desvío, cosa que le dolió profundamente. Los intelectuales le abandonaron, el público jamás. Y esto fue un consuelo. Y los homenajes fueron la manifestación más tangible de este consuelo. Yo sospecho que, *in mente*, debió decirse quizá algunas veces, en virtud de su propio mecanismo inconsciente: «Me tributan homenajes, luego tengo razón...». ¡Es tan humano! ¿Un consuelo de viejo? Sea. ¡Un consuelo!

Los últimos años

Si sobre la adolescencia, la juventud, la madurez de Rusiñol los documentos auténticos, las aportaciones de testigos presenciales escasean mucho, no puede decirse lo mismo de sus diez últimos años, en que la abundancia de estos testimonios abunda discretamente. Cuando llega al punto álgido de su popularidad, Rusiñol se convierte en un tema propicio al relleno de los papeles públicos, a la crónica y al reportaje. La inmensa mayoría de estos escritos, indefectiblemente ditirámbicos, es inservible. Son repeticiones de tópicos y de leyendas más antiguas, que don Santiago no rectificó jamás, sin duda para evitarse molestias. Pero hay algunos documentos que son ciertos y de una autenticidad indiscutible.

He aquí este retrato de Sassone, típico del estado de Rusiñol en la decena de 1920-1930: «Aquella noche —escribe—, Santiago duplicaba, triplicaba, exageraba su ración de ajenjo. La pócima verde venía a colaborar con la morfina que se había inyectado por la tarde. Víctima de un reuma articular, por aliviarse los dolores se había acostumbrado a la droga; tenía inútiles y encogidos, vueltos hacia la palma de la mano, los dedos meñique y anular. Cuando accionaba parecía que bendecía. Las burlas apostólicas hacían más completa la ilusión. Pero aquella noche era como un viejo mendigo. Ya todo blanco, blancos los cabellos y blanca hasta dar en azul la tez; turbios los ojos, miraba sin ver, con la mirada de un pez en un acuárium, la pócima verde y lunar».

Y este otro retrato de Aranjuez: «...Otra vez el ajenjo. Aquella noche fumó un cigarro puro que mascullaba incesantemente: el tabaco perdía sus hojas y Rusiñol las arrancaba húmedas de sus labios y, charlando, las pegaba en la mesa, en la parte inferior del tablero y en sus solapas y en las mías... Se quedó medio dormido con la colilla en los labios y la colilla negra era como un pajarillo muerto de frío entre la nieve de sus barbas. Cayó al fin, esparciendo la ceniza en el pecho del fumador. Santiago era todo gris: como una estatua de ceniza; se deshacía en ceniza...».

No sé si la palabra *mendigo* cuadraba en estos momentos a Rusiñol. En el sentido español de la palabra, en la forma y color que esta palabra tiene en español, me parece que no. Más exacta me parece la palabra *clochard*, que designa, en argot de París, a estos viejos faunescos y cinicotes, generalmente borrachines, que duermen bajo los puentes del Sena, o en las barracas de los barrios extremos. En cambio, esta mirada extraviada y muerta y este color general de ceniza de la piel me parecen exactísimos.

Los últimos diez años de la vida de Rusiñol fueron un drama. El cuerpo ha decaído. Los años han pasado. La intensidad vital ha sido extraordinaria. La vida física del artista ha cristalizado a base de excitantes artificiales: la morfina, el alcohol, el tabaco. Pero esto es mortal porque llega un momento que el efecto de estas drogas es irrecuperable, es la pura pérdida sistemática. Y entonces se encuentra Rusiñol ya completamente esclavizado por los excitantes, con una nobilísima conjura formada por los familiares, los médicos, los amigos, los admiradores y el público en general, que tratan de disuadirle de sorber lo que más le agrada. Rusiñol ha de rendirse. Pero primero se rinde irónicamente, es decir, dando una adhesión incompleta a lo que se le manda. Y entonces surge este Rusiñol que todos hemos conocido, preocupado, obsesionado durante horas y horas por la necesidad de tomar un ajenjo o dos a hurtadillas de sus familiares y de sus vigilantes. Su obsesión dominante le lleva a poblar su realidad periférica de vigilantes. En todas partes sorprende espías que siguen sus pasos. No le dejan beber. «¡Pero, don Santiago, esto le hace daño!...» ¡Trágico!

Desde luego, don Santiago no creía en los estupefacientes. Es humano. Una noche entró en el cuarto de Santpere.

—Santpere, estoy enfermo, estoy muy mal... —dijo Rusiñol desfallecido—. Siento aquí —con la mano en los riñones— un dolor tremendo.

Santpere se alarmó. Representaba un vodevil. Estaba en calzoncillos.

—Échate aquí, Santiago, en el sofá... Voy a mandar por un médico.

—¡No! ¡Un médico no!

—Pues irán a por un calmante.

—Un calmante tampoco.

—Entonces, ¿qué quieres que haga?

—Mira, hazme traer un Pernod.

—Estás loco, Santiago. Esto hace un daño espantoso.

—¡Créeme a mí! Manda a por un Pernod sin que mi mujer lo vea.

Santpere se resistió. Luchó hasta el último momento. Pero los ojos de Rusiñol se pusieron tan tristes, el ansia tan conmovedora, que al fin, después de la cita inevitable de Pilatos, mandó a por un Pernod.

Rusiñol lo bebió rápidamente, con placer visible. Después, se levantó de la otomana, sonrió y dijo al actor:

—¿Ves? Ya no me duele nada. Estoy magnífico.

Otro día en el Lyon d'Or, tomando también ajenjo. En la mesa hay un amigo que no tiene, delante de él, rastro de consumición visible. De pronto, sorprende, en el ruedo de la puerta, a un familiar que entra. Y Rusiñol, como un niño, mirando con el rabillo del ojo, espantado por si le sorprenden, hace avanzar su copa, disimuladamente, hacia el terreno del compañero de mesa. El otro apenas se da cuenta. Cuando llega a saludarle el familiar, le dice don Santiago, restregándose las manos con aire bonachón:

—Ya lo ves. Abstemio y sin tomar nada, como siempre...

Cuando estaba en el campo pretextaba toda clase de asuntos urgentes para ir a Barcelona solo y tomar tranquilamente, sin vigilantes, unos ajenjos. Los pinceles se le estropeaban, los colores daban un resultado pésimo, había que llevar a un empresario alguna farsa o sainete inexistente.

—Yo te acompañaré, Santiago —le decía doña Lluïsa—. No puedes ir solo, ya lo sabes.

—¡Nada! Ni hablar... —contestaba con una profunda seriedad—. Tú estás muy delicada y te conviene un reposo largo y seguido. En ningún caso debes hacerlo. Yo iré solo y me sacrificaré, porque ya sabes hasta qué punto este viaje será, para mí, un sacrificio.

Cuando después de tantos esfuerzos podía salirse con la suya, se dirigía a la estación apesadumbrado y mustio. ¡A mi edad, tener que hacer todavía estos sacrificios...! Pero luego, cuando el tren arrancaba, saltaba de gozo y la cara se le iluminaba pensando en el Pernod que venía.

Este juego aniñado e infantil duró, sin embargo, lo que duró, es decir, poco tiempo. Ante el empeoramiento general progresivo, tuvo que rendirse con armas y bagajes. Se puso a régimen de leche. Comía apenas. Vivía de beber cosas inofensivas. En Aranjuez decía: «No tengo que almorzar, no tengo que cenar, no puedo por la noche tomar nada. Debo, además, pasarme en la cama la mayor parte del tiempo... Así es que mis días están vacíos. Si no fuera por la pintura, que me ocupa unas horas, estaría perdido». Y, sin embargo, garabateaba todavía con sus manos tullidas, las escenas de *Miss Barceloneta*.

En el Bar Riera, del paseo de Gracia, Rusiñol y Francesc Pujols comentan, a la hora del aperitivo, los asuntos teatrales del momento. Riera ofrece a Pujols una carta y don Paco delibera un rato, consigo mismo, sobre las posibilidades que ofrece el papel. Delibera en voz alta... Estas perdices, ¿cómo estarán? Esta liebre... Rusiñol escucha con un aire de abstracción absoluta, como quien oye llover. Ha hecho circular la noticia de que no tiene apetito de nada. En realidad es que no puede comer nada. Pujols le dice de pronto:

—¿Qué? Un menú construido en esta forma —y se lo relata—, ¿no le vendría de gusto? ¿No le daría apetito?

—Hace ya mucho tiempo —contesta Rusiñol— que estas cosas han dejado de preocuparme. He llegado a vivir sin comer absolutamente nada.

—Esta es la prueba decisiva —le contesta Pujols con una ligera reverencia— de que ha alcanzado usted la inmortalidad.

Y así Rusiñol vivió los últimos diez años de su vida o casi: perfectamente inmortal, es decir, sin poder comer, ni beber, ni apenas dormir. Años malos, los peores que en esta tierra pasó don Santiago. El cuerpo va decayendo. El espíritu se mantiene avivado a destellos aunque menos.

La publicación del libro *Màximes i mals pensaments* es de 1927 y cierra, por decirlo así, la actividad literaria del artista. Lleva más de cien volúmenes publicados y en el catálogo están todos los géneros. Lo único que no publicó, más que en broma, fueron poesías rimadas. Poemas en prosa, muchísimos. Rusiñol no dio muestras de tener el don de la rima —que es un don divino pero, en definitiva, un don como otro cualquiera.

Màximes i mals pensaments es un libro de sentencias morales basadas en constataciones pintorescas y divertidas. «Los que llevan dentadura postiza —escribe— acaban creyendo que los dientes son propios.» «El que hace feliz a una mujer es un buen hombre; el que hace felices a muchas es un perdido.» «El juego es altamente moral, sirve para arruinar a los tontos», etc., etc. Este libro es obra de un espíritu profundamente escéptico, temperado por el buen sentido. A menudo el escepticismo es una digitación superficial. Otras, más profunda. Pero en todo momento queda flotando un buen sentido instintivo, siempre presente en Rusiñol, heredado del señor Esteve.

Como siempre, son objeto preferente de su amarga sátira los médicos y las mujeres. «Cuando un médico no sabe curar a un enfermo pide ayuda a un compañero y cobra el doble; y es que la ignorancia es siempre más cara.» «A la mujer que llega a creer que la tristeza le va bien a la cara, se le acaba la sonrisa para siempre.» «El que encontrase un pecado nuevo sería quemado en la plaza pública y venerado en la vida privada.» «El día que se implante la igualdad, nos pondremos jorobas postizas.» Y tantas y tantas cosas graciosas llenas del mejor sentido.

Este libro de máximas morales resume en realidad cuarenta años de la vida de don Santiago, es el esquema de su escepticismo. ¡Qué lejos estamos de aquellas *Oracions* de la juventud, al cielo, a las nubes, al amor, al viento, que tanto complacieron a don Joan Maragall! La vida ha pasado dejando un surco profundo. Sobre los tejidos más cordiales, se ven unas cicatrices. Aquí está Sitges y el Cau Ferrat... Rusiñol va de tarde en tarde, intermitentemente, a Sitges. Pero cuando entra en su casa parece un *revenant*. Hay ahora muchas visitas al delicioso museo. Gentes desconocidas, altos personajes, los Reyes. Mucha vida oficial, fatalmente ceremoniosa y fría. ¿Dónde está el calor, la cordialidad, el entusiasmo antiguos? ¿La vida antigua, qué se hizo? Todo se ha desvanecido.

¡Y cuántos amigos muertos ya! Ahora se ha muerto Ramon Casas, que del trío Rusiñol-Casas-Clarasó, era el más joven. Juntos han hecho más de cuarenta exposiciones en la Sala Parés, ininterrumpidas. Casas pintaba, al final, unas señoras vestidas con hábitos monjiles, de una delgadez plástica tan acusada, que casi daba pena. A Rusiñol le sucede lo mismo. Continúa pintando y siempre jardines tristes. Pero la fuerza de plasticidad se ha evaporado. Ya no hay más que la cáscara de las cosas. La monotonía es abrumadora, decisiva. En la vida del hombre, quizá lo más trágico es la contemplación de la propia ruina.

Casas murió casi olvidado, a pesar de haber sido uno de los mayores de su tiempo. Este desvío injusto lo resistió el pintor con el más perfecto estoicismo. Rusiñol tiene más suerte —tuvo siempre, en todo, una gran suerte—. Está ahora sometido a un régimen de homenajes persistentes. *La Revue Universelle* de París empieza a publicar *El català de la Manxa*. Léon Daudet, siempre entusiasta y amigo de sus amigos, dedica a Rusiñol varios artículos de fondo en *L'Action Française*. «El autor de *L'alegria que passa* —escribe— representa para mí el más alto grado de esta imaginación latina y mediterránea, junto a la cual toda otra aparece pesada y brumosa. Él mismo es un poeta en acción, aportando a la vida corriente un lirismo realizado en risa...» Al remate de este periodo de entusiasmo de Daudet por Rusiñol, el gran escritor lo proclama, en un artículo de un entusiasmo envolvente, delirante. «Señalo —escribe— el triple genio pictórico, dramático y narrativo, de ese único ejemplar de humanidad irónica, melancólica y regocijada, formado en sangre catalana. Rusiñol es el sucesor directo del gran Cervantes, capaz, como este, de alejar a toda una generación de los enojos y de las preocupaciones terrestres, llenándola de fantasías... Rusiñol —añade— es el príncipe de los catalanes. Alto, con barba blanca, con la melena blanca, parece, en efecto, un príncipe de hadas.»

Todos estos admirables elogios son, naturalmente, confortables; Rusiñol tiene una ancianidad triste, pero en ningún caso crepuscular, sino radiante y soleada. Con motivo del gran homenaje que se le tributa en Sitges, la prensa española, como un todo, se produce en un tono cordialísimo, ditirámbico. La polémica alrededor de Rusiñol —que siempre, aún en la época de los novecentistas, fue larvada— cesa por completo. Rusiñol pasa a la categoría de gloria nacional. Ha tenido la inmensa fortuna de poder vivir completamente al margen de la política. Goza de un respeto universal en todos los campos. Don Santiago ha tenido razón... Y esto produce, a la postre, unos celos mal reprimidos. Hay quien se pregunta: ¿la obra de arte, dónde está en Rusiñol, en su vida o en sus actividades artísticas? Y algunos constatan que quizá, siguiendo el consejo de Oscar Wilde, reservó para sus obras el talento y para su vida, el genio. Sea como fuere, lo cierto es que don Santiago llegó a este resultado con una naturalidad perfecta.

Rusiñol fue leyendo todos estos elogios, fue contestando a tantas sonrisas, fue asistiendo a tantos homenajes, fue presidiendo tantos banquetes, como siempre: entre burlas emocionado, entre cándido y malicioso. En todo caso, no cambió jamás de vida, ni sustituyó su sombrero mugriento y polvoriento, ni llegó jamás a abrocharse todos los botones de sus zapatos, ni adoptó pose de ninguna clase. La ascensión, en este país, generalmente entontece —tengo en este punto una experiencia bastante copiosa— pero don Santiago, como es de suponer, se mantuvo discreto hasta el final. Continuó levantándose entre dos y tres de la tarde. La actividad catalana... Pintar un rato. ¡Maravilloso reposo! O garabatear la última farsa... Luego al café. Tertulia permanente —porque la cena se pasa por alto—. En lugar de los líquidos antiguos, ahora aparece la leche o la naranjada. Muy de tarde en tarde, y completamente a hurtadillas —casi cerrando los ojos— un Pernod fresco y regalado. La morfina para ir tirando. Tiene ahora la tertulia de madrugada asegurada en el paseo de Gracia. Pujols, Pahissa, Moragas y otros amigos le acompañan. En cambio, las horas que preceden a la salida de los teatros se hacen un poco largas. Muchas noches, la mesa está despoblada o casi. Rusiñol fuma en un rincón, inmóvil, sumido en una somnolencia profunda, con los ojos abiertos y extraviados. Gelats, el sereno de Rosellón y paseo de Gracia, vestido de sereno con el chuzo y el farol, le acompaña. Cuando se encuentran en la calle, Gelats deja sus instrumentos sobre un banco y simulan un *match* de boxeo debajo de los árboles. En las madrugadas mira de tarde en tarde el reloj. Para su gusto, el reloj debería permanecer parado a las cuatro de la madrugada, *sine die*, indefinidamente. La hora de cerrar el establecimiento ha sido siempre para don Santiago una pura equivocación, un hecho casi trágico. No hay más remedio. Ha llegado la hora.

—Bueno —dice Rusiñol—. *Iremos a cumplir*. Hasta mañana.

En la calle, compra la prensa, y entra en el portal de su casa con una convicción relativa, casi con desgana. El alba es verdosa y amoratada.

Tantas muestras de aprecio y de cariño suelen ser a menudo la antesala del retiro y del descanso. Pero también ante Rusiñol estas apariencias fallaron. Continuó vendiendo su pintura y la burguesía continuó comprando sus cipreses sombríos y sus aguas tristes para decorar comedores y cuartos. La gente continuó asistiendo a sus obras de teatro y puede decirse que el teatro catalán pudo ir tirando gracias a los fantoches proporcionados por don Santiago. Su vena teatral, en los últimos años, se desabrochó considerablemente, mucho más que antes. Pero ello no enfrió el interés del público, sino al contrario. Para alcanzar un punto de intensidad vital las cosas han de tener un mínimo de grosería asegurado, y sus libros, por otra parte, continuaron vendiéndose como siempre, rodeados de una aureola popular. Rusiñol fue, en su época, el autor catalán que siempre vendió más.

De manera, pues, que nos encontramos ante este curioso fenómeno, verdaderamente raro en la existencia de un artista dotado de una cierta vida larga: Rusiñol no sufrió eclipses, su fama se mantuvo siempre sostenida, en ningún momento se debilitó su luz solar. El desvío de los intelectuales no perturbó, ni lo más mínimo, la adhesión popular. Este desvío se limitó —ya lo hemos dicho— a la generación inmediatamente posterior a la de Rusiñol. La que vino después se acercó al viejo patriarca con menos prejuicios que los novecentistas. El homenaje en Sitges le fue ofrecido por el portaestandarte de esta generación: por Josep M. de Sagarra. Y es natural que ello fuere así porque en literatura, como en todo, la relatividad es la ley constante. Las generaciones sucesivas tienen un denominador común pero varían los matices, las curiosidades, las luces y las sombras de las épocas. Aquí esto es más decisivo que en parte alguna, porque un grupo social que tiene tan poca cosa no puede desaprovechar nada.

En pintura, era más difícil que se produjera un movimiento cualquiera de reacción. Se continuó, en este aspecto, separando la actividad pictórica de Rusiñol en dos mitades, sensiblemente distintas. La primera parte fue reputada buena pero resultó que su contenido es prácticamente desconocido, esparcida como está en diversas colecciones de la tierra. En cambio, la segunda, concentrada en España y en la América española casi en su totalidad, estuvo siempre al alcance de todas las miradas. Tanta facilidad subrayó sus defectos intrínsecos. Le hizo daño. Ya se sabe: lo más bello es siempre lo más lejano.

El fin

Rusiñol continuó dando vueltas a la noria de su ruedo ibérico hasta el final de su vida. El año de 1931, en la primavera, salió como casi todos los años para Madrid y Aranjuez, al objeto de seguir pintando. Este viaje, que fue el último que realizó en su vida, fue acordado no sin grandes temores y después de una deliberación muy larga. La familia y los médicos hacían ver sus peligros, pero Rusiñol no cejó hasta que los billetes fueron comprados. En sus súplicas tenaces latía el ansia de fundirse otra vez en la pintura, que tanto le reposaba.

Yo pasé una gran parte de aquel año en Madrid, observando los primeros pasos de la segunda República española. Como tenía poco que hacer, iba a menudo a Aranjuez a ver y a hacer compañía a don Santiago. Vivía en la Gran Fonda del Comercio, en una habitación que daba a la avenida de la República de la real ciudad. Doña Lluïsa, menuda y vivaracha, acompañaba a su marido como siempre y tomaba, de tarde en tarde, una copita de coñac. Rusiñol estaba muy viejo, hecho una ruina. Parecía un *clochard*. El pelo, blanquísimo, le caía lacio y desgreñado. Su cara era de un color terroso y las facciones muy flácidas. Los ojos mortecinos, vagos, terriblemente tristes, se apagaban. Vestía de cualquier manera. Sobre la americana, tenía mucha caspa. A veces llevaba un zapato desabrochado. Pero lo que producía más impresión era cómo le temblaban las manos. Tenía los dedos torcidos por el reuma articular y como paralizados. Las manos le temblaban de una manera trágica y continuada. Para un hombre como él, que se moría de gusto pintando, verle coger el pincel con aquel tembleteo incesante, angustiaba. Un día, en los jardines, mientras contemplaba cómo el artista pintaba la avenida con el templete al fondo, dije con aire compungido:

—Don Santiago, ¡qué pena da verle a usted con ese temblor en las manos...!

—¡Ca, hombre! —respondió colocándose la pipa a un lado del labio—. No lo crea. Este temblor de la mano es magnífico para pintar hojas tocadas por un poco de viento. Véalo usted. —Y dio unas pinceladas—. Este temblor, sobre todo en primavera, no lo vendería por nada.

Realmente, había envejecido mucho. Siempre había andado muy desastrado, pero ahora la americana le colgaba, andaba encorvado, los pantalones le caían y tenía sobre la piel de la cara amarillenta, con las venas azules de las sienes abultadas, una mirada blanquecina y evaporada. Sus facciones, que habían sido tan bellas y sin propósito alguno tan arrogantes, daban la impresión de un decaimiento irreparable. Andaba con paso incierto y vago.

El dibujante Bagaria iba muchos días a verle, acompañado generalmente de amigos de Madrid —a menudo de Enric Borràs—. Bagaria, que era gran amigo de Rusiñol, le insinuó, al ver el estado en que se encontraba, la necesidad de volver a Barcelona. Rusiñol le miró un momento con tristeza.

—Si me voy, me moriré en el viaje. Y entre morirme en un vagón de tren o morirme aquí, ¿qué más da?

A pesar de su decrepitud, estaba, sin embargo, como exaltado y la abundancia floreal y la vegetal de los jardines del Real Sitio le atraían irresistiblemente. No le interesaba más que pintar. A diferencia de otros años en que trataba a todo el pueblo y pasaba horas y horas hablando de cualquier cosa, su última estancia en Aranjuez la pasó en los jardines y en la cama. Y además, hablaba apenas. Estos silencios de los viejos, ¡qué trágicos! Andaba muy poco. Hacía muchos años que S. M. el Rey le había dado autorización para poder pasear por los jardines en automóvil. Desde la fonda, iba al motivo, sin fatigarse. El nuevo régimen le confirmó en esta prerrogativa tan merecida.

Además estaba inquieto. Sentía que algo pasaba en el aire. Se pasó la vida en una posición antiburguesa, pero en el fondo, como toda persona civilizada, era un conservador inamovible, básico. A últimos de julio (la República se había proclamado en abril) me dijo un día sonriendo:

—He oído decir que se ha proclamado la República... ¿Es verdad?

—Sí, sí, creo que sí —le contesté.

—Ya me pareció que había pasado algo. ¿Sabe usted por qué? Pues porque en este pueblo pasan cosas muy raras. Al llegar recibimos la visita del cura y parece que porque vino el cura el alcalde ha dejado de saludarnos. Además, al llegar a la fonda, me encontré con una cosa muy rara. Los años anteriores, en las habitaciones, sobre las camas solía haber un crucifijo. Este año los han quitado del clavo y han colgado un cartel que representa una manola de muy buen ver, de color rojo, y debajo pone: FUMAD PAPEL BAMBÚ.

—Pasan en efecto cosas muy raras... —le dije mirándole muy serio a la cara.

Se hizo una pausa y Rusiñol siguió pintando. Se veían unos mirlos jugueteando entre las ramas. El silencio era soberbio sobre la vaguedad sonora de la fronda grave. Unas manchas de sol poniente temblaban sobre la avenida enarenada. Muy lejano, como un rumor perdido, se oían las aguas del Tajo pasando sobre los cantos rodados. A lo lejos, en una avenida remota del jardín, se veía circular un paseante solitario. Más allá, la luz del sol lucía, como una explosión, sobre un barbecho pardo. Bajo los árboles, las sombras eran frescas, de un frescor húmedo, frío, acerado. De pronto Rusiñol dejó el pincel, colocó la paleta en el suelo, apretó el tabaco de la pipa, se colocó el sombrero —que siempre llevaba puesto— sobre la sien y rascándose el cogote, del que cayó un poco más de caspa, me dijo con aire fatigado:

—Pero si esa gente de la fonda hacen esas cosas tan raras y dejan de ser católicos, ¿de qué demonios se harán?

Me acordé de una de sus máximas: «El hombre que no cree en nada cree en creer que no cree».

Rusiñol había ido mucho a Aranjuez. En este pueblo llegó a tener una casa alquilada. Hacía la misma vida de siempre. Se levantaba entre las dos y las tres de la tarde. Ahora, ya viejo, muchos días le cuesta levantarse.

—Escribo en la cama —decía—, leo en la cama, quisiera pintar jardines al aire libre desde la cama.

El pueblo le gustaba. Sus habitantes le llamaban el señor Ruiseñor. Le rodeaban de una curiosidad inextinguible. Decía:

—Me pongo una inyección de morfina a las tres de la tarde y a las tres y diez minutos todos en el pueblo están enterados. Llego al jardín a las tres y cuarto y el guarda me dice: «¿Cómo ha ido la *indición*, don Santiago?». Es inexplicable.

En los últimos años, la abundancia de música que observaba en el Real Sitio le mareaba.

—Aquí —decía— gozamos de la música con profusión. Todo el día y toda la noche están sonando gramófonos, altavoces, gramolas, pianolas y toda clase de instrumentos mecánicos. ¡Qué manera de ir progresando!

Luego, pasaba la tarde en los jardines pintando y al atardecer se dirigía, siempre en coche, a un merendero del río, donde daba cita a los amigos, llamado El Rana Verde...

—Querrá usted decir La Rana Verde, don Santiago.

—No, señor. El Rana Verde. Yo no tengo la culpa, ¿sabe?

En el merendero se sentaba en un sillón de mimbre y pedía un vaso de leche. Fumaba en silencio. Recostado en el sillón, fatigado, veía deslizarse el tiempo —que parecía flotar como la neblina— sobre el Tajo. Le hacía muchas veces compañía don Manuel Romero de Tejada, coronel del regimiento de caballería de guarnición en la plaza. Rusiñol hablaba apenas y con voz casi imperceptible. Doña Lluïsa se cuidaba de comunicar a los demás lo que decía don Santiago. La morfina, al final, no le producía apenas reacción. No lograba salir de su postración infinita. Lo que más tenía era frío. Cuando, un poco antes de morir, Aranjuez le tributó el correspondiente homenaje, puso Rusiñol dos condiciones: que no se hablara de política y que se celebrara un día que no hiciera frío. El homenaje se celebró al aire libre en la glorieta que luego se llamó de Santiago Rusiñol.

Fue en la cama de la habitación de la Gran Fonda del Comercio, de Aranjuez, cama puesta bajo la advocación de la manola de mantón de Manila de color rojo con la inscripción FUMAD PAPEL BAMBÚ, donde dio su espíritu Santiago Rusiñol. Cuando la noticia llegó a Madrid, me llamó uno de los ministros del Gobierno provisional y me rogó fuera a Aranjuez a ponerme, de su parte, a la disposición de doña Lluïsa, cosa que hice gustosamente y en el acto. Atravesamos un paisaje literalmente devorado por el sol, con una luz tan fuerte que no pudimos ver nada, y en Aranjuez nos encontramos con el silencio profundo, casi misterioso que hay en los pueblos españoles en verano. En la fonda no había nadie. En la penumbra del fondo del corredor del primer piso, me encontré con doña Lluïsa, sollozando. Cumplí mi misión lo mejor que pude, pero me pareció que la pobre señora estaba tan absorbida por el dolor, que no creo llegara a fijar su atención en lo que le dije.

Entré luego en el cuarto. La puerta estaba entornada. Sobre la cama, desnudo bajo una sábana un poco deshilachada del mesón, Rusiñol estaba de cuerpo presente. Hacía tres horas y media que había expirado. Las facciones de la cara, blancas, exangües, con un punto de vaguedad desdibujada, la gran barba, el desorden de los cabellos, el trazo lineal de la nariz, los labios apagados, la dibujada, maravillosa frente, tenían una mezcla extraña de fatiga y de inefable liberación. La habitación era blanca, encalada, con un zócalo negro a ras del suelo. La luz fortísima se filtraba por las persianas cerradas y ponía en el cuarto como un resplandor amarillento, flotante. Un moscardón revoloteaba. En el pueblo había un silencio tumbal. Por la calle, no pasaba nadie. Me quedé contemplando a Rusiñol largo rato... Me pareció que le miraba desde un mundo en el que reina la suprema paz. Debajo de la cama había unas maletas. En el colgador de detrás de la puerta, unas ropas. Doña Lluïsa, de pronto, sin hacer ruido, entró en el cuarto y se sentó en el sillón de mimbre del lado de la cama, y me dijo, haciendo pucheros:

—*Ha mort com un pollet, pobre Santiago...!*

Quedamos un momento sin decir nada. El silencio era casi angustiante. El moscardón continuaba garabateando en los intersticios de las persianas. La manola estaba también allí, con su aire descocado y verbenero, el mantón de un rojo feroz y el FUMAD PAPEL BAMBÚ, obsesionante. En la fonda había un silencio absoluto; de la calle no llegaba nada. Se entreveía, en el exterior, la luz estallante, deslumbradora, bárbara.

Salí al pasillo y anduve por la fonda largo rato. Parecía que la gente, abatida, se había retirado. Al fin, me encontré un camarero con una barba de dos días y dije:

—Podríamos quitar el anuncio y poner, sobre la cama, el crucifijo que había antes...

—¡Claro! Pero no hay que precipitarse. Parece que vendrá algún ministro. ¿Usted me comprende? Ya veremos más tarde.

Vi por el acento que el camarero era gallego y por lo que me dijo colegí que era muy ducho en el arte de la navegación humana.

No había nada que hacer y entré otra vez en el cuarto. Doña Lluïsa no se había movido del sillón de mimbre y miraba la pared con una mirada perdida y vaga.

De pie, con los brazos cruzados, contemplé al cadáver durante largo rato. Recordé la última vez que había visto a Rusiñol en mi país, en Gerona. Habían pasado unos años. Entonces —todavía— tenía momentos de euforia dionisíaca rutilantes. Después de beber tres o cuatro absintios helados, de 69 grados, le había visto crepitar, literalmente, de espíritu y de gracia. ¡Qué contraste! Recordaba que, en aquellos momentos de vida gloriosa, Rusiñol hacía, casi instintivamente, una mueca de asco incluso en el momento de acercarse a lo que en la vida le apasionó de una manera más constante: el alcohol. Y el contraste era este: jamás había visto un Rusiñol de facciones tan fáciles, tan plácidas, tan suaves como las que tuvo, muerto ya, en el cuarto de la fonda de Aranjuez, aquella tarde del 13 de julio, de luz y calor sofocantes.

Así fue pasando el tiempo lentamente y se inició un enorme crepúsculo castellano. Abrimos un poco el balcón manteniendo cerradas las persianas. La luz fue cambiando, dentro de un tono de luz blancoverdosa no tan cegadora. Contemplé otra vez la habitación. Había una mesa de nogal pintada de negro, sin libros, ni papeles, pobre, sin nada —que me había pasado por alto—. En un rincón había unas telas y una caja de pintura, desvencijada. Doña Lluïsa intuyó quizá el inventario que *in mente* estaba haciendo del cuarto. Se acercó a mí y me dijo, hablando muy bajo, con más claridad en la cara:

—La pipa, ¡yo la guardo!

El moscardón fue continuando dándose cabezadas con un revoloteo nervioso de alas. Fue el único ruido que se oyó durante largo rato. Y así quedamos absortos, la manola del anuncio, Rusiñol de cuerpo presente, doña Lluïsa en su sillón y yo de pie, delante de la cama... Pero llegaron los primeros ruidos.

Al atardecer se formó un grupo de gentes de la población delante de la fonda —el grupo que se pone delante de la puerta donde hay un cadáver— y de la calle subió un vago rumor. Sobre la bondadosa pereza de la tarde nacieron los pequeños, insignificantes ruidos de la minúscula ciudad provinciana. Me pareció percibir el paso de un poco de viento en las hojas de los árboles. Pasó un carro. Rebuznó un borrico, lejano. Se oyeron pasos animados... De pronto comenzaron a llegar grandes coches, con personalidades. En el tren vino un grupo numeroso de Madrid. La fonda se llenó de gente. Dio comienzo la natural carnavalada que se suele producir siempre en estos casos.

Me marché rápidamente y ya lo demás lo leí en los periódicos. Digo mal: asistí todavía a la salida del furgón conteniendo los restos y que se enganchó, en la estación de Atocha de Madrid, al expreso nocturno de Barcelona. No pude ver entonces a doña Lluïsa pero estreché la mano a otros familiares.

A Rusiñol le fueron tributadas honras cívicas a las que se asoció el mundo oficial de la época y no digamos las masas ilustradas. En Barcelona, el cadáver fue expuesto en el Salón de Ciento y desfiló, ante él, una gran multitud, conmovida, emocionada. Luego fue enterrado y se celebraron en su memoria numerosísimos actos. Algunas de las iniciativas que se tomaron para conservar viva su memoria tuvieron mucha eficacia. Quedó perfectamente patentizado que en la imaginación popular —tomando ahora esta palabra en el sentido más vasto— las reminiscencias del artista adquirían una dimensión legendaria. Pronto fueron elevados, a su memoria y gloria, fundidos en materias nobles, algunos testimonios perennes. Rusiñol no quiso tener, en vida, monumento, a pesar de haber sido muy solicitado en este sentido. «La persona a quien le elevan en vida un monumento —ha escrito— tiene la ventaja de poder asistir a su entierro.» Pero, ya muerto, le elevaron monumentos y bustos y escribieron su nombre en mármoles, bronces y piedras. Y aquí termino la historia. Repitamos el último pareado de las *Aleluyas*:

I aquí s'acaba la història...
Nostre Senyor el tingui en glòria!

* * *

Este es, en realidad, el punto final del libro. Sin embargo, se me hace observar, al llegar aquí, que no hay biografía sin una tentativa, al menos, de valoración. A mi entender la valoración, o su tentativa, está difusa en las páginas del libro. Creo además que elaborar un ensayo ajustado de la figura de Rusiñol es, por el momento, bastante prematuro. Hay que dejar pasar, todavía, un poco de tiempo. El momento no se ha presentado y sospecho que falta, aún, perspectiva. La generación posterior a Rusiñol no creo que sea la más apta para comprender todos sus matices. Es la generación que reaccionó contra las formas santiaguescas más típicas. Las cosas han de serenarse; las aguas han de posarse. Todo llegará en su día.

Por otra parte creo que hay realizaciones, en la vida de Rusiñol, más construidas, más acabadas que otras que aparentemente son más significativas. Por ejemplo, me parece absolutamente establecido que Rusiñol fue el primer coleccionista español de su tiempo. Hasta este momento, lo más completo, lo más universal, lo más soberanamente bello que salió de su ingenio fue el Cau Ferrat de Sitges. Esta es ya una aportación a nuestra cultura moderna, a nuestra vida social, absoluta y definitivamente indiscutible.

En su pintura, hay que distinguir dos épocas: los primeros años de la producción pictórica de Rusiñol son excelentes. Luego, desde Granada, menos. Siempre fue —excepto en su extremada juventud— un pintor muy literario; pero desde entonces la saturación literaria es excesiva y merma su valor plástico notoriamente. Se le llamó el pintor-poeta con perfecta exactitud. No pintó la realidad por el hecho de existir sino sus estados de espíritu reflejados en las cosas externas. Creyó que la finalidad de la pintura es el sentimiento, describir los estados sentimentales más informulables e indecibles. Llegó a encontrar correspondencias sutiles entre los colores y sus tristezas íntimas. Pero esta no es, probablemente, la finalidad de la pintura. Al menos yo me permito creerlo así, modestamente.

Rusiñol fue personal en todo y donde esta su característica se ve más claramente es en su literatura. Se construyó una manera personal de escribir, de hablar, de enjuiciar. Escribía sin orden ni concierto en una lengua que por no estar fijada gramaticalmente era de un manejo muy difícil. Escribía sin orden ni concierto pero siempre a su manera. Sus contemporáneos lo entendieron porque tuvo, entre otras muchísimas gracias, la de hacerse entender con facilidad divina. Pero los postreros, ¿continuarán entendiéndolo? ¿Tiene lo que ha escrito Rusiñol nervio suficiente, relieve suficiente para resistir el paso de una determinada cantidad de tiempo? Un libro es como una moneda. Si lo que tiene escrito está inciso profundamente, con volumen palpable, aunque grosero, puede durar; de lo contrario se desvanece, como se desvanecen las incisiones flojas de las monedas, manoseadas por los dedos. Por el momento me permitiré hacer esta afirmación perentoria: el Sr. Esteve tiene grandes posibilidades de durar, así como algunas páginas en prosa —contenidas en *L'Illa de la calma* y otros libros— absolutamente distinguidas. Rusiñol espera el libro de obras escogidas. Será una auténtica revelación, una verdadera sorpresa.

Sobre el teatro de Rusiñol me permití, en el curso de este libro, hablar largamente. No creo que sea necesario insistir. Osaría añadir, solamente, que el valor de esta obra no debe medirse por el éxito que ha tenido —éxito basado generalmente (lo que en el teatro sucede a menudo) en las posibilidades de los actores que las han representado—. Los dramas de Rusiñol tuvieron un éxito inmenso debido en gran parte a las cualidades y defectos de los actores que las llevaron a las candilejas. Sin embargo, creo que lo más intemporal que en este terreno escribió Rusiñol son sus farsas, groserotas, de grano duro, excelentes. En todo caso y manteniéndonos siempre en el terreno de la relatividad, es indiscutible que el teatro de Rusiñol no ha sido superado, en este país, posteriormente.

Y sobre la superficie social de Rusiñol poca cosa habremos de añadir. Esta fue inmensa, hasta el punto de que, comparada su personalidad con el aspecto general que presenta la *élite* de hoy, nos parece literalmente gigantesca. Rusiñol agitador intelectual, humorista, conversador, viajero, creador del gusto, de la forma y del color de la época... Hoy no podemos comprender casi que un hombre que estuvo casi siempre un poco enfermo, y muchas veces considerablemente enfermo, diera tanto rendimiento. Verdad es que vivió en la época más feliz del continente europeo, más próspera, más segura, más construida: vivió entre las dos guerras. En estas épocas que son llamadas bobaliconas por los propagandistas de la miseria, la personalidad humana se encuentra en condiciones de dar su destello máximo. No puede, casi, haber pérdidas. Todo está, en cierta manera, adecuado al florecimiento del individuo y del individualismo, sin lo cual es imposible de imaginar una vida intelectual cualquiera. Por otra parte no debe olvidarse que en la época de Rusiñol, Cataluña pasó por el momento de su historia más saturado de espíritu, más rico de personalidades, que cada una en su campo fue excelsa. Esto fue un gran acicate para el artista. Para sostener un tono determinado, hubo que mantener el seso avivado y despierto. No creo que pueda existir la duda de si la obra general de Rusiñol superó no ya el sueño, sino la somnolencia.

Y esta es la tentativa de valoración de Rusiñol que perentoriamente podía hacerse. El tiempo, sin embargo, que es sosiego, aclarará más las perspectivas y entonces podrá formularse un juicio definitivo. Para la persona o personas encargadas de esta estimación, ahí va este libro de noticias.

Glosario de voces catalanas y catalanismos

Las entradas en cursiva corresponden a las voces catalanas que también aparecen en cursiva en el texto. Las entradas en redonda corresponden a los catalanismos usados por Pla (de forma intencionada o inadvertida), que aparecen sin distinción tipográfica en el texto.

Aplec: encuentro festivo con ocasión de alguna celebración.
Aquilotado: ahumado, ennegrecido.
Atarotada: nariguda (de *tarota*, 'narizotas').
Baluerna: armatoste.
Barrila, *barrilaire*: juerga, juerguista.
Brusi: nombre popular del *Diario de Barcelona* (por el apellido de la familia Brusi, editora del periódico a principios del siglo XIX).
Caragolades: comilonas de caracoles.
Cau: madriguera.
Ceba: cebolla; *ser de la ceba* significa 'tener convicciones catalanistas'.

Cendrosos: cenizosos o cenicientos.
Cofurna: casucha.
Conductora: camión de caja cerrada, camión furgón.
Costellada (plural *costellades*): comilona a base de costillas de cordero a la parrilla.
D'esma: maquinalmente.
Dissabte: sábado; pero la expresión *fer dissabte* ('hacer el sábado') significa 'hacer la limpieza de la casa y ordenarla'.
Eixida (plural *eixides*): patio exterior de la casa.
Entregent: don de gentes.
Febre d'or: fiebre del oro.
Fontadas: encuentros festivos cerca de una fuente, para comer y divertirse.
Gruixut: grueso.
L'hereu: el heredero.
Llauna, a la: cocinado en una cazuela ovalada de hojalata.
Manilla: juego de cartas también conocido como *botifarra*.
Manyà: cerrajero.
Morro fort, ser del: tener mal genio.
Murri: pícaro, listo; la *orxata de murri* es una mezcla de agua y anís.
Niu: nido.
Passa: enfermedad epidémica.
Patums: vacas sagradas.
Petricones: un *petricó* es una medida de capacidad para líquidos equivalente a un cuarto de porrón.
Pudas: nombre que se daba a las tabernas del barrio de la Barceloneta.
Putxinel·lis: marionetas.
Repicó: golpeteo breve que se añade a una serie de gol-

pes (con la aldaba de una puerta, el badajo de una campana, etc.).

S'enyora: siente añoranza.

Secall: sequillo.

Somiatruites: soñador, iluso.

Sortiges (plural de *sortija*): la voz catalana designa específicamente el juego de correr sortija.

Terça: 400 gramos aproximadamente (un tercio de la *lliura carnissera*).

Tramada: maderada, conjunto de maderas flotantes.

Vetesifils: mercero.

Xaronisme: chabacanería. El término designa una corriente de la literatura catalana de mediados del siglo XIX.

Xatonades: comilonas a base de *xató* (ensalada de escarola, aceitunas negras, tiras de bacalao y de atún, acompañada de una salsa picante).

Ximple: tonto.

Índice

AUSTRAL